면접시험부터 실무까지

영어 관광통역안내사

면접시험부터 실무까지

영어 관광통역안내사

Tourist Guide in English

지은이 **최희찬** Charlie Choi

영어감수 **마이클오** Michael Ohr

영어 관광통역안내사를 위한 지침서

대한민국의 **주요 관광자원(자연, 문화, 사회, 산업, 위락)** 완벽 정리

관광통역안내사 **영어 면접시험 실전** 및 **대비 문제** 수록

좋은땅

이 책을 펴내며

이 책은 영어 관광통역안내사 면접시험을 준비하거나 관광통역안내사를 시작하는 분들께 도움을 드리기 위한 목적에서 쓰였습니다. 필자가 영어 관광통역안내사 시험 준비를 하면서 느꼈던 점은 아무리 훌륭한 영어 소통 능력을 지녔다 하더라도 우리나라 관광과 관련한 콘텐츠가 부족하다면 결코 제대로 된 설명을 하기가 어렵다는 것입니다.

따라서, 관광자원에 대한 지식은 물론 대한민국에 대해 상세하게 설명할 수 있도록 가능한 중요한 내용들을 최대한 수록하였으며, 무엇보다도 관련된 주제들을 함께 묶어서 한 페이지에 게재함으써 내용 습득이 쉽도록 하였습니다. 또한, 이 책은 일반 서적과 다른 편집을 통해 가독성을 높였으며, 영어 면접시험을 앞둔 수험생이나 영어 관광통역안내를 시작할 경우, 빠른 시간 내에 해당 내용의 파악 및 습득이 가능하도록 하였습니다.

아무쪼록 이 책을 통해 대한민국의 관광자원에 대해 공부하고, 영어 표현을 익혀 관광통역안내사 면접시험은 물론 실전에서도 활용될 수 있기를 간절히 바라는 마음입니다.

This book is intended to help people prepare for an interview with English tourist guide exam or start a tourist guide newly. What I felt while preparing for the English tourist guide exam is that no matter how good English communication skills are, it is never possible to explain properly if there is a lack of content related to tourism in Korea.

Therefore, I include as many as important contents as possible to explain Korea in detail as well as Knowledge of tourism resources, and most of all, I grouped related topics together to make it easier to acquire contents. In addition, the book is readable through different edit style from other books. This book will help people who is going to have an English interveiw exam or those who conduct as a novice guide to understand and learn the tourism contents within a short time.

I sincerely hope that using this book, they can study tourism resources in Korea and read English expressions so that they can not only prepare for an interview but also conduct a tourist guide work.

관광통역안내사 찰리 최희찬 드림

이 책의 특징 및 활용

● 이 책의 특징

- 우리나라 관광자원인 자연, 문화, 사회, 산업, 위락 중 중요사항을 총 망라하였다.
- 관광통역안내사, 관광의 일반개념, 대한민국 소개, 유네스코 유산, 상황별 대처, 대한민국 주요 관광지 순으로 관련되는 내용을 수록하였다.
- 관광통역안내사 면접 Tip과 실제예문, 자주 나오는 문제들을 수록하였다.
- 관련된 내용들을 묶어 함께 수록하기 위해 표 형식으로 내용을 정리하였다.
- 각 내용에 대한 영문 표현과 한글 표현을 좌우 페이지에 나란히 배치하여 내용의 습득이 쉽도록 구성하였다.

● 이 책의 활용

관광통역안내사 영어 면접시험은 대한민국의 민간외교관인 **관광통역안내사의 자질과 능력을 검증**하기 위한 시험이라고 할 수 있다.

따라서, 본 교재를 통해 **우리나라 관광자원에 대한 설명이 가능**하도록 **영어표현과 한글표현을 서로 비교하면서 여러 번 읽어 봄**으로써 우선 개략적인 뜻을 파악하도록 한다.

수험생의 입장에서는 수록 내용이 다소 많으나, 관광통역안내사 면접시험에서 **기출제된 문제들이 거의 빠짐없이 수록**되어 있으므로 취사선택하여 심층적으로 공부하도록 한다.

영어면접 **실제예문을 통해 면접시험의 요령을 파악**하고, **자신 스스로 예문을 만들어 공부**해 봄으로써 실제 면접에서 자신감을 통해 원하는 목표를 달성할 수 있을 것이다.

최근의 관광추이 등 본 교재에서 미처 다루지 못한 내용이 있을 경우에는 **수험생 스스로 사례를 찾아보고, 본 교재를 참고하여 설명문을 만들어 보도록 권장**한다.

무엇보다 머릿속에서 해당 내용들이 자연스럽게 그려지도록 하면서 **자신의 입을 통해 말하는 연습**을 통해 실제 영어면접에 능동적으로 대처할 수 있을 것이다.

목차 Contents

Chapter 3 대한민국 개요 Overview of Korea

Chapter 4 유네스코 세계유산 등 UNESCO'S World Heritage & etc.

Chapter 5 유네스코 인류무형문화유산 UNESCO's Intangible Cultural Heritage of Humanity

Chapter 6 유네스코 세계기록유산 UNESCO's Memory of the World

Chapter 1

영어면접 Tip 및 실제예문

Interview Tips & Real Questions

관광통역안내사 영어면접 Tip

● 관광통역안내사 영어면접 특징

영어 관광통역안내사는 우리나라를 찾는 외국인에게 대한민국의 관광자원을 소개하고, 현장을 안내하는 일을 하므로, 무엇보다도 우리나라 역사, 자연과 문화에 대한 기본 지식은 물론 이를 영어로 설명할 수 있는 능력이 필요하다.

따라서, 관광통역안내사 영어면접의 특징은 얼마만큼 관광자원에 대해 논리적으로 설명할 수 있는지, 사용하는 영어 표현이나 발표하는 자세가 얼마만큼 전문적이면서 자신감이 있는지 등을 종합적으로 평가하는 시험이다.

● 관광통역안내사 면접 평가 요소

면접시험의 평가는 태도 60%, 전문지식 40%로 구성되며, 국가관, 사명관 등 정신자세, 응용능력, 예의, 의사발표의 정확성 등을 항목별로 구분하여 평가하게 된다. 따라서, 면접에 임하는 태도가 우선 중요하므로 단정한 복장과 용모는 필수이며, 자기소개, 면접을 대하는 태도, 돌발 상황에 대한 위기 대처 능력을 발휘할 수 있도록 철저한 준비를 해야 한다.

구분	주요 착안 사항
국가관, 사명감 등 정신자세	외국인에게 한국의 역사와 문화를 알린다는 점에서 민간외교관으로서의 국가관이나 사명감 등
전문지식과 응용능력	관광 관련 사회적 이슈를 포함하여 대한민국 관광자원에 대한 포괄적이고 전문적인 지식
예의, 품행 및 성실성	자신감 있는 태도, 예의바른 태도, 단정한 태도 등
의사 발표의 정확성과 논리성	외국어 구사는 적절한지, 의사 발표는 어느 정도 정확한지, 기승전결이나 서론, 본론, 결론 順 또는 육하원칙에 입각하여 논리 정연하게 말하는지 등

● 면접 진행

면접관은 3명으로 구성되며, 한 명씩 돌아가면서 순차적으로 질문을 하고, 필요시에는 추가질문을 한다. 문제는 총 4개에서 7개 정도가 주어지고 전체 10분 정도가 소요된다. 따라서, 1문제당 1분 내외로 답변 내용을 구성하여 논리적으로 예를 들어 가며 설명하는 것이 좋다.

면접질문은 관광통역안내사의 자세와 사명감, 관광이론과 문화자원에 대한 지식, 위기관리 능력 등을 주로 묻게 되며, 개인에 따라 순서를 달리하거나 특정 문제에 대한 추가 질문이 있을 수 있다.

● 문제 답변 요령

우선 첫 면접관이 하는 질문부터 집중하여 들어야 한다. 면접관에 따라서 질문 내용이 길 수도 있고, 직설적인 질문도 있지만 다소 복합적인 상황에 대해 답변을 요구하는 경우도 있다.

무엇보다도 처음부터 당황하지 말고 차분하게 질문부터 이해하는 것이 중요하며, 다음으로 답변 내용을 머릿속으로 그리면서 순서(서론, 본론, 결론)에 입각하여 자신 있는 목소리로 대답하는 것이 좋다.

● 면접장 입장부터 퇴장까지

면접장에 입장을 하면 먼저 면접관에게 인사를 건넨다. 면접관의 지시에 따라 바른 자세로 착석을 한 후, 밝은 표정과 가벼운 미소로 면접관의 질문을 받을 준비를 한다.

면접장으로 들어가는 입구를 기준으로 안쪽으로 3명의 면접관이 위치하게 되고, 응시자를 기준으로 가장 오른편에 앉은 면접관부터 차례로 돌아가면서 질문을 하므로 우선 시선을 그쪽으로 집중한다.

첫 질문을 받고 답변을 시작할 때는 3명의 면접관에게 시선을 골고루 분산하여 답을 하는 것이 좋으며, 다음 면접관의 질문을 받는 경우에도 마찬가지이다. 면접관에 따라 추가 질문이나 돌발 질문이 있을 수 있으므로 당황하지 말고 차분하게 답을 해야 한다.

마지막으로, 면접이 끝나고 일어설 때도 반드시 인사를 하고 출구를 이용하여 나오면 된다.

〈관광통역안내사 면접장 도해〉

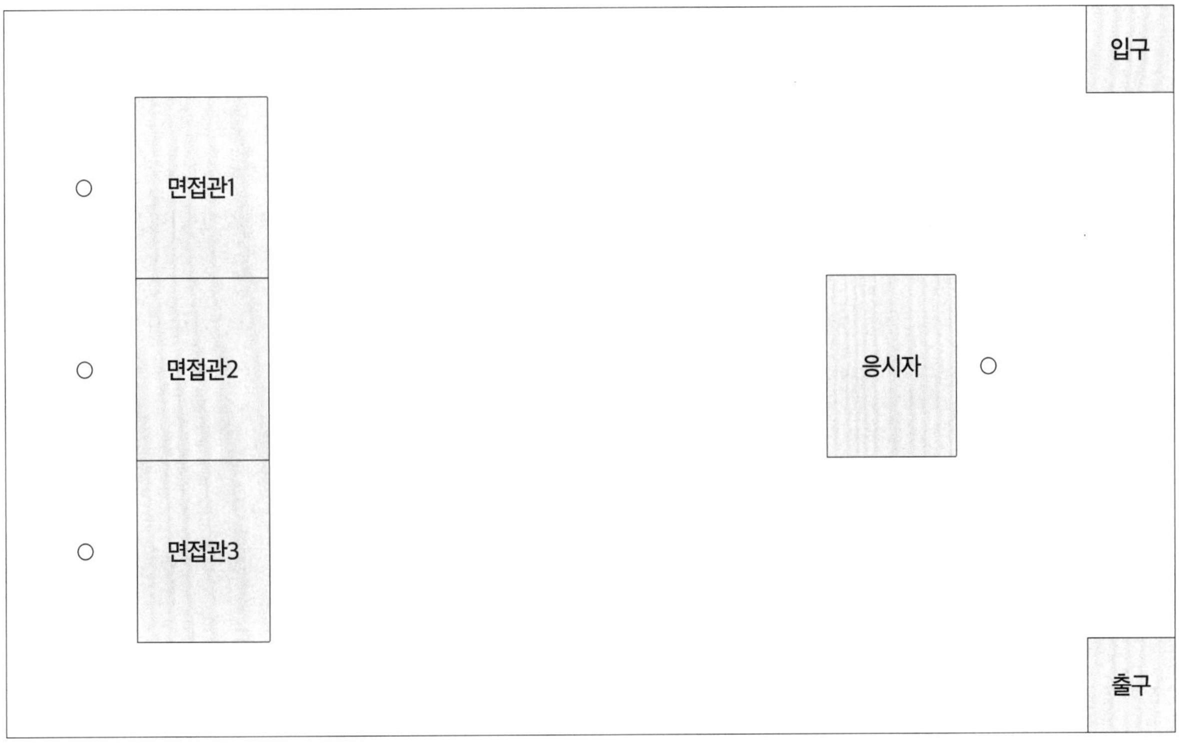

입구
○ 면접관1
○ 면접관2
○ 면접관3
응시자 ○
출구

면접 실제예문

Set 1

Q.1 What are the things required for a tourist guide, and what would you do if you become a tourist guide?

관광통역안내사에게 필요한 자질은 무엇이며, 관광통역안내사가 된다면 어떻게 할 것인지 설명해 보세요.

— I understand that a tourist guide is a link between foreign visitors and Korea.

— So, a tour guide must have a professional tourism knowledge, English communication skill, service mind, and problem solving ability.

— I think I have a passion and energy to learn new things all the time and like to challenge myself in any difficult environment.

— Furthermore I have many experiences in introducing foreigners to Korean history and culture.

— If I become a tour guide, I am willing to help foreigners to learn and experience Korea as much as possible.

— I want many foreigners to become interested in Korea and visit this beautiful country.

— 관광가이드는 외국인 관광객과 한국을 연결해 주는 것으로 알고 있다.

— 그래서 관광가이드는 전문적인 관광지식, 영어 소통기술, 서비스 마인드, 문제해결 능력이 있어야 한다.

— 저는 항상 새로운 것을 배우고 어떤 어려운 환경에도 도전하고 싶은 열정과 에너지를 가지고 있다고 생각한다.

— 또한 저는 외국인들에게 한국의 역사화 문화를 소개한 경험이 많다.

— 제가 관광가이드가 된다면, 저는 외국인들이 한국을 최대한 많이 배우고 경험할 수 있도록 기꺼이 도울 것이다.

— 많은 외국인들이 한국에 관심을 갖고 이 아름다운 나라를 방문했으면 좋겠다.

Q.2 Could you explain tourism resources related to the Korean Wave and how would you use it for tourism?

한류와 관련된 관광자원을 설명하고, 한류를 어떻게 관광에 활용할 것인지 설명해 보세요.

— Korean wave is a phenomena of Korean culture is spreading and sweeping over to countries outside Korea.

— The Korean wave stands out, especially in the fields of drama, entertainment and music.

— There are many drama sets and filming locations related to the Korean Wave.

— In addition, Hanok, Hanbok, and Korean food represent tourism resources of the Korean Wave.

— So, we will be able to guide foreigners to experience the Korean Wave or spread the Korean Wave by using YouTube and SNS.

— 한류는 한국문화가 한국 밖으로 퍼져 나가고 있는 현상이다.

— 한류는 특히 드라마, 예능, 음악 분야에서 두드러진다.

— 한류 관련 드라마 세트장과 영화 촬영지가 많다. 또한, 한옥, 한복, 한식도 한류를 대표하는 관광자원이다.

— 외국인들에게 한류체험을 할 수 있도록 안내하거나, 유튜브, SNS를 활용해 한류를 확산시킬 수 있을 것이다.

Q.3 What is the Korea Grand Sale?
코리아그랜드세일에 대해서 설명해 보세요.

— The Korea Grand Sale is a tourism festival for foreigners that combines tourism, Hallyu, and shopping.

— It is held every year, and the event is held with companies in various fields such as aviation, accommodation, cultural experience, and shopping.

— Foreign tourists are given the opportunity to experience Korean culture through discounts such as air tickets and accommodation.

— Foreign tourists can get discounts on hotel food, amusement parks, shopping, and tourist attractions.

— They can get convenience services such as interpretation, tourist information, and can participate in Hallyu experience events.

— 코리아그랜드세일은 관광, 한류, 쇼핑이 융복합된 외국인 대상 관광 축제이다.

— 매년 실시되며, 항공, 숙박, 문화체험, 쇼핑 등 다양한 분야의 기업들과 함께 행사를 개최한다.

— 외국인 관광객에게는 항공권, 숙박 등의 할인 혜택을 통해 한국문화를 체험할 수 있는 기회가 주어진다.

— 외국인 관광객은 호텔 식음업장, 놀이공원, 쇼핑, 관광지에서 할인 혜택을 받을 수 있다.

— 통역, 관광 안내 등 편의서비스 제공은 기본이고, 한류 체험행사에 참여할 수 있다.

Q.4 What is the Pungmulnori and Samulnori?
풍물놀이와 사물놀이에 대해 설명해 보세요.

— According to National Gugak Center, Pungmulnori is very similar to Nongak, a farmer's music played by many traditional percussion and wind instruments.
— It is a traditional ritual praying for peace and prosperity of community in planting and harvest season.
— On the other hand, Samulnori is modified modern style performance, using four instruments such as small gong (Kkwaenggwari), hourglass-shaped drum (Janggu), barrel drum (Buk), and gong (Jing).
— It is said that Kim Deog-su made Samulnori in 1978 based on Pungmulnori.

— 국립국악원에 따르면, 풍물놀이는 전통 타악기, 관악기 등으로 연주하는 농악과 매우 유사하다.
— 농악은 모내기 및 수확기에 공동체의 평화와 번영을 기원하는 전통 의식이다.
— 반면에 사물놀이는 꽹과리, 장구, 북, 징 등 4개의 악기를 사용하여 현대식으로 변형한 것이다.
— 1978년 김덕수가 풍물놀이를 바탕으로 사물놀이를 만들었다고 한다.

Q.5 What would you do if an earthquake occurred during the museum tour?
박물관 투어 도중에 지진이 발생한다면 어떻게 할 것인지 설명해 보세요.

— If an earthquake occurs during the museum tour, I will first have customers leave the building immediately.
— If customers stay in the building, they may be injured by debris from the earthquake or buried in the collapse of the building.
— I will inform customers to protect their heads with bags and keep their shoes on during evacuation.
— When the customers are evacuated, I will have them wait in a safe place until the situation calms down.
— I think it is very important to check the structure, layout and shelter of the building before the tour.

— 박물관 투어 도중에 지진이 발생한다면, 우선 고객들이 즉시 건물 밖으로 나가도록 하겠다.
— 고객들이 건물 내 머물 경우, 지진으로 인한 파편에 부상을 당할 수 있고, 건물 붕괴로 매몰될 수도 있기 때문이다.
— 고객들이 대피 중에 가방으로 머리를 보호하도록 하고, 신발은 꼭 신도록 주의시키겠다.
— 고객들이 밖으로 대피하면, 안전한 장소에서 상황이 진정될 때까지 기다리도록 하겠다.
— 참고로, 가이드는 투어를 하기 전 건물의 구조나 배치, 피난처 등을 미리 확인해 두는 것이 중요하다고 생각한다.

Set 2

Q.1 Is Korea a good country for tourism? What is the reason?
대한민국이 관광하기에 좋은 나라인지? 그 이유는 무엇인지 설명해 보세요.

— Korea has about a 5,000-year long history with beautiful nature surrounded by mountain and sea.
— There are many tourist attractions including many UNESCO's World Cultural Heritage Sites.
— Tourists can experience very unique Korean nature and culture because it has distinctive four seasons.
— Korea is a very advanced country which has hosted four mega sport events and G20 summit.
— That means Korea is recognized as a safe and clean country.
— Therefore, I think foreigners are worth visiting this beautiful and safe country.

— 한국은 산과 바다로 둘러싸인 아름다운 자연과 함께 약 5,000년의 역사를 갖고 있다.
— 유네스코 세계문화유산 등 관광명소가 많다.
— 사계절이 뚜렷하기 때문에 관광객은 한국의 독특한 자연과 문화를 경험할 수 있다.
— 한국은 4대 국제스포츠 행사(동계 및 하계 올림픽, 월드컵, 세계육상선수권대회)와 G20 정상회의를 개최한 선진국이다.
— 이는 한국이 안전하고 깨끗한 나라로 인식되고 있다는 뜻이다.
— 그러므로, 나는 외국인들이 이 아름답고 안전한 나라를 방문할 가치가 있다고 생각한다.

Q.2 Could you explain the definition and example of Slow City?
슬로우시티의 정의와 예시를 들어 설명해 보세요.

— Slow city movement was started by mayors of small towns in Italy.
— To be assigned as a slow city, the number of population should be less than 50,000 without any fast food restaurants.
— The city's traditional heritage should be well preserved with some local food.
— There are 15 slow cities in Korea including Jeonju Hanok Village.
— Jeonju Hanok Village is packed with more than 700 hanoks.
— The style of Korea such as hanok, hanji, pansori, hanbok, Korean food, and oriental medicine is integrated in the village.

— 슬로우시티 운동은 이탈리아 작은 마을 시장에 의해 시작되었다.
— 슬로우시티로 지정되려면 패스트푸드점이 없으며 인구 5만 명 미만 지역이어야 한다.
— 지역 전통 유산과 지역 음식이 잘 보존되어 있어야 한다.
— 한국에는 전주한옥마을 등 15개의 슬로우시티가 있다.
— 전주한옥마을은 700여 채의 한옥이 밀집해 있다.
— 한옥, 한지, 판소리, 한복, 한식, 한의학 등 한국의 양식이 집약되어 있다.

Q.3 What is the SIT and what kind of tour will you plan?
SIT는 무엇이고 어떤 투어를 기획할 것인지 설명해 보세요.

— SIT is short for special interest tour.
— It is about traveling among people with common interests or with the same purpose of travel.
— Several examples of SIT tour are art, culture, cruise, healing, sport tour, etc.
— For example, travelers from southeast countries like Indonesia and Malaysia are known to prefer a ski tour in Korea during winter season.
— So, I would like to make a tour plan focusing on winter sports for southeastern foreign visitors.

— SIT는 특별관심여행의 약어이다.
— 취미나 여행 목적이 같은 사람들끼리 여행하는 것이다.
— SIT의 예로는 미술, 문화, 크루즈, 힐링, 스포츠 투어 등이 있다.
— 예를 들어, 인도네시아, 말레이시아 등 동남아시아에서 온 여행자들은 겨울철에 한국에서 스키투어를 선호하는 것으로 알려져 있다.
— 따라서 나는 동남아 외국인 방문객들을 위한 겨울 스포츠에 초점을 맞추어 투어를 계획하고자 한다.

Q.4 Could you explain about the Tripitaka Koreana?
팔만대장경에 대해 설명해 보세요.

— The Tripitaka Koreana was made by the Goryeo Dynasty to fight against the Mongolian invasions with the mercy of Buddhist's blessing.
— The Buddhist Tripitaka Koreana is carved onto a total of 81,258 wooden printing blocks.
— It is currently stored in Haeinsa Temple of Gayasan Mountain in Hapcheon, South Gyeongsang Province, Korea.

— The Tripitaka Koreana means the Buddhist scriptures and it is comprised of Sutra Pitaka (Discourse between Buddha and disciples), Vinaya Pitaka (Regulations of monastic life), and Abhidhamma Pitaka(Comments on sutra by famous scholars and monks).

— 팔만대장경은 불력으로 몽골의 침략에 맞서기 위해 고려 왕조가 제작한 것이다.
— 이 고려대장경은 총 81,258판의 목판에 새긴 것이다.
— 현재 대한민국 경상남도 합천 가야산에 있는 해인사라는 고찰에 보관되어 있다.
— 대장경은 불교 경전을 뜻하며, 부처의 가르침을 실은 경장(經藏), 승단의 계율인 율장(律藏), 고승과 불교 학자들인 남긴 논장(論藏)으로 구성된다.

Q.5 What would you do if a customer is injured during the tour?
손님이 투어 중에 부상을 당하면 어떻게 할 것인지 설명해 보세요.

— During the tour, tourists may encounter sudden accidents.
— For example, tourist can fall, get bitten by a snake, or stung by a bee on the move.
— In case of such an accident, a guide needs to have a minimum of emergency medicine or first-aid kit.
— First of all, I will contact 119 and travel agency for help after giving first aid to customers who have been in an accident.
— Other customers' tour schedules are also important, so I will get help from the company or continue to the tour.
— I think customer safety is the paramount on the tour, so I will always be alert and do my best to prevent accidents.

— 투어 중에는 관광객이 갑자기 사고를 당할 수 있을 것이다.
— 예를 들어, 이동 중에 넘어지거나 뱀에 물릴 수도 있고, 벌에 쏘일 수도 있다.
— 이런 사고가 발생될 경우에 대비하여 가이드는 최소한의 응급약품이나 비상 구조 물품 등을 소지할 필요가 있을 것이다.
— 우선 현장에서 사고를 당한 고객의 응급처치를 한 후, 119 소방대와 회사에 연락하여 도움을 받도록 한다.
— 다른 고객들의 투어 일정 또한 중요하므로 회사의 도움을 받거나 아니면 계속 투어를 진행한다.
— 투어에 있어 고객의 안전이 가장 중요하므로 늘 경각심을 갖고 사고 예방에 최선을 다한다.

Set 3

Q.1 What is Stopover?
스탑오버가 무엇인가요?

— Stopover means staying at a stopover city for more than 24 hours, usually within one to three days.
— Because we have enough time, we can enjoy traveling in the stopover city.
— For stopover applications, the route must include a stopover city.
— We have to pick up our luggage in the stopover city in order to stay for more than 24 hours.
— The advantage of stopover is that we can enjoy cheaper tickets than that of direct flights and travel to the stopover city.
— Dubai Airport in the United Arab Emirates is one the most popular stopover airports.
— If we like to stopover, we must make a reservation through the relevant aviation office in advance after payment of tickets.

— 스탑오버는 경유지에서 24시간 이상 머무는 것을 뜻하며, 보통 1일에서 3일 이내 스탑오버가 일반적이다.
— 시간이 충분하기 때문에 경유지 근교 지역을 여행할 수 있다.
— 스탑오버 신청을 위해서는 일단 경유지가 포함된 노선이어야 한다.
— 24시간 이상 머물게 되므로 스탑오버 도시에서 짐을 찾아야 한다.
— 스탑오버의 장점은 직항에 비해 저렴한 항공권과 스탑오버 여행을 즐길 수 있다는 것이다.
— 인기 있는 스탑오버 공항으로 아랍에미레이트의 두바이 공항을 들 수 있다.
— 스탑오버를 하고자 할 경우에는 항공권 결제 후 미리 해당 항공 사무소를 통해 예약을 해야 한다.

Q.2 Could you explain about tourism Dure?
관광두레에 대해 설명해 보세요.

— Tourism Dure is a concept that Dure, the Korean traditional cooperative culture, was connected with tourism field.
— It started in 2013 and refers to a tourism business community created by local residents.
— The purpose of tourism Dure is to provide the residents with benefits and to maximize the positive effect on regional economy.
— Residents who are most aware of the charm of the region are directly promoting the project by utilizing

various tourism resources such as accommodation, food and beverage, travel, experience, and souvenirs with local characteristics.

— As of 2021, more than 170 resident businesses from 56 regions are participating.

— 관광두레는 한국의 전통협력문화인 두레가 관광분야에 연결된 개념이다.

— 2013년에 시작되었으며, 지역 주민이 직접 만드는 관광사업공동체를 의미한다.

— 관광두레의 목적은 지역 주민에게 혜택을 주고 지역에 경제적인 이익을 주기 위한 것이다.

— 지역의 매력을 가장 잘 아는 주민들이 직접 지역 고유의 특색을 지닌 숙박·식음·여행·체험·기념품 등 다양한 관광자원을 활용해 사업을 추진하고 있다.

— 2021년 현재 56개 지역, 170여 개 주민사업체가 참여해 활동 중이다.

Q.3 What is the difference between Bukchon Hanok Village and Namsangol Hanok Village? 북촌한옥마을과 남산골 한옥마을의 차이는 무엇인지 설명해 보세요.

— Bukchon Hanok Village is an old residential district containing about 860 Korean traditional houses.

— The village is located in between two major palaces such as Gyeongbokgung Palace and Changdeokgung Palace.

— Bukchon was the place where high ranking officials, royal families, and scholars used to live during the Joseon period.

— So, it is widely regarded as a living museum preserving much of Seoul's tradition and culture within.

— On the other hand, Namsangol Hanok Village was created to gain a glimpse into the lives of our Korean ancestors.

— Five Hanok houses moved from their original sites were remodeled after the traditional houses of Joseon Dynasty.

— There are a pavilion, traditional garden, performance stage, and a time capsule plaza.

— 북촌한옥마을은 860여 채의 한옥이 모여 있는 오래된 주택가이다.

— 경복궁과 창덕궁 두 개의 주요 궁궐 사이에 위치해 있다.

— 조선시대에 고위 관료, 왕족, 사대부들이 살던 곳이다.

— 그래서 이곳은 서울의 전통과 문화를 보존하는 살아 있는 박물관으로 널리 알려져 있다.

— 한편, 남산골 한옥마을은 우리 선조들의 삶을 엿볼 수 있도록 조성되었다.

— 조선시대 한옥 다섯 채를 원래 위치에서 옮겨 와 개축하였다.

— 정자, 전통 정원, 공연무대, 타임캡슐광장 등이 있다.

Q.4 What are three UNESCO intangible cultural heritage of humanity?
유네스코 인류문화무형유산 3가지를 예로 든다면 어떤 것이 있는지 설명해 보세요.

— I would like to describe Pansori, Nongak, and Yeondeunghoe.

— Firstly, Pansori is like a solo opera in which a singer expresses in sounds, stories, and gestures to the rhythm of a drummer.

— It is a combination of 'pan' and 'sori' : Pan means 'a place where many people gather' and Sori means 'sound'.

— Secondly, Nongak is performed in Korean society to pray for the harmony of the village community and the well-being of the villagers.

— It is a comprehensive art accompanied by many traditional percussion and wind instruments along with a street parade, dance and acrobatic moves.

— Lastly, Yeondeunghoe is a ceremony and festival that celebrates Buddha's birthday and marches through the street in a magnificient procession.

— Originally, Yeondeunghoe was a religious ceremony to commemorate Buddha's birthday, but it is now a national spring festival that can be participated regardless of race, generation, or religion.

— 판소리, 농악, 연등회에 대해 설명하고자 한다.

— 첫째, 판소리는 한 명의 소리꾼이 고수(북치는 사람)의 장단에 맞추어 소리와 이야기, 그리고 몸짓으로 표현하는 일종의 솔로 오페라다.

— '판'과 '소리'의 합성어로 '판'은 '여러 사람이 모인 곳'을 뜻하고, '소리'는 '음악'을 말한다.

— 둘째, 농악은 한국사회에서 마을 공동체의 화합과 마을 주민의 안녕을 기원하기 위해 행해진다.

— 농악은 거리 행렬, 춤, 곡예동작과 함께 전통 타악기와 관악기가 어우러진 종합 예술이다.

— 셋째, 연등회는 부처님 오신 날을 기념하여 소망을 담아 만든 등을 밝히고 장대한 행렬을 이루어 거리를 행진하는 의식이자 축제이다.

— 본래 부처님 오신 날을 기념하기 위한 종교의식이었으나 현재 인종, 세대, 종교 상관없이 참여할 수 있는 국가적인 봄철 축제이다.

Set 4

Q.1 Could you explain the meaning of a tourist police?
관광경찰에 대해 설명해 보세요.

— The system of tourist police was introduced in 2013.
— They are placed in tourist attractions where foreigners frequently visit such as Seoul, Incheon and Busan.
— The main mission of them is to help foreigners travel safely and conveniently.
— They also work to prevent crimes, illegal acts and provide travel information and interpretation service.

— 관광경찰제도는 2013년에 도입되었다.
— 서울, 인천, 부산 등 외국인들이 많이 찾는 관광지에 배치되어 있다.
— 주요 임무는 외국인들이 안전하고 편리하게 여행할 수 있도록 돕는 것이다.
— 범죄 및 불법행위 예방과 관광 정보 및 통역 서비스도 제공한다.

Q.2 What is medical tourism?
의료관광은 무엇인가요?

— Medical tourism involves personal travels to other countries or regions to get medical services.
— It usually includes activities such as medical care, tourism, shopping, and cultural experience.
— Medical tourists get medical check up, treatment or surgery in local hospital, healthcare facility and recreation institution.
— Korea is famous for providing good quality medical services with reasonable price.
— Therefore, many foreigners want to visit Korea to get medical services.

— 의료관광은 개인이 의료서비스를 받기 위해 다른 나라나 지역으로 여행하는 것을 말한다.
— 일반적으로 의료, 관광, 쇼핑, 문화체험 등의 활동을 포함한다.
— 의료관광객은 지역병원, 요양시설, 휴양기관에서 건강검진, 치료 또는 수술을 받는다.
— 한국은 합리적인 가격에 양질의 의료서비스를 제공하는 것으로 유명하다.
— 그래서 많은 외국인들이 의료서비스를 받기 위해 한국을 방문하고자 한다.

Q.3 Could you explain the Annals of Joseon Dynasty?
『조선왕조실록』에 대해 설명해 보세요.

— The Annals of the Joseon Dynasty recorded the history of 472 years (1392 to 1863) from King Taejo to King Cheoljong in chronological order.

— The Annal contains historical facts in various fields, including politics, diplomacy, military, institutions, laws, economy, industry, transportation, communication, society, customs, art, craft, religion, and so on.
— When editing the Annals, materials such as the Chunchugwan's records, the historical records of kings, the diary of Seungjeongwon, the registration of Uijeongbu, and Ilseongrok records were used.
— Before the Japanese invasion of Korea, there were archives of the Joseon Dynasty in Chunchugwan, Jeonju, Sangju, and Chungju.
— During the Japanese invasion, all Annals, except those in Jeonju archives, were burnt down, and were moved to Myohyangsan Mountain, Manisan Mountain, and Taebacksan Mountain.
— Currently, the Annals are well preserved in the Gyujanggak Library of Seoul University.

— 『조선왕조실록』은 태조부터 철종까지 472년간(1392~1863)의 역사를 연월일 순서에 따라 편년체로 기록한 책이다.
— 『조선왕조실록』은 조선시대의 정치, 외교, 군사, 제도, 법률, 경제, 산업, 교통, 통신, 사회, 풍속, 미술, 공예, 종교 등 각 방면의 역사적 사실을 망라하고 있다.
— 실록을 편찬할 때는 정부 기관에서의 보고 문서 등을 정리해 둔 춘추관 시정기, 왕들에 관한 기록물인 사초(史草), 『승정원일기』, 의정부등재, 『일성록』 등 자료를 이용하였다.
— 임진왜란 전에는 춘추관, 전주, 상주, 충주에 『조선왕조실록』의 사고(史庫)가 있었다.
— 임진왜란 때 실록은 전주 사고(史庫)를 제외하고 모두 불에 타 묘향산, 마니산, 태백산, 오대산으로 옮겨졌다.
— 현재 『조선왕조실록』은 서울대학교 규장각에 보존되어 있다.

Q.4 Could you explain kimjang?
김장에 대해 설명해 보세요.

— Kimjang is a must-have winter preparation for Koreans who have to go through a long and harsh winter.
— In late fall, families and relatives gather together to make kimchi and share it with their families or neighbors in need.
— Kimjang has various purposes such as social sharing, promoting cooperation among members, and passing on the kimchi culture.
— Over a long time, Koreans have creatively developed kimchi-making methods that best fit the surrounding natural environment.
— In addition, the specific methods and ingredients of kimjang have been passed down from generation to generation.

— Kimjang is a one-year process that requires seasonal work.

— 김장은 길고 혹독한 겨울을 나야 하는 한국인들에게 반드시 필요한 월동 준비이다.
— 늦가을이 되면 가족이나 친족을 중심으로 다 함께 모여 김장을 하고 가족끼리 또는 어려운 이웃과도 서로 나눈다.
— 김장은 사회적 나눔, 구성원 간 협력 증진, 김장문화 전승 등의 다양한 목적을 갖고 있다.
— 오랜 시간에 걸쳐 한국 사람들은 주변의 자연환경에 가장 잘 맞는 김장 방식을 창조적으로 발전시켜 왔다.
— 또한, 김장의 구체적인 방식과 재료는 여러 세대에 걸쳐 전승되고 있다.
— 김장은 계절별로 해야 할 일이 있는, 1년이 걸리는 과정이다.

Q.5 What would you do if a customer deviates during the tour?
투어 중 관광객이 이탈을 한다면 어떻게 할지 설명해 보세요.

— First of all, I would check whether any customer is aware of a deviated customer or has any information about the deviation.
— The customer who has deviated may have lost their direction, therefore the guide needs to inform the officials in the tourist area and ask for help.
— Notification to nearby police stations and travel agency is essential because a customer may have gotten into an accident.
— If it is possible to contact a deviated customer, I would inform the customer of our destination and ask the customer to rejoin the tour with the help of the company.
— In case of expecting the customer's return in a short time, I would ask for the other customers' understanding, then wait and proceed with the tour together.

— 우선, 이탈 고객을 알고 있거나 이탈에 대한 정보를 가지고 있는 고객이 있는지 확인하겠다.
— 이탈한 고객이 길을 잃을 수도 있으므로 관광지 관계자에게 알리고 도움을 요청한다.
— 사고가 날 수도 있기 때문에 주변 경찰서나 여행사에 알린다.
— 이탈 고객과 연락이 가능하다면, 목적지를 알려 주고 회사의 도움을 받아 합류하도록 한다.
— 단시간 내 이탈 고객이 돌아올 것으로 예상할 경우, 다른 고객에게 양해를 구한 후 기다렸다가 함께 투어를 진행한다.

Set 5

Q.1 What is the difference between duty free and tax free?
사전면세점과 사후면제점의 차이는 무엇인가요?

— In case of duty free, taxes are exempted from tariffs and consumption taxes before purchase products.
— In case of tax free, only consumption taxes are exempted and tariffs are refunded after shopping.
— A customer must receive a refund receipt after shopping in case of using tax free shop.
— When leaving the country, a customer needs to show the customs office goods with refund receipt and passport, and receive a stamp confirming the export.
— Taxes are refunded through the refund counter or mobile APP.

— 사전면세점은 물품 구매 전에 관세와 소비세가 면제된다.
— 사후면세점은 소비세만 면제되며, 쇼핑 후 따로 관세를 환급 받는다.
— 사후면제점을 이용할 경우, 물건을 구매 후 환급영수증을 받아야 한다.
— 출국 시 세관에게 물품과 환급영수증, 여권을 보여 주고 반출 확인 도장을 받아야 한다.
— 출국장 환급창구 또는 모바일 APP을 통해 세금을 환급받는다.

Q.2 What is Halal food?
할랄음식이 무엇인가요?

— Halal means things that are allowed to meet Islamic law and Haram means forbidden things.
— Halal is a term that applies to various fields such as pharmaceuticals, food, tourism, medical care, cosmetics, and clothes.
— Halal food refers to any foods that are allowed for Muslim to eat.
— In addition, animals should be slaughtered by a Muslim under the Islamic law.
— Korea operates 'certification system of Halal products' to attract and satisfy the Muslim travelers.

— 할랄은 이슬람 율법에 맞도록 허용된 것이고, 하람은 금지된 것을 의미한다.
— 할랄은 제약, 식품, 관광, 의료, 화장품, 의류 등 다양한 분야에 적용되는 말이다.
— 할람음식은 이슬람교도들이 먹을 수 있도록 허용된 것이다.
— 동물은 이슬람 율법에 따라 무슬림에 의해 도살되어야 한다.

— 한국은 이슬람 관광객 유치와 이들의 만족을 위해 '할랄제품인증제'를 운영하고 있다.

Q.3 What is dark tourism?
다크투어리즘이 무엇인가요?

— Dark tourism refers to visiting historically tragic places related to war, genocide and disaster.

— It has significant meaning in that tourists can learn lessons from reflecting on to past tragedies.

— Koreans experienced the tragedy especially during Japanese colonial periods and Korean War.

— Therefore, Seodaemun Prison and DMZ are appropriate locations for dark tourism.

— People can look back on the tragedy while exploring Seodaemun Prison and the DMZ, and they can realize the value of freedom and peace.

— 다크투어리즘은 전쟁, 대량학살, 재난과 같은 역사적으로 비극적인 장소를 방문하는 것을 말한다.

— 관광객은 과거의 비극을 되새겨 봄으로써 교훈을 얻을 수 있다는 점에서 중요한 의미가 있다.

— 한국인들은 특히 일본의 식민지 시기와 6.25 한국전쟁 당시 비극을 경험했다.

— 따라서, 서대문형무소와 비무장지대(DMZ)는 다크투어리즘을 위한 적합한 장소이다.

— 관광객은 서대문형무소와 비무장지대(DMZ)를 답사하면서 비극을 되돌아볼 수 있고, 자유와 평화의 가치를 실감할 수 있다.

Q.4 Could you explain the incentive tour and show an example?
인센티브 투어의 개념을 설명하고 예시를 들어 보세요.

— Incentive tour is conducted by a company or organization to enhance motivation and loyalty, such as productivity improvement, for organizational employees or cooperative officials.

— Incentive tours are used to increase morale, reduce turnover, and achieve sales goals for employees.

— Non-cash individual incentive compensation is recognized as the strongest compensation method.

— Incentive tours are often conducted in combination with MICE such as exhibition.

— Therefore, incentive tours are recognized as high value-added products.

— As an example of incentives, domestic companies seek to boost employees' morale by participating in overseas exhibitions and touring famous tourist destinations with excellent performance at the company's expense.

— 인센티브 투어는 회사나 조직이 조직 구성 또는 협력 관계자를 대상으로 생산성 향상 등 동기 부여 및 충성도 제고를 위해 실시한다.
— 인센티브 투어는 직원들에게 사기를 진작시키고 이직을 줄이며 영업 목표를 달성하기 위해 사용된다.
— 비현금적 개별 인센티브 보상은 가장 강력한 보상 방법으로 인식되고 있다.
— 인센티브 투어는 전시회 등 MICE와 결합되어 실시하는 경우가 많다.
— 따라서, 인센티브 투어는 고부가가치 상품으로 인식되고 있다.
— 인센티브 사례로, 국내 기업이 회사의 비용으로 실적이 우수한 직원들을 해외 전시회 참가 및 유명 관광지 투어를 보냄으로써 직원들의 사기 진작을 도모한다.

Q.5 Could you explain the five palaces in Seoul?
서울의 5대 궁궐에 대해 설명해 보세요.

— The five major palaces in Seoul are Gyeongbokgung Palace, Changdeokgung Palace, Deoksugung Palace, Changgyeonggung Palace, and Gyeonghuigung Palace.
— Gyeongbokgung Palace is a main palace of the Joseon Dynasty and has the meaning of "the palace greatly blessed by heaven".
— It was built in 1395 but was destroyed during the Imjin War and rebuilt in 1867.
— Changdeokgung Palace was built in 1405 as the detached palace of Joseon Dynasty and has the meaning of "the palace of prosperous virtue".
— It was used as main palace of Joseon Dynasty for 270 years and designated as a UNESCO World Heritage in 1995.
— Deoksugung Palace was used as a temporary palace during the reign of King Seonjo, and King Gojong used it as a detached palace of the Joseon Dynasty.
— King Sunjong renamed it as "the palace of virtue and longevity" for King Gojong.
— Changgyeonggung Palace was used for the three queen dowagers during the reign of King Seongjong by expanding and renaming Suganggung Palace.
— It has the meaning of "the palace of glorious blessing" and retains the history of Japanese colonial era suffering.
— Gyeonghuigung Palace was built in 1620, and was called Seogung Palace because it was located on the west side of Gyeongbokgung Palace.
— It was destroyed at the time of Japanese colonial era and only 30% of it was restored later.

— 서울의 5대 궁궐은 경복궁, 창덕궁, 덕수궁, 창경궁, 경희궁이다.

— 경복궁은 조선 왕조의 법궁으로 '하늘의 큰 축복을 받는 궁궐'이라는 뜻을 지니고 있다.

— 1395년에 건립되었으나 임진왜란 때 소실되어 1867년에 중건되었다.

— 창덕궁은 조선 왕조의 이궁(離宮)으로 1405년 지어졌으며, '덕이 번창하는 궁궐'이라는 의미를 지니고 있다.

— 270년간 실질적인 조선 왕조의 법궁이었으며 1995년 유네스코 세계문화유산으로 지정되었다.

— 덕수궁은 선조 때 임시 궁궐로 사용하다, 고종이 이궁으로 사용하였다.

— 순종이 고종의 장수를 기원하는 의미에서 '덕과 장수의 궁궐'이라는 이름을 붙였다.

— 창경궁은 성종 때 세 명의 왕후를 위해 원래 있던 수강궁을 확대하고 이름을 변경한 것이다.

— '영광스러운 축복'이라는 의미를 지닌 궁궐로 일제 강점기 수난의 역사를 간직한 곳이다.

— 경희궁은 1620년에 지어졌으며, 경복궁의 서쪽에 위치하여 서궁(西宮)이라고 불렸다.

— 일제 강점기 때 소실되어 나중에 복구하였으나 원래의 30%만 복구되었다.

Chapter 2

관광 일반

Overview of Tourism

Tourist Guide	• I understand that a tourist guide is a bridge between foreign visitors and Korea. • So, a tour guide must have a professional tourism Knowledge, English communication skill, service mind, and problem solving ability. • I think I have a passion and energy to learn new things all the time and like to challenge myself in any difficult environment. • Furthermore I have many experiences in introducing foreigners to Korean history and culture. • So, I want to be a tourist guide. • I studied tourism at university, and made efforts to enhance my English skill and explored many tourist locations in Korea. • If I become a tour guide, I am willing to help foreigners to learn and experience Korea as much as possible. • I want many foreigners to become interested in Korea and visit this beautiful country.
Advantage of Tourist Guide	• Those who want to be a tourist guide must pass a three-step exam : An official test of Foreign languages, written test and interview for tourist guide respectively. • Knowledge about Korea history and tourism and English communication skill are very essential. • So, a person with a tourist guide certificate is considered very trustworthy. • Tourist guide can give foreign travelers correct information about Korea history and culture. • Travelers also can take a meaningful trip with the help of qualified tourist guide.
Problem of uncertified person	• I think uncertified guides can cause problems because they are not certified by the Korean government. • First of all, they are apt to give wrong information about Korea history. • In that case, foreign tourists can misunderstand Korea history. • Next, unqualified guides are apt to focus on shopping in terms of making profits. • It may give foreign tourists bad images about Korea and will distort tourism industries. • Therefore, travel agencies must hire a certified tourist guide by the Korean government.

관광통역 안내사	• 관광가이드는 외국인 관광객과 한국을 연결해 주는 것으로 알고 있다. • 그래서 관광가이드는 전문적인 관광지식, 영어 소통기술, 서비스 마인드, 문제 해결 능력이 있어야 한다. • 저는 항상 새로운 것을 배우고 어떤 어려운 환경에도 도전하고 싶은 열정과 에너지를 가지고 있다고 생각한다. • 또한 저는 외국인들에게 한국의 역사와 문화를 소개한 경험이 많다. • 그래서 관광가이드가 되고 싶다. • 대학에서 관광학을 공부했고 영어 실력을 향상시키기 위해 노력했으며 한국의 많은 관광지를 탐방했다. • 제가 관광가이드가 된다면, 나는 외국인들이 한국을 최대한 많이 배우고 경험할 수 있도록 기꺼이 도울 것이다. • 많은 외국인들이 한국에 관심을 갖고 이 아름다운 나라를 방문했으면 좋겠다.
관광통역 안내사 장점	• 관광통역안내사가 되려는 자는 외국어 공인시험, 관광통역안내사 필기시험 및 면접 등 3단계 시험에 합격해야 한다. • 한국의 역사와 관광에 대한 지식과 영어 소통 능력은 매우 중요하다. • 그래서 관광통역안내사 자격증을 소지한 사람은 매우 신뢰할 수 있는 사람으로 여겨진다. • 관광통역안내사는 외국인 여행자에게 한국의 역사와 문화에 대한 정확한 정보를 제공할 수 있다. • 유자격 가이드의 도움으로 의미 있는 여행을 할 수 있다.
무자격자 문제점	• 무자격 가이드들은 한국 정부의 인증을 받지 않았기 때문에 문제가 될 수 있다고 생각한다. • 우선 한국사에 대해 잘못된 정보를 주는 경향이 있다. • 그럴 경우, 외국인 관광객들은 한국사를 오해할 수 있다. • 다음, 자격이 없는 가이드는 자신의 이윤 창출 측면에서 쇼핑에 집중하기 쉽다. • 외국인 관광객에게 한국에 대한 나쁜 이미지를 심어 주고 관광산업을 왜곡시킬 수도 있다. • 따라서 여행사는 한국 정부로부터 공인된 관광통역안내사를 고용하여야 한다.

The impact of tourist guide on the tourism industry	• Tourist guides conduct many tasks such as welcoming foreign tourists, guiding of tourist attraction, and helping in the departure process. • They give foreign visitors information about Korean history, culture, region, and tourism resources. • They serve as a bridge between foreign tourists and the Korea. • Many tourism industries such as transportation, accommodation, and restaurant related to tourist attractions are closely connected, so the role of tourist guide is very important. • Foreign tourist may have different preferences and understanding of tourist attractions as well as Korea depending on the tourist guide's communications skills, on-site guidance, and coping skills. • Therefore, tourist guide should continue to make efforts to improve their language skills as well as constantly studying Korean history and cultural resources.
Etiquette which tourist guide should keep	• Tourist guides perform the task of guiding various foreign tourists from different countries. • First of all, tourist guides should be prepared to explain accurate knowledge and information on Korean history and tourism resources. • They must strive to have the ability to communicate in a foreign language. • As tourist guides are civil diplomats who convey the image of Korea to foreign tourists, they always need to maintain neat attire and dignity. • When dealing with foreign tourists, they should be kind and reliable. • They should do their best to each tourist without stereotype or prejudice against tourists. • Health and physical fitness management are necessary because they travel a lot of distances with tourists. • When a tourist complaint or problem occurs, tourist guides need to have the attitude to solve the situation on the side of the tourist.

관광통역 안내사가 관광산업에 미치는 영향	• 관광통역안내사는 외국인 관광객 맞이, 관광지 안내, 출국수속을 돕는 일을 한다. • 한국의 역사, 문화, 지역, 관광자원 등 정보를 제공한다. • 관광통역안내사는 외국인 관광객과 대한민국을 이어 주는 가교 역할을 수행한다. • 관광산업은 유적지 또는 관광지와 연계된 교통, 숙박, 식당 등 많은 업종이 긴밀하게 연결되므로 관광통역안내사의 역할은 참으로 크다. • 외국인 관광객은 관광통역안내사의 소통능력, 현장안내 및 대처능력 등에 따라 한국은 물론 관광지에 대한 호감도나 이해력이 다를 수 있다. • 따라서, 관광통역안내사는 한국의 역사와 문화자원에 대한 끊임없는 공부는 물론 언어소통 능력 향상을 위해 지속적으로 노력해야 한다.
관광통역 안내사가 지켜야 할 에티켓	• 관광통역안내사는 여러 나라의 다양한 외국인 관광객을 안내하는 업무를 수행한다. • 우선, 관광통역안내사는 한국의 역사와 관광자원에 대한 정확한 지식과 정보를 설명할 수 있도록 준비되어야 한다. • 해당 외국어에 대한 소통 능력을 갖추기 위해 부단히 노력해야 한다. • 외국인 관광객에게 한국의 이미지를 전달하는 민간 외교관인 만큼 늘 단정한 복장과 품위 유지도 필요하다. • 외국인 관광객을 대할 때는 친절하면서도 신뢰감을 줄 수 있어야 한다. • 관광객에 대한 고정관념이나 편견 없이 한 사람 한 사람에게 최선을 다해야 한다. • 관광객과 함께 많은 거리를 이동하게 되므로 건강과 체력 관리 역시 필요하다. • 관광객의 불평이나 문제가 발생될 경우에는 늘 관광객의 입장에서 상황을 해결할 수 있는 자세가 필요하다.

Tourism resources	• Nature : mountain, coast, hot-spring, topography, animal & plant, and natural phenomenon. • Culture : archaeological relics, historic sites, tangible&intangible heritage, monument, folk material, museum, gallery, and cultural facilities. • Society : ritual ceremony, event, festival, manners, system, nationality, food, education, religion, and city tourism. • Industry : industrial complex, distribution complex, farming industry, department, manufactories, convention, and exhibition. • Amusement : pool, play facility, leisure town, fishing place, casino, theme park, golf course, ski resort, boating place, and cruise.
	• Tourist attractions drive the desire to travel. • They attract tourists to take action. • They become tourist attractions through development. • They ar result of interaction between nature and human beings. • They include nature and humanities as well as tangibles and intangibles. • They are needed to be preserved and protected.
Important factors for tourist attraction	• Accessibility : Distance from tourist home to destination. • Attraction : A variety of tourism resources can attract more tourists. • Image : Formed by a person or a group about tourist attraction. • Related facilities : Accommodation, amusement facilities, resting area, restaurant, tour information center. • Infrastructure : Transportation, WiFi zone, electricity, water supply, medical facilities.

<table>
<tr><td rowspan="2">관광자원</td><td>• 자연 : 산, 해안, 온천, 지형, 동식물, 자연현상
• 문화 : 고고유적, 유적, 유형무형유산, 기념비, 민속자료, 박물관, 갤러리, 문화시설
• 사회 : 의식, 행사, 축제, 예절, 제도, 국적, 음식, 교육, 종교
• 산업 : 산업단지, 유통단지, 농업, 백화점, 제조업, 컨벤션, 전시
• 위락 : 수영장, 놀이시설, 레저타운, 낚시터, 카지노, 테마파크, 골프장, 스키장, 보트장, 쿠루즈</td></tr>
<tr><td>• 여행의 욕구를 자극하는 관광명소다.
• 관광객의 발길을 끈다.
• 개발을 통해 관광명소가 된다.
• 자연과 인간 사이의 상호 작용의 결과이다.
• 자연과 인문학, 유형과 무형을 포함한다.
• 보존과 보호가 필요하다.</td></tr>
<tr><td>관광객
유치를 위한
중요 요소들</td><td>• 접근성 : 관광객의 집에서 목적지까지의 거리
• 매력성 : 다양한 관광자원은 더 많은 관광객을 유치
• 이미지 : 관광지에 대한 개인 또는 그룹에 의해 형성
• 관련시설 : 숙박시설, 놀이시설, 휴게소, 식당, 관광안내소
• 인프라 : 교통, WiFi 지역, 전기, 급수, 의료시설</td></tr>
</table>

Travel agency	• General travel business : for both Korean and foreign customers who travel to Korea or abroad. • Domestic travel business : for Koreans who only take domestic trips. • Domestic and overseas travel business : for Koreans who travel to Korea and abroad.
	• Related to traveling products, estimation, cost calculation, flight operation, land operation, and customer counseling. ※ Land operation : business concerning hotel, meals, tourist guide, travel schedule, and transportation.
Hotel	Rating : Tourist Hotel/ Korea traditional Hotel/ Family Hotel/ Small Size Hotel/ Medical Tourism Hotel/ Water Tourism Hotel ※ Hotel room : Single bed room/ Double bed room/ Twin bed room/ Triple bed room/ Suite Room
Tourist facilities	• Professional recreation business : fork village, beach, hunting ground, zoo, botanic garden, hot spring, cave resources, swimming pool, recreation facilities in rural area, paragliding site, museum, gallery, and etc. • General recreation business : camping, cruise, performance hall, home-stay for foreign tourist.
Convention	• MICE (Meeting, Incentive, Convention, Exhibition) ※ Convention : COEX, KINTEX, BEXCO, EXCO and etc.
Amusement facility	• Theme park : entertainment, joyful events, rides and attractions are located in one location. ※ Water park, golf course, ski resort, casino(Entertainment plaza + casino resort, convention center + slot machine)
Convenience facilities	• Restaurant : tourism entertainment restaurant, foreigners only tourism entertainment restaurant. • Tourism circular bus, tourism photography, tourism track business, Hanok experience business, tourism duty free business, and tourism theater entertainment.

<table>
<tr><td rowspan="2">여행업</td><td>• 종합여행업 : 국내외를 여행하는 내국인과 외국인 고객 모두를 대상으로 함
• 국내여행업 : 국내 여행만 하는 내국인을 위한 것
• 국내외여행업 : 국내외를 여행하는 내국인을 위한 것</td></tr>
<tr><td>• 여행상품, 견적, 원가계산, 비행운행, 육상운행, 고객 상담에 관한 것
※ 육상운행 : 호텔, 식사, 관광 안내, 여행 일정 및 운송에 관한 것</td></tr>
<tr><td>호텔업</td><td>종류 : 관광호텔, 한국전통호텔, 가족호텔, 소규모호텔, 의료관광호텔, 수상 관광호텔
※ 호텔룸 : 싱글침대, 더블침대, 트윈침대, 트리플침대, 스위트룸</td></tr>
<tr><td>관광이용시설</td><td>• 전문휴양사업 : 민속마을, 해변, 사냥터, 동물원, 식물원, 온천, 동굴자원, 수영장, 농촌 휴양시설, 패러글라이딩장, 박물관, 갤러리 등
• 일반휴양사업 : 캠핑, 크루즈, 공연장, 외국인 관광객 홈스테이</td></tr>
<tr><td>컨벤션</td><td>• MICE : Meeting, Incentive, Convention, and Exhibition
※ 컨벤션 : : COEX, KINTEX, BEXCO, EXCO and etc.</td></tr>
<tr><td>유원시설</td><td>• 테마파크 : 놀이, 즐거운 행사, 놀이기구, 볼거리 등이 한곳에 위치
※ Water park, golf course, ski resort, casino (Entertainment plaza+ casino resort, convention center + slot machine</td></tr>
<tr><td>이용편의시설</td><td>• 식당 : 관광유흥식당, 외국인전용 관광유흥식당
• 관광순환버스, 관광사진촬영, 관광트랙사업, 한옥체험사업, 관광면세점 사업, 관광극장오락</td></tr>
</table>

CALT	• **CALT** is short for city, airport, logistics, and travel. • The Korea City Airport Terminal is located in Samseong-dong, Gangnam-gu of Seoul. • The company provides total travel services including travel management, overseas training, exhibitions, fairs, and general travel. • It also provides check-in and immigration clearance services to passengers traveling by air at the COEX City Airport Terminal. • Therefore, passengers can take advantage of a fast and convenient check-in airport service. • They also can check in their baggage and arrange seating of their airline.
LCC	• **LCC** stands for Low Cost Carrier. • It plays an important role as supplementary flights to meet people's demand for traveling. • It has emerged because major airlines don't cover every flight. • It offers cheap price flight-ticket by reducing or cutting down the checked baggage service and in-flight meal. • It mostly focuses on short distance routes but they are making an effort to expand long distance routes. • In domestic markets, many LCC like Air Seoul, Air Busan, and Jeju Air are providing their flight services.
CIQ	• **CIQ** is short for customs, immigration, and quarantine. • Customers who enter or leave a sea port or an airport should get through three procedures. • Firstly, customs is about imposing tariffs to control and inspect the flows of goods. • Secondly, immigration is to confirm one's identity, visa, and purpose of visit for deciding entry or exit. • Thirdly, quarantine is carried out to prevent disease from insects and microorganisms that could harm the ecosystem in that country.

한국 도심공항 터미널 (CALT)	• CALT는 도시, 공항, 물류 및 여행의 약어이다. • 한국도심공항 터미널은 서울시 강남구 삼성동에 위치하고 있다. • 회사는 여행관리, 해외연수, 전시회·박람회 등 총체적인 여행 서비스를 제공하고 있다. • 회사는 또한 코엑스 공항에서 항공편을 이용하는 승객에게 체크인 및 출입국통관 서비스도 제공한다. • 따라서, 탑승객들은 빠르고 편리한 체크인 공항 서비스를 이용할 수 있다. • 또한, 수하물을 체크인하고 해당 항공기의 좌석을 배정받을 수 있다.
저비용 항공사 (LCC)	• LCC는 저비용 항공사를 의미한다. • 여행 수요를 충족시키기 위한 부가 항공편으로 중요한 역할을 한다. • 주요 항공사가 모든 항공편을 운영하지 않기 때문에 나타난 현상이다. • 수하물체크인과 기내식을 줄이거나 없애 저렴한 가격대의 항공권을 제공한다. • 주로 단거리 노선에 초점을 맞추고 있지만 장거리 노선 확대를 꾀하고 있다. • 국내 시장에서는 에어서울, 에어부산, 제주항공 등이 비행 서비스를 제공하고 있다.
세관, 출입국, 검역 (CIQ)	• CIQ는 세관, 출입국, 검역의 약자이다. • 항만이나 공항을 출입하는 고객은 세 가지 절차를 거쳐야 한다. • 첫째, 세관은 상품의 흐름을 통제하고 점검하기 위해 관세를 부과하는 것이다. • 둘째, 출입국은 신분, 비자, 방문 목적 등을 확인하는 것이다. • 셋째, 검역은 그 나라의 생태계를 해칠 수 있는 곤충과 미생물의 질병을 예방하기 위해 실시한다.

Tourism / Travel	• **Tourism** is traveling to see scenery, relics, living styles of other countries or regions. • Tourism usually includes providing services such as transportation, accommodations, restaurants, and trips. • **Travel** refers to the activity of taking a trip somewhere for some periods of time. • Tourism is also travel, but it includes commercial activities.
In / Out bound	• **Inboun**d literally means traveling from foreign countries to Korea. • So, inbound tourism business is for foreign customers who visit Korea. • **Outbound** means traveling from Korea to abroad. • If Koreans travel to foreign countries, then it is referred as outbound tour. • The two tourism have opposite meaning.
Tourist Resort / Tourist Complex	• **Tourist Resort** means an area which has natural or cultural sightseeing resources with the basic facilities for tourists. • **Tourist Complex** means a sightseeing base. • It develops various tourists facilities for sightseeing and recreation of tourists. • Tourist complex are comprised of wider areas than tourist resorts.
Special Tourist Zone	• **Special Tourist Zone** is designated by the local government among areas where they meet the following criteria. • To be designated as a special tourist zone, the number of foreign visitors should be over 100,000 (for Seoul 500,000). • Tourist information centers, public convenience facilities, and accommodations which satisfy tourists demands are needed. • The ratio of land that is not directly related to tourist activities should not exceed 10%. • The areas that meet requirement for special tourist zone should be in the same district.
Theme Park	• **Theme Parks** are established highlighting same themes like wild animal, marine life, land of fairy tale and so on. • Entertainment, joyful events, rides and attractions are usually located in one location for people's enjoyment. • There are lots of theme parks in Korea. • Well-known parks are Lotte World in Seoul and Ever-land in Yongin.

관광/여행	• 관광은 다른 나라 또는 다른 지역의 경치, 유물, 생활방식 등을 보기 위해 여행하는 것이다. • 관광은 보통 교통, 숙박, 식당, 여행 등의 서비스 제공이 포함된다. • 여행은 며칠간 어디론가 여행을 하는 활동을 말한다. • 관광도 여행이지만 상업적인 활동을 포함한다.
인/아웃 바운드	• 인바운드는 문자 그대로 외국에서 한국으로의 관광을 의미한다. • 따라서, 인바운드 관광사업은 한국을 방문하는 외국인 고객을 대상으로 하는 것이다. • 아웃바운드는 한국에서 해외로 관광하는 것을 의미한다. • 한국인이 외국으로 여행을 간다면 그것을 아웃바운드 관광이라고 한다. • 두 관광은 정반대의 의미를 갖는다.
관광지 / 관광단지	• 관광지는 자연적 또는 문화적 관광자원을 갖추고 관광객을 위한 기본적인 편의시설을 설치하는 지역이다. • 관광단지는 관광 거점지역을 말한다. • 관광단지는 관광 및 관광 휴양을 위한 다양한 관광시설을 개발한다. • 관광단지는 관광지보다 더 넓은 지역으로 구성되어 있다.
관광특구	• 관광특구는 다음 기준에 부합하는 지역 중에서 지방자치단체가 지정한다. • 관광특구로 지정되려면 외국인 방문객이 10만 명(서울 50만 명) 이상이어야 한다. • 관광안내소, 공공편의시설, 숙박시설 등 관광객 수요를 충족할 수 있는 시설을 갖춰야 한다. • 관광과 직접 관련이 없는 토지의 비율이 10%를 초과해서는 안 된다. • 관광특구 요건을 충족하는 지역이 같은 지역 내에 있어야 한다.
테마공원	• 테마공원은 야생동물, 바다생물, 동화랜드 등 같은 주제에 중점을 두고 조성된다. • 사람들이 즐거움을 누릴 수 있도록 오락, 놀이, 놀이기구, 볼거리 등이 한곳에 위치한다. • 한국에는 많은 테마공원이 있다. • 서울 롯데월드와 용인 에버랜드가 대표적인 공원이다.

Tourist police	• The system of **tourist police** was introduced in 2013. • They are placed in tourist attractions where foreigners frequently visit such as Seoul, Incheon and Busan. • The main mission of them is to help foreigners travel safely and conveniently. • They also work for preventing crimes, illegal acts and provide travel information and interpretation service.
1330	• **1330** is Korea Travel Hotline operated by Korea Tourism Organization. • It provides travelers with travel information and services. • It also provides interpretation services in Korean, English, Japanese, Chinese and other languages.
PCO	• **PCO** refers to professional convention organizer. • It works to provide everything necessary for the convention on behalf of the event organizer. • It gives benefits to event organizer in terms of managing the manpower and budget efficiently. • It contributes for improving the MICE industry business environment via business meetings and forums. • It also works for constant advertisement of convention business, training and education of manpower.
MICE	• **MICE** stands for meeting, incentive, conference, and exhibition. • It is called B2B (Business-to-Business) because its customers are enterprises. • MICE industry is high-value business which can bring a large amount of profits in economy and society. • Many enterprises from several different countries participate in conference meeting and spend a lot of money. • It can be a great way of building a positive national brand. • So, many countries want to host and hold international conferences and exhibitions. • Korea also has many convention centers such as COEX in Seoul, KINTEX in Goyang and BEXCO in Busan. • To lead global MICE market, we need to create a new service model with IT base.

<table>
<tr><td>관광
경찰</td><td>• 관광경찰제도는 2013년에 도입되었다.
• 서울, 인천, 부산 등 외국인들이 많이 찾는 관광지에 배치되어 있다.
• 주요 임무는 외국인들이 안전하고 편리하게 여행할 수 있도록 돕는 것이다.
• 범죄 및 불법행위 예방과 관광 정보 및 통역 서비스도 제공한다.</td></tr>
<tr><td>1330</td><td>• 1330은 한국관광공사가 운영하는 한국관광 직통전화다.
• 관광객에게 관광 정보와 서비스를 제공한다.
• 한국어, 영어, 일본어, 중국어 등의 통역 서비스도 제공한다.</td></tr>
<tr><td>국제회의
전문용역
업체</td><td>• PCO는 전문 컨벤션 기획자를 일컫는다.
• 컨벤션에 필요한 모든 업무를 행사 주최자를 대신하여 수행한다.
• 인력과 예산을 효율적으로 관리하여 행사 주최자에게 이익을 준다.
• 비즈니즈 회의 및 포럼을 통해 MICE 산업의 비즈니스 환경을 증진하는 데 기여한다.
• 컨벤션 비즈니스의 지속적인 광고, 인력의 양성 및 교육 등의 업무를 수행한다.</td></tr>
<tr><td>기업회의,
포상관광,
컨벤션,
전시</td><td>• MICE는 기업회의, 포상관광, 컨벤션 및 전시회를 의미한다.
• MICE 산업은 기업을 대상으로 하므로 B2B라고 부른다.
• MICE 산업은 경제와 사회에 큰 이익을 가져다줄 수 있는 고부가가치 사업이다.
• 여러 나라에서 온 많은 기업들이 회의에 참여하고 많은 돈을 쓴다.
• 긍정적인 국가 브랜드를 만드는 데 좋은 방법이 될 수 있다.
• 그래서 많은 나라들이 국제회의와 전시회를 개최하고 싶어 한다.
• 한국에는 서울 코엑스, 고양 킨텍스, 부산 벡스코 등 컨벤션 센터가 많다.
• 세계 MICE 산업을 선도하기 위해서는 IT 기반의 새로운 서비스 모델을 만들 필요가 있다.</td></tr>
</table>

Incentive Tour	• **Incentive Tour** is conducted by a company or organization to enhance motivation and loyalty, such as productivity improvement, for organizational employees or cooperative officials. • Incentive tours are used to increase morale, reduce turnover, and achieve sales goals for employees. • Non-cash individual incentive compensation is recognized as the strongest compensation method. • Incentive tours are often conducted in combination with MICE such as exhibition. • Therefore, incentive tours are recognized as high value-added products. • As an example of incentives, domestic companies seek to boost employees' morale by participating in overseas exhibitions and touring famous tourist destinations with excellent performance at the company's expense. • In addition, there is a case of inducing loyalty to the organization by selecting employees with the highest management evaluation rating from the organization and sending them on a tour of advanced countries.
Duty free vs. Tax free	• First **Duty-free shops** are exempted from tariffs, VAT, and individual consumption taxes before purchase goods. • A representative place is the airport duty-free shop, and tariffs are already excluded from the price of goods. • **Tax-free shops** are exempted from VAT and individual consumption tax, and tariffs are refunded after shopping. • When using the tax-free shop, customers need to check whether there is a 'Tax return' sign. • A customer must receive a refund receipt after shopping. • When leaving the country, a customer must show the customs office the goods with refund receipt and passport, and receive a stamp confirming the export. • Taxes are refunded through the refund counter or mobile APP.

인센티브 투어	• 인센티브 투어는 회사나 조직이 조직구성 또는 협력 관계자를 대상으로 생산성 향상 등 동기 부여 및 충성도 제고를 위해 실시한다. • 인센티브 투어는 직원들에게 사기를 진작시키고 이직을 줄이며 영업 목표를 달성하기 위해 사용된다. • 비현금적 개별 인센티브 보상은 가장 강력한 보상 방법으로 인식되고 있다. • 인센티브 투어는 전시회 등 MICE와 결합되어 실시하는 경우가 많다. • 따라서, 인센티브 투어는 고부가가치 상품으로 인식되고 있다. • 인센티브 사례로, 국내 기업이 회사의 비용으로 실적이 우수한 직원들을 해외 전시회 참가 및 유명 관광지 투어를 보냄으로써 직원들의 사기 진작을 도모한다. • 또한, 기관에서 경영평가 최우수 등급을 받은 직원들을 선발하여 선진국 견학을 보내 줌으로써 조직에 대한 충성심을 유도하는 사례도 있다.
사전면세점 (Duty free) vs. 사후면세점 (Tax free)	• 먼저, 사전면세점은 물품 구매 전에 관세, 부가가치세 및 개별소비세가 면제된다. • 대표적인 곳이 공항 면세점으로, 상품 가격에서 이미 관세가 제외되어 있다. • 사후면세점은 부가가치세와 개별소비세만 면제되며, 쇼핑 후 따로 관세를 환급받는다. • 사후면제점을 이용할 경우, 'Tax return' 표시를 확인할 필요가 있으며, 물건을 구매 후 환급영수증을 받아야 한다. • 출국 시 세관에게 물품과 환급영수증, 여권을 보여 주고 반출 확인 도장을 받아야 한다. • 출국장 환급창구 또는 모바일 APP을 통해 세금을 환급받는다.

Tourism Dure	• **Tourism Dure** is a concept that Dure, the Korean traditional cooperative culture, was connected with tourism field. • It started in 2013 and refers to a tourism business community created by local residents. • The purpose of tourism Dure is to provide the residents with benefits and to maximize the positive effect on regional economy. • Residents who are most aware of the charm of the region are directly promoting the project by utilizing various tourism resources such as accommodation, food and beverage, travel, experience, and souvenirs with local characteristics. • As of 2021, more than 170 resident businesses from 56 regions are participating.
Stopover	• **Stopover** means staying at a stopover city for more than 24 hours, usually within one to three days. • Because we have enough time, we can enjoy traveling in the stopover city. • For stopover applications, the route must include a stopover city. • We have to pick up our luggage in the stopover city in order to stay for more than 24 hours. • The advantage of stopover is that we can enjoy cheaper tickets than that of direct flights and trave to the stopover city. • Dubai Airport in the United Arab Emirates is one the most popular stopover airports. • If we like to stopover, we must make a reservation through the relevant aviation office in advance after payment of tickets.
No-show	• **No-show** refers to a customer who has made a reservation but does not appear at the reserved place without contact for cancellation. • It is a term used in the restaurant, aviation, and hotel industries, and is also called 'reservation bankrupt.' • Various industries suffer great damage from no-show, so there are cases where they receive penalties from customers who do not show up after reservation. • To prevent no-shows, it is necessary to change the consciousness of customers first, and the government and industry also need to make efforts such as preparing measures to prevent no-shows.

관광두레	• 관광두레는 한국의 전통협력문화인 두레가 관광분야에 연결된 개념이다. • 2013년에 시작되었으며, 지역 주민이 직접 만드는 관광사업공동체를 의미한다. • 관광두레의 목적은 지역주민에게 혜택을 주고 지역에 경제적인 이익을 주기 위한 것이다. • 지역의 매력을 가장 잘 아는 주민들이 직접 지역 고유의 특색을 지닌 숙박·식음·여행·체험·기념품 등 다양한 관광자원을 활용해 사업을 추진하고 있다. • 2021년 기준, 56개 지역, 170여 개 주민사업체가 참여해 활동 중이다.
스탑오버 (Stopover)	• 스탑오버는 경유지에서 24시간 이상 머무는 것을 뜻하며, 보통 하루에서 3일 이내 스탑오버가 일반적이다. • 시간이 충분하기 때문에 경유지 근교 지역을 여행할 수 있다. • 스탑오버 신청을 위해서는 일단 경유지가 포함된 노선이어야 한다. • 24시간 이상 머물게 되므로 스탑오버 도시에서 짐을 찾아야 한다. • 스탑오버의 장점은 직항에 비해 저렴한 항공권과 스탑오버 여행을 즐길 수 있다는 것이다. • 인기 있는 스탑오버 공항으로 아랍에미레이트의 두바이 공항을 들 수 있다. • 스탑오버를 하고자 할 경우에는 항공권 결제 후 미리 해당 항공 사무소를 통해 예약을 해야 한다.
노쇼 (No-show)	• 노쇼는 예약을 했지만 취소 연락 없이 예약된 장소에 나타나지 않는 고객을 일컫는 말이다. • 외식, 항공, 호텔 업계 등에서 사용하는 말로 예약부도(豫約不渡)라고도 한다. • 각종 업계가 노쇼로 인해 큰 손해를 보고 있어 예약을 하고 방문하지 않는 고객으로부터 위약금을 받는 경우도 있다. • 노쇼 예방을 위해서는 우선 고객들의 의식 변화가 필요하며, 정부와 업계에서도 노쇼를 막기 위한 대책 마련 등 노력이 필요하다.

Package Tour	• **Package Tour** includes transport, accommodations, restaurant and other travel services. • Travel agencies purchase a large amount of travel products in advance then gather customers. • Tour guides take charge of whole trips based on travel itineraries during their trip. • Therefore, customers need to follow the fixed schedule. • Customers can choose optional tours if they want. • They, however, have to pay extra money for an optional tour.
SIT	• **SIT** is short for special interest tour. • It's about traveling among people with similar hobbies or with the same purpose of travel. • Several examples of SIT tour are art, culture, cruise, healing, sport tour and etc. • For example, travelers from southeast countries like Indonesia and Malaysia known to prefer a ski tour in Korea during winter season.
FIT	• **FIT** stands for free individual travel. • In the past, it was called 'foreigner's independent travel', but this was approached from an inbound tour perspective and is now called 'free individual travel', including outbound tour. • With the help of IT technology, more people tend to choose independent tour. • As of 2015, the proportion of FIT was about 63 percent, indicating that 3 out of 4 foreigners visiting Korea are free individual travelers. • Travelers can make their tour schedules based on their preferences. • They usually make a reservation flight ticket, hotel and prepare their own itineraries.
FAM Tour	• **FAM Tour** is short for familiarization tour. • The purpose of FAM tour is to test new tour products before its promotion. • So, travel agents and journalists are invited to try out new products. • Authorities get feedback from guests, then review and revise the tour products before releasing the final products.

패키지 투어	• 패키지 투어에는 교통, 숙박, 레스토랑 및 기타 여행 서비스가 포함된다. • 여행사는 미리 다량의 여행상품을 구매하고 고객을 모은다. • 여행 가이드가 여행 일정표를 토대로 전체 여행을 담당한다. • 그러므로 고객은 정해진 일정을 따라야 한다. • 고객이 원할 경우, 선택관광을 선택할 수 있다. • 그러나 선택관광을 위해서는 추가 비용을 지불해야 한다.
SIT	• SIT는 특별관심여행의 약어이다. • 취미나 여행 목적이 같은 사람들끼리 여행하는 것이다. • SIT의 예로는 미술, 문화, 크루즈, 힐링, 스포츠 투어 등이 있다. • 예를 들어, 인도네시아, 말레이시아 등 동남아시아에서 온 여행자들은 겨울철에 한국에서 스키투어를 선호한다.
FIT	• FIT는 개별자유여행을 의미한다. • 과거에는 '외국인개별여행'으로 불렀으나, 이는 인바운드 관점에서 접근한 것으로 요즈음에는 아웃바운드를 포함하여 '개별자유여행'으로 불리고 있다. • IT 기술의 도움으로 더 많은 사람들이 개별자유여행을 선택하는 경향이 있다. • 2015년 기준 개별자유여행의 비중이 약 63%로 방한 외래객의 4명 중 3명은 개별자유 여행자임을 알 수 있다. • 여행자는 자신의 취향에 따라 여행 일정을 정할 수 있다. • 일반적으로 항공권, 호텔 예약과 여행 일정 등을 준비한다.
FAM 투어	• FAM tour는 친숙화 투어의 줄임말이다. • FMA tour의 목적은 신제품의 판촉 전 시제품을 테스트하는 것이다. • 그래서 여행사와 기자들이 신제품 테스트에 초대된다. • 초빙된 사람으로부터 피드백을 받은 다음 최종 제품을 출시하기 전에 여행상품을 검토하고 수정한다.

Sustainable Tourism	• **Sustainable Tourism** is to meet the need of tourist and local community, and to secure future generation's tour opportunity. • It should be sustainable in terms of economy, society, culture and environment. • We need to give some benefits to local society so that local residents will support tourism. • We have to pursue productive and harmonized relationship by reducing conflicts among tourism industry, tourists, local community and tourism resources. • We should not negatively impact tourism resources and have to maintain the environment. • So, we need to keep a balance between development and environmental issues.
Eco-Tourism	• **Eco-Tourism** is a combination of ecology & tourism and participating in environmentally responsible tours. • The purpose of eco-tourism is to protect the environment as much as possible. • One example of eco-tourism is Jeju Olle Trail which is developed without damaging nature. • Travelers can feel the natural vibe while walking along with Jeju Olle Trail.
	※ Ramsar convention • Ramsar convention is an international treaty to protect wetlands in the world. • This convention was adopted in 1971 in Ramsar, Iran then came into effect from 1975. • Korea joined the convention in 1997 and it has 18 Ramsar wetlands as of December, 2011. • Well-known wetlands in Korea are Suncheon Bay and Woopo Wetland. • Shuncheon Bay is famous for its extensive reed field and we can see migratory birds there. • Numerous endangered and rare species are well conserved in Woopo Wetland.

지속 가능한 관광	• 지속 가능한 관광은 관광객과 지역사회의 요구에 부응하는 것이며, 미래 세대의 관광 기회를 보장하고자 하는 것이다. • 경제, 사회, 문화, 환경 측면에서 지속 가능해야 한다. • 지역 주민이 관광을 지지할 수 있도록 지역사회에 혜택을 주어야 한다. • 관광산업 간 갈등을 줄임으로써 생산적이고 조화로운 관계를 추구해야 한다. • 관광자원에 부정적인 영향을 주지 말고 환경을 유지해야 한다. • 그래서 개발과 환경 문제의 균형을 유지해야 한다.
생태관광	• 생태관광은 생태와 관광의 합성어이며, 환경적으로 책임 있는 관광을 하는 것이다. • 생태관광의 목적은 환경을 최대한 보호하는 것이다. • 생태관광의 한 예로, 자연을 훼손하지 않고 조성된 제주올레길이 있다. • 제주올레길을 따라 걷다 보면 자연스러운 정취를 느낄 수 있다.
	※ 람사르 협약 • 람사르 협약은 세계의 습지를 보호하기 위한 국제 조약이다. • 이 협약은 1971년 이란 람사르에서 채택된 뒤 1975년부터 발효되었다. • 한국은 1997년에 협약에 가입했으며, 2011년 12월 기준 18개의 람사르 습지를 보유하고 있다. • 한국에서 잘 알려진 습지는 순천만과 우포습지이다. • 순천만은 광활한 갈대밭으로 유명하며 철새도 볼 수 있다. • 우포습지에는 멸종위기 희귀종들이 잘 보존되어 있다.

Fair-tourism	• **Fair-Tourism** is about visiting tourist spots which do not negatively impact the environment, economy, society, and local culture. • Tourists should not disturb local residents' living. • And, they need to buy local products based on a fair price. • Whenever I travel to local areas such as Jeju island and Gangwon province, I try to use accommodations and restaurants managed by local people.
Green-Tourism	• **Green-Tourism** is focused on visiting ecological tourist attractions like rural areas. • One example of green tourism is to visit a slow city. • Our life has become fast and convenient with the help of developed technology. • But, people are missing peaceful and relaxing environment. • The goals of slow city movement are to make life better and to protect the environment. ※ Slow City Movement • Slow city movement was started by mayors of small towns in Italy. • To be assigned as a slow city, the number of population should be less than 50,000 without any fast food restaurants. • The city's traditional heritage should be well preserved with some local food. • There are 15 slow cities in Korea including Jeonju Hanok village and so on.
Over-Tourism	• **Over-Tourism** happens when too many tourists flock to famous tourist sites beyond its acceptable number of visitors. • It leads to environmental pollution, noise pollution, and invasion of residents' daily life. • A good example of over-tourism is Buckchon Hanok Village of Seoul in Korea. • To prevent noise from tourists and protect local residents, some volunteers of Buckchon Hanok Village are asking for the cooperation of tourists with a sign saying "please be quiet". • To solve this problem, we need to limit the amount of travelers to the appropriate level. • In addition, we can put a time limit on a specific tourist spot so that residents can feel comfortable. • If I become a tour guide, I will ask my customers to keep tour regulations.

공정관광	• 공정관광은 환경, 경제, 사회, 지역문화에 부정적인 영향을 미치지 않는 관광지를 방문하는 것이다. • 관광객은 거주자의 생활에 지장을 주어서는 안 된다. • 또한, 공정한 가격으로 현지 제품을 구매하여야 한다. • 나는 제주도나 강원지역 등에 여행할 때는 지역 주민이 운영하는 숙소와 식당을 이용하려고 노력한다.
녹색관광	• 녹색관광은 농촌과 같은 생태관광지를 찾는 데 초점이 맞춰져 있다. • 녹색관광의 한 예는 슬로우시티를 방문하는 것이다. • 발전된 기술의 도움으로 우리의 삶은 빠르고 편리해졌다. • 그러나, 사람들은 평화롭고 여유로운 환경을 그리워한다. • 슬로우시티 운동의 목표는 삶을 더 좋게 만들고 환경을 보호하는 것이다. **※ 슬로우시티 운동** • 슬로우시티 운동은 이탈리아 작은 마을 시장(市長)들에 의해 시작되었다. • 슬로우시티로 지정되려면 패스트푸드 점이 없으며 인구 5만 명 미만 지역이어야 한다. • 지역 전통 유산과 지역 음식이 잘 보존되어 있어야 한다. • 한국에는 전주한옥마을 등 15개의 슬로우시티가 있다.
오버 투어리즘	• 오버관광은 너무 많은 관광객이 수용 가능한 관광객 수를 넘어 유명 관광지로 몰릴 때 발생한다. • 환경오염, 소음공해, 주민생활 침해로 이어진다. • 오버관광의 좋은 예는 서울 북촌한옥마을이다. • 관광객의 소음을 막고 지역 주민을 보호하기 위하여 북촌한옥마을의 봉사자들이 "조용히 해 달라"는 표지를 들고 관광객의 협조를 요청하고 있다. • 이 문제를 해결하기 위해서는 관광객의 수를 적정 수준으로 제한할 필요가 있다. • 또한 특정 관광지에 시간제한을 두어 거주자들이 편안함을 느낄 수 있도록 할 수 있다. • 관광통역안내사가 된다면 고객에게 규정을 지켜 달라고 요청할 것이다.

Touristifi-cation	• **Touristification** is a compound word of touristify and gentrification. • It refers to a phenomenon in which residents migrate due to noise, garbage, and parking problems caused by tourists visiting residential areas. • Representatively, this phenomenon occurs in Buckchon Hanok Village in Seoul and Gamcheon Cultural Village in Busan. • To solve this problem, it is necessary to establish a protected commercial area or to review the support measures necessary for residents. • In addition, tourists need to be careful not to interfere with the daily lives of residents or damage residential areas.
Dark Tourism	• **Dark Tourism** refers to visiting historically tragic places related to war, genocide and disaster. • It has important meaning in that tourists can learn a lesson from thinking back to past tragedies. • Koreans experienced the tragedy especially during Japanese colonial periods and Korean War. • So, Seodaemun Prison and DMZ are appropriate locations for Dark Tourism. • People can look back on the tragedy while exploring Seodaemun Prison and the DMZ, and they can realize the value of freedom and peace.
Volun-Tourism	• **Volun-Tourism** is a combination of volunteer and tourism. • It means that people can use their time and energy to help others during their vacation. • For example, we can donate our talents to help others during traveling some places. • I also would like to help foreign tourists when I visit some tourist attractions.
Barrie Free Tourism	• Disabled people and old-aged people have difficulty in traveling. • So, **Barrier Free Tourism** emerged in terms of helping their tour. • Nowadays, many tourist attractions include the flat-deck trails and provide disabled people with wheel-chair service. • So, thanks to barrier free facilities and services, the disabled or old-aged people can enjoy their journey.

투어리스티피-케이션	• 투어리스티피케이션은 투어리스티파이(Touristify)와 젠트리피케이션(Gentryfication)의 합성어이다. • 관광객들이 주거지역을 찾아오며 발생하는 소음과 쓰레기, 주차 문제 등을 이유로 기존 거주민들이 이주하게 되는 현상을 뜻한다. • 대표적으로 서울 북촌한옥마을과 부산의 감천문화마을 등에서 이런 현상이 나타난다. • 이러한 문제를 해결하기 위해 보호 상업구역을 설정하거나 거주민들에게 필요한 지원대책을 강구할 필요가 있다. • 또한, 관광객들은 주거민들의 일상생활을 방해하거나 주거지역에 피해를 주는 행위를 하지 않도록 주의할 필요가 있다.
다크 투어리즘	• 다크투어리즘은 전쟁, 대량학살, 재난과 같은 역사적으로 비극적인 장소를 방문하는 것을 말한다. • 관광객은 과거의 비극을 되새겨 봄으로써 교훈을 얻을 수 있다는 점에서 중요한 의미가 있다. • 한국인들은 특히 일본의 식민지 시기와 6.25 한국전쟁 당시 비극을 경험했다. • 따라서, 서대문형무소와 비무장지대(DMZ)는 다크투어리즘을 위한 적합한 장소이다. • 관광객은 서대문형무소와 비무장지대(DMZ)를 답사하면서 비극을 되돌아볼 수 있고, 자유와 평화의 가치를 실감할 수 있다.
봉사 관광	• 봉사관광은 자원봉사와 관광의 결합이다. • 사람들은 휴가기간 동안 다른 사람들을 돕기 위해 시간과 에너지를 사용할 수 있다. • 우리는 어떤 곳을 여행하는 동안 다른 사람들을 돕기 위해 우리의 재능을 기부할 수 있다. • 나 역시 관광지를 방문할 때 외국인 관광객에게 도움을 주고 싶다.
무장애 관광	• 장애인과 노약자는 여행에 어려움을 겪는다. • 그래서, 그들의 관광을 돕는 측면에서 무장애 관광이 등장했다. • 요즈음 많은 관광지가 '평평한 갑판 산책길(flat-deck trail)'을 조성하고 휠체어 서비스를 제공하고 있다. • 그래서 장애물이 없는 시설과 서비스 덕분에 장애인과 노약자가 여행을 즐길 수 있다.

Optional Tour	• **Optional Tour** is not included to the original itinerary. • It should be conducted at the end of tour or free time. • It should not interfere or disturb the original schedule. • Tourists choose optional tours when they want to visit some places or experience something special. • For optional tour, customers have to pay extra money separate from original expenses.
Cruise Tour	• **Cruise Tour** is to travel using ships as their main transportation. • Tourists eat and sleep on a ship, then they can enjoy traveling when the vessel anchored at a major port of call. • Inside the cruise, there are shopping malls, restaurants, cafes, casinos, libraries, various leisure sports facilities, performance halls, and theaters. • Korea has a cruise ship home port in Incheon, Busan, and Sockcho. • Korea has advantages of cruise tour because it is very close to China, Japan, and Russia. • Foreign cruise tourists are also visiting Korea. • Cruise tourism is attractive because it can bring a large amount of revenue.
Medical Tourism	• **Medical Tourism** involves personal travels to other countries or regions to get medical services. • It usually includes activities such as medical care, tourism, shopping, and cultural experience. • Medical tourists get medical check up, treatment or surgery in local hospital, healthcare facility and recreation institution. • Korea is famous for providing good quality medical services with reasonable price. • For this reason, many foreigners want to visit Korea to get medical services. • In the case of medical tourists visiting Korea, medical service quality, tourism resources, and cultural resource factors were found to have an impact on medical tourism satisfaction. • Therefore, in order to attract more medical tourists, it is necessary to expand the infrastructure linked to medical, tourism and culture.

선택관광	• 선택관광은 원래 여행 일정에 포함되지 않는다. • 투어 종료 시 또는 자유시간에 실시해야 한다. • 원래 일정에 지장을 주거나 방해가 없어야 한다. • 관광객은 어떤 장소를 방문하거나 특별한 경험을 하고 싶을 때 선택관광을 한다. • 선택관광의 경우, 고객은 원래 경비와 별도로 추가 비용을 지불해야 한다.
크루즈 관광	• 크루즈관광은 배를 주요 교통수단으로 이용하여 여행하는 것이다. • 배 안에서 먹고 자며 생활하다가 주요 기항지에 정박하면 내려서 구경하고 다시 배에 오르는 형식으로 여행한다. • 크루즈 내에는 쇼핑몰, 레스토랑, 카페, 카지노, 도서관, 각종 레포츠 시설, 공연장, 극장 등이 있다. • 한국은 인천, 부산, 속초에 크루즈선 모항이 있다. • 한국은 중국, 일본, 러시아와 가까워 크루즈 투어의 장점이 있다. • 외국인 크루즈 관광객 역시 한국을 찾고 있다. • 크루즈 관광은 많은 수익을 가져다줄 수 있어 매력적이다.
의료관광	• 의료관광은 개인이 의료 서비스를 받기 위해 다른 나라나 지역으로 여행하는 것을 말한다. • 일반적으로 의료, 관광, 쇼핑, 문화체험 등의 활동을 포함한다. • 의료관광객은 지역병원, 요양시설, 휴양기관에서 건강검진, 치료 또는 수술을 받는다. • 한국은 합리적인 가격에 양질의 의료 서비스를 제공하는 것으로 유명하다. • 그래서 많은 외국인들이 의료서비스를 받기 위해 한국을 방문하고자 한다. • 한국을 찾는 의료 관광객의 경우, 의료서비스품질, 관광자원, 문화자원 요인이 의료관광 만족에 영향을 미치는 것으로 나타났다. • 따라서, 보다 많은 의료관광객 유치를 위해서는 의료, 관광, 문화가 연계된 인프라 확충이 필요하다.

The characteristic of Korean culture	• Korea is a Peninsula country which is connected to continents. • So, Koreans accepted other cultures of continents, developed and created unique cultures then passed them to neighbouring countries. • Korean accepted various religions such as Buddhism, Shamanism, Confucianism, etc. • They have been influenced by nature of love and respect based on Confucianism. • Koreans are educated to respect elders, and to place importance on politeness, social values, morals, and ethics. • They emphasize community and focusing on we or us rather than I. • Family values and filial piety are regarded as the most important traits.
Stars of Korean Tourism	• **Stars of Korean Tourism** is the award to recognize great tourist attractions and to contribute to Korean tourism. • It was introduced in 2010 by Ministry of Culture, Sports and Tourism, and Korea Tourism Organization. • MCST and KTO select Stars of Korean tourism every year including tourist attractions with new contents and services, and persons who have contributed to boost Korean tourism. • Stars of Korean Tourism contribute to attract foreign tourists as well as domestic tourists who don't have much information about Korean tourist attractions.
Korean Wave	• **Korean Wave** is a phenomena of Korean culture spreading and sweeping over to countries outside Korea. • This phenomena was started from 1996 when Korean dramas were introduced into China and Korean songs were known to Southeast countries around 1998. • The Korean wave stands out, especially in the fields of drama, entertainment and music. • There are many drama sets and filming locations related to the Korean Wave. • In addition, hanok, hanbok and Korean food represent tourism resources of the Korean Wave. • So, we will be able to guide foreigners to experience the Korean Wave or spread the Korean Wave by using YouTube and SNS.

한국 문화의 특징	• 한국은 대륙과 연결된 반도 국가이다. • 그래서 한국인들은 다른 대륙의 문화를 받아들여 발전시켰으며, 독특한 문화로 만들어 이웃 나라에 전파하였다. • 한국인은 불교, 샤머니즘, 유교 등 다양한 종교를 받아들였다. • 이들은 유교에 입각한 사랑과 존경의 본성에 영향을 받아 왔다. • 한국인은 어른을 공경하고, 공손함, 사회적 가치관, 도덕, 윤리를 중시하도록 교육받는다. • 그들은 '나'보다는 '우리'에 초점을 맞추고 공동체를 강조한다. • 가족의 가치와 효도가 가장 중요한 것으로 여겨진다.
한국 관광의 별	• 한국관광의 별은 훌륭한 관광지를 발견하고 한국 관광에 기여하기 위한 상이다. • 2010년 문화체육관광부와 한국관광공사에 의해 도입되었다. • 문화체육관광부와 한국관광공사는 매년 새로운 콘텐츠 및 서비스를 갖춘 관광지와 인물을 포함한 한국관광의 별을 선정한다. • 한국 관광의 별은 한국 관광지에 대한 정보가 부족한 외국인 관광객뿐만 아니라 국내 관광객들을 유치하는 데 기여한다.
한류	• 한류는 한국 문화가 한국 밖 나라들로 퍼져서 휩쓸고 있는 현상이다. • 이러한 현상은 1996년에 한국 드라마가 중국에 소개되고 1998년경 한국 노래가 동남아 국가에 알려지면서 시작됐다. • 한류는 특히 드라마, 예능, 음악 분야에서 두드러진다. • 한류 관련 드라마 세트장과 영화 촬영지가 많다. • 또한, 한옥, 한복, 한식도 한류를 대표하는 관광자원이다. • 외국인들에게 한류 체험을 할 수 있도록 안내하거나, 유튜브, SNS를 활용해 한류를 확산시킬 수 있을 것이다.

Korea Grand Sale	• **The Korea Grand Sale** is a tourism festival for foreigners that combines tourism, Hallyu, and shopping. • Along with the increasing trend of foreign tourists visiting Korea, it has been held since the late 1990's as a new opportunity to acquire foreign currency. • It is held every year, and the event is held with companies in various fields such as aviation, accommodation, cultural experience, and shopping. • Foreign tourists are given the opportunity to experience Korean culture through discounts such as air tickets and accommodation. • Foreign tourists can get discounts on hotel food, amusement parks, shopping, and tourist attractions. • They can get convenience services such as interpretation, tourist information, and can participate in Hallyu experience events. • It can be a good opportunity for foreigners to learn and experience Korea and for Korea to advertise its country.
Halal Food	• Halal means things that are allowed to meet Islamic law and Haram means forbidden things. • **Halal** is a term that applies to various fields such as pharmaceuticals, food, tourism, medical care, cosmetics, and clothes. • **Haram** includes murder, tattoos, and foods such as pork and alcohol. • Halal food refers to any foods that are allowed for Muslim to eat. • In addition, animals should be slaughtered by a Muslim under the Islamic law. • Korea operates 'certification system of Halal products' to attract and satisfy the Muslim travelers.
Muslim Tour	• In these days, Muslim tourists are on the rise globally. • Many Muslim people visit Korea and some of them want to stay longer in this country. • So, two important things are necessary for Muslim tourists. • Firstly, Muslims are known to eat permitted foods under the Islamic law. • So, certified Halal foods should be served across the country. • Secondly, Muslims are said to pray five times a day • Accordingly, prayer rooms are key facilities to them. • As a tourist guide, we need to check all the time whether there are Halal food restaurants and prayer rooms.

코리아 그랜드 세일	• 코리아그랜드세일은 관광, 한류, 쇼핑이 융복합된 외국인 대상 관광 축제이다. • 증가하고 있는 외래 관광객의 방한 추세와 더불어 외화 획득의 새로운 기회로서 1990년대 후반부터 개최하고 있다. • 매년 실시되며, 항공, 숙박, 문화체험, 쇼핑 등 다양한 분야의 기업들과 함께 행사를 개최한다. • 외국인 관광객에게는 항공권, 숙박 등의 할인 혜택을 통해 한국문화를 체험할 수 있는 기회가 주어진다. • 외국인 관광객은 호텔 식음업장, 놀이공원, 쇼핑, 관광지에서 할인 혜택을 받을 수 있다. • 통역, 관광 안내 등 편의서비스 제공은 기본이고, 한류 체험행사에 참여할 수 있다. • 한국을 알릴 수 있고, 외국인은 한국을 배우고 체험할 수 있는 좋은 기회가 될 수 있다.
할랄음식	• 할랄은 이슬람 율법에 맞도록 허용된 것이고, 하람은 금지된 것을 의미한다. • 할랄은 제약, 식품, 관광, 의료, 화장품, 의류 등 다양한 분아에 적용되는 말이다. • 하람은 살인, 문신 등의 행위, 돼지고기와 알콜 같은 식품을 들 수 있다. • 할람음식은 이슬람교도들이 먹을 수 있도록 허용된 것이다. • 동물은 이슬람 율법에 따라 무슬림에 의해 도살되어야 한다. • 한국은 이슬람 관광객 유치와 이들의 만족을 위해 '할랄제품인증제'를 운영하고 있다.
무슬림 관광	• 요즈음 이슬람 관광객이 세계적으로 증가하고 있다. • 많은 무슬림들이 한국을 방문하고 있고, 일부는 오랫동안 한국에 머물고 싶어 한다. • 무슬림 관광객에게 두 가지 중요한 것이 필요하다. • 첫째, 무슬림은 이슬람 율법에 따라 허용된 음식을 먹는 것으로 알려져 있다. • 따라서, 공인된 할랄음식이 전국적으로 제공되어야 한다. • 둘째, 무슬림은 하루에 다섯 번 기도한다고 한다. • 따라서, 기도실은 이들에게 매우 중요한 시설이다. • 관광가이드로서, 할랄식당과 기도실이 있는지 항상 확인할 필요가 있다.

Impact of Tourism Industry on National Economy	• Tourism industry is considered a factory without a chimney. • It's because we can take advantage of all natural and cultural resources in themselves for tourism. • There is an analysis that 10 foreign tourists are equivalent to 1 car export. • So, we can say that the tourism industry has a great impact on the national economy. • In addition, tourism industry is related to transportation, accommodation, restaurant and so on. • It can create new jobs and bring huge amount of economic profits to the country. • Therefore, the development of the tourism industry leads to the development of the national economy.
Why tourists should visit Korea?	• Korea has about 5,000-year long history with beautiful nature surrounded by mountains and seas. • There are many tourist attractions including many UNESCO's World cultural heritage sites. • Tourists can experience very unique Korean nature and culture because it has distinctive four seasons. • Korea is a very advanced country which has hosted four mega sport events and G20 summit. • That means Korea is recognized as a safe and clean country. • Korean people are very reliable and favorable for foreign visitors. • Therefore, I think foreigners will find it worth visiting this beautiful and safe country.
How to disperse tourists to local areas?	• As a way to disperse tourist to local areas, first of all, creating theme parks, filming locations related to the Korean Wave are good alternatives. • Above all, local areas need to develop a unique brand image containing local tourism resources, culture, festivals, and food. • In addition, sufficient infrastructure should be expanded to accommodate visitors in the local areas. • Finally, local residents need to be able to satisfy visitors through basic service education.

관광산업의 국가 경제 영향	• 관광산업은 굴뚝 없는 공장으로 간주된다. • 그 이유는 관광을 위해 모든 자연과 문화자원을 그 자체로 이용할 수 있기 때문이다. • 외국인 관광객 10명이 차 1대 수출과 맞먹는다는 분석도 있다. • 그만큼 관광산업이 국가 경제에 미치는 영향이 크다는 것을 알 수 있다. • 또한 관광산업은 교통, 숙박, 음식점 등과 관련이 있다. • 새로운 일자리를 창출하고, 막대한 경제적 이익을 국가에 가져다줄 수 있다. • 따라서, 관광산업 발전은 곧 국가 경제의 발전으로 이어진다고 할 수 있다.
관광객의 한국 방문 이유	• 한국은 산과 바다로 둘러싸인 아름다운 자연과 함께 약 5,000년의 역사를 갖고 있다. • 유네스코 세계문화유산 등 관광명소가 많다. • 사계절이 뚜렷하기 때문에 관광객은 한국의 독특한 자연과 문화를 경험할 수 있다. • 한국은 4대 국제스포츠 행사(동계 및 하계 올림픽, 월드컵, 세계육상선수권대회)와 G20 정상회의를 개최한 선진국이다. • 이는 한국이 안전하고 깨끗한 나라로 인식되고 있다는 뜻이다. • 한국인들은 신뢰가 있고 외국 방문객들에게 호의적이다. • 그러므로, 나는 외국인들이 이 아름답고 안전한 나라를 방문할 가치가 있다고 생각한다.
관광객의 지방분산 방안	• 관광객의 지방분산 방안으로 우선, 테마파크 조성이나 한류 관련 영화 촬영지 조성 등은 좋은 대안이다. • 무엇보다 지역 특유의 관광자원, 문화, 축제, 음식 등을 담은 고유브랜드 이미지 개발이 필요하다. • 또한, 지역 내 방문객을 수용할 수 있는 충분한 기반 시설이 확충되어야 한다. • 마지막으로, 지역 주민에게 기본적인 서비스 교육을 통해 방문객에게 만족을 줄 수 있어야 한다.

How did Korea become a developed country?	• During the Korean War from 1950 to 1953, Korea was destroyed and devastated. • Korea has struggled to be a developed country. • Korea's economy has grown rapidly with the help of many factors. • First of all, Korean government set up the economy development plan to push Korea into the industrialized country. • Secondly, New Community Movement in 1970's was a major factor in the development of Korea. • Thirdly, four mega sport events held in Korea were a great momentum to gain international attention. • Fourthly, many business companies also dedicated themselves to achieve the development of Korea. • Lastly, Korea's economy is continuously growing with the help of IT technology, K-wave and so on. • If you want to trace the development of Korea, there are many places including Guro Digital Complex.
How did tourism industry change ?	• In the past, package tours were the most common in the tourism market. • After that, FIT are increasing with the development of internet online travel platforms. • And now there are many different types of tours in the market. • Tourist guides are facing challenges not only working as tourist guide but working as creator of travel-related contents. • These days, Airbnb provides an online tour services which allows customers to enjoy sightseeing at home through a live channel. • Many tourist attractions including royal palaces in Seoul provide VR or AR service based on IT. • So, I think it is necessary to create new tourist programs to lead the future tourism market.
Fourth industry revolution	• The 4th industry revolution can be symbolized as AI, IoT, Big data and cloud computing. • Tourists can get travel information from internet sources and set up their own tour plan. • They can visit tourist attractions and enjoy their tour with the help of digital technology. • But I think IT has limited function that can only offer one-way communication service. • On the other hand, tourist guides have a variety of roles such as interpreter, service provider and problem solver through interaction with customers. • As a tourist guide, I will make an effort not only to catch up with new trends, but also to cope with new environments.

한국은 어떻게 개발 선진국이 되었나?	• 1950년부터 1953년까지 한국전쟁으로 인해 한국은 파괴되고 황폐화되었다. • 한국은 개발 선진국이 되기 위해 고군분투했다. • 한국경제는 여러 가지 요인에 의해 빠르게 성장했다. • 우선, 한국 정부는 한국을 산업국가로 발전시키기 위해 경제개발계획을 세웠다. • 둘째, 1970년대 새마을운동은 발전 한국의 주요 요인이다. • 셋째, 한국에서 열린 4대 스포츠 대회는 국제적인 주목을 받는 데 좋은 동인이었다. • 넷째, 많은 기업들 역시 발전 한국을 이룩하는 데 기여하였다. • 다섯째, 한국 경제는 IT, 한류 등에 힘입어 지속적으로 성장하고 있다. • 발전 한국의 흔적을 따르고 싶다면 구로디지털단지 등 여러 곳이 있다.
관광산업은 어떻게 변했나?	• 과거에는 패키지여행이 관관시장에서 가장 흔했다. • 그 후, 인터넷 온라인 여행 플랫폼의 개발로 FIT가 증가하고 있다. • 그리고 현재 시장에는 다양한 종류의 투어가 있다. • 그래서 관광가이드는 관광통역안내사로서뿐만 아니라 관광 관련 콘텐츠의 제작자로서의 도전에 직면해 있다. • 요즈음 에어비앤비는 라이브 채널을 통해 집에서 관광을 즐길 수 있는 온라인 서비스를 제공하고 있다. • 서울의 궁궐 등 많은 관광지가 IT를 기반으로 VR(가상현실)이나 AR(증강현실) 서비스를 제공하고 있다. • 따라서, 미래 관광시장을 선도하기 위해서는 새로운 관광 프로그램을 개발할 필요가 있다.
4차 산업혁명	• 4차 산업혁명은 인공지능, 사물인터넷, 빅 데이터 및 클라우드 컴퓨팅으로 상징될 수 있다. • 관광객은 인터넷에서 여행 정보를 얻고 자신만의 여행 계획을 세울 수 있다. • 디지털 기술의 도움으로 관광지를 방문하고 관광을 즐길 수 있다. • 그러나, 정보 기술은 단방향 커뮤니케이션 서비스를 제공할 수 있어 기능이 제한적이라고 생각한다. • 한편, 관광통역안내사는 고객과 상호작용을 통해 통역사, 서비스 제공자, 문제해결사 등 다양한 역할을 수행한다. • 관광통역안내사로서 새로운 흐름을 따라잡기 위해서뿐만 아니라 새로운 환경을 대처하기 위해서 노력하겠다.

Consumption pattern by nation	• According to the analysis published by Seoul Tourism foundation in 2019, people from 10 countries including China, Japan and the U.S showed different preferences with regard to visiting Korea. • The analysis shows that foreigners are very concerned about travel information, tourist attraction and flight information. • Data shows that Chinese people are very interested in shopping while Russian people are concerned about travel information. • And tourists mainly searched words like Gyeongbokgung palace, Insa-dong, DDP, Myeong-dong during their stay in Korea. • They are also said to have different interests regarding Korean foods. • For example, Filipino love *Samgyeopsal*, Vietnamese like *Bibimbap* and Thai are interested in *Soju*. • So, I think we need to consider different demands from various countries when guiding tourists.
How to publicize Korea's UNESCO Heritage?	• As of July 2021, South Korea has 52 UNESCO Heritage (15 World Heritage sites, 21 World Intangible Cultural Heritage of Humanity and 16 Memory of the World) • Firstly, we can consider on-site publicizing and distributing pamphlets or brochures to foreign visitors at international travel fairs or various festivals. • Next, foreigners are interested by releasing or broadcasting UNESCO's Heritage on TV, YouTube, and SNS. • Most of all, the promotion effect can be maximized by publicizing UNESCO's Heritage in connection with Hallyu content such as K-pop and K-drama.
Which country and why can spread Hallyu contents the most?	• Hallyu contents include various fields such as drama, movie, K-pop, animation, game, beauty, fashion, Korean food, and book. • The Korean Wave is already spreading around the world and has become an interest to many foreigners. • The spread of Hallyu contents was found to be an important influencing factor in specific cultural differences and ICT environment between countries. • Hallyu contents spread well in countries with strong individualistic tendencies and relatively large inequality in society. • Korean Wave contents were found to be particularly popular in Thailand, Malaysia, Indonesia and Vietnam. • Therefore, for the continuous spread of Hallyu contents, it is necessary to use the internet and social media for countries with relatively low recognition.

국가별 소비	• 서울관광재단이 2019년에 실시한 분석에 따르면, 중국, 일본 등 10개국 국민의 한국 관광에 대한 선호도가 다른 것으로 나타났다. • 분석에 따르면, 사람들은 관광정보, 관광명소, 항공정보에 관심이 많은 것으로 나타났다. • 중국인은 쇼핑에 관심이 많고, 러시아인은 여행 정보에 관심이 많은 것으로 나타났다. • 한국에 머무는 동안 경복궁, 인사동, DDP, 명동 등의 단어를 주로 검색했다. • 한국 음식에 대한 관심도 다른 것으로 나타났다. • 예를 들어, 필리핀인은 삼겹살, 베트남인은 비빔밥, 태국인은 소주에 관심을 보였다. • 따라서, 관광객을 안내할 때는 여러 나라의 다양한 요구를 고려해야 한다.
한국의 유네스코 유산 홍보 방안	• 한국은 2021년 7월 기준으로 52개의 유네스코 유산(세계유산 15개, 세계인류무형문화유산 21개, 세계기록유산 16개)을 보유하고 있다. • 유네스코 유산 홍보 방안으로, 첫째, 국제여행박람회나 각종 축제 시 외국인 방문객에게 현장 홍보 및 자료를 배포하는 것이다. • 다음으로, TV, 유튜브, SNS 등에 유네스코 유산을 알림으로써 외국인들의 관심을 유발한다. • 무엇보다도 k-Pop과 k-드라마 등 한류콘텐츠와 연계하여 유네스코 유산을 홍보함으로써 홍보 효과를 극대화할 수 있다.
한류콘텐츠를 가장 많이 전파 가능한 국가 및 이유	• 한류콘텐츠는 드라마, 영화, k-pop, 애니메이션, 게임, 뷰티, 패션, 한식, 도서 등 다양한 분야가 포함된다. • 한류는 이미 전 세계로 퍼져 나가고 있으며, 많은 외국인들의 관심사가 되었다. • 한류콘텐츠 확산은 국가 간 특정한 문화적 차이와 정보통신기술 환경이 중요한 영향 요인인 것으로 나타났다. • 사회 내 불평등이 상대적으로 크고, 개인주의 성향이 강한 국가에서 확산이 잘되는 것으로 나타났다. • 태국, 말레이시아, 인도네시아, 베트남에서 특히 한류콘텐츠가 인기가 많은 것으로 나타났다. • 따라서, 한류의 지속적인 확산을 위해서는 인지도가 상대적으로 낮은 국가를 대상으로 인터넷과 소셜미디어를 활용할 필요가 있다.

Benchmarking foreign tourist destinations	• I would like to explain Hawaii, where most people want to visit among foreign tourist destinations. • First of all, Hawaii is a great place to travel on a family basis. • It is a place where we can feel satisfaction in various fields such as nature, shopping, food and culture. • Hawaii is a suitable vacation spot for any age group or gender. • These days, family or small individual travel is increasing. • Therefore, it is necessary to continuously develop tourism products suitable for FIT and expand tourism infrastructure referring to the case of Hawaii.
How to create sport tour products	• Korea is one of the countries where the government hosted four mega sport events. • Those are summer and winter Olympic games, FIFA world cup, and International athletics championships. • Thus, Korea has many good sport facilities such as Jamsil Olympic complex and Pyeongchang winter Olympic complex. • We can take advantage of those facilities as tourist attractions. • Hence, it's a good alternative to develop so called 'experience trip packages' to visit sport relics connecting with surrounding tourist attractions. • I think sport tour products can bring a large amount of benefits to the tourism industry.
What are good ways to improve the tourism industry, focused on tourists from one country?	• The Chinese tourists have continued to increase due to China's economic growth, geographical proximity, and the influence of the Korean Wave. • In order to attract Chinese tourists, overheated competition among travel agencies has continually lowered Korean tourism costs, causing quality problems. • As foreign tourists' interest in Korean tourism such as Korean Wave and Korean food is increasing, measures to attract foreign tourists from various countries are needed. • It is necessary to continually improve tourism infrastructure, develop high value-added products such as MICE and medical tourism, and develop FIT customized products and so on. • In addition, joint efforts by the Korean government, local governments, travel agencies, lodging companies, and tourist attractions are required.

해외 관광지 벤치마킹	• 해외 관광지 중에서 사람들의 관광 선호도가 높은 하와이 대해 설명하고자 한다. • 우선, 하와이는 가족 단위로 여행하기에 매우 좋은 곳이다. • 자연, 쇼핑, 식도락, 문화 등 다양한 방면에서 고루 만족을 느낄 수 있는 곳이다. • 또한, 모든 연령대와 성별 어느 누구에도 적합한 휴양지라 할 수 있다. • 요즈음은 가족 단위나 소규모의 개별자유여행이 늘어나는 추세이다. • 따라서, 하와이의 사례를 참고하여 FIT에 적합한 관광 상품의 지속적인 개발과 관광 인프라 확충이 필요하다.
스포츠 관광 상품화 방안	• 한국은 정부가 4대 스포츠 행사를 개최한 나라들 중 하나다. • 동계 및 하계 올림픽, FIFA 월드컵, 국제육상선수권이 그것이다. • 그래서 한국은 잠실올림픽 경기장과 평창동계올림픽 경기장 등 스포츠 시설이 많이 있다. • 경기장의 그 시설들을 관광지로 활용할 수 있다. • 따라서, 주변 관광지와 연계하여 스포츠 유물을 둘러볼 수 있는 이른 바 '체험관광패키지'를 개발하는 것도 하나의 방안이다. • 스포츠관광 상품은 관광산업에 많은 혜택을 가져다줄 수 있다고 생각한다.
한쪽 나라의 관광객에 치중된 현재 관광산업 개선 방안	• 중국의 경제성장, 지리적 근접성과 한류의 영향 등으로 방한 중국인관광 시장이 지속적으로 성장해 왔다. • 중국관광객 유치를 위한 인바운드 여행사 간 과열경쟁으로 한국관광 비용은 지속적으로 낮아져 질적인 문제를 야기하고 있다. • 한류와 한식 등 한국관광에 대한 외국 관광객의 관심이 높아지고 있어 이를 반영한 다양한 국가의 외국관광객 유치 방안이 필요하다. • 지속적인 관광인프라 개선, MICE, 의료관광 등 고부가가치 상품개발, FIT 맞춤형 상품개발 등이 필요하다. • 또한, 정부, 지방자치단체, 여행사, 숙박업체, 관광지 관계자 등의 공동노력도 요구된다.

Approaching the distorted Korea History	• Korea, China and Japan are very close and they have had a variety of cultural exchanges and influenced economically and socially. • From the Japanese colonial era and Korean war to modern society, Japan and China have continued to distort the history of Korean peninsula for their own benefits. • For example, China claims that the history of Goguryeo within Chinese border belongs to the China's history under the name of the 'Northeast project', and Japan insists that Dokdo islet is Japanese territory. • I understand that the Korean government and organizations make all their efforts to publicize the correct Korean history through diplomatic channels and various materials. • Therefore, I will explain our history to foreign visitors based on proven evidence and data, but I will not forget the service mind as much as possible.
Improvement of the security tourism	• The DMZ area, a symbol of the division between South and North Korea, can be said to be the number one security tourism destination. • Imjingak, Panmunjom, Unification Observatory, and Tunnel are representative security tourism resources and attracting foreign tourists' attention. • For the development of security tourism, it is necessary to improve the transportation network, create a private investment environment, and expand flexibility in operating security facilities. • It also needs to develop and utilize the DMZ as an eco-friendly and peaceful space and an educational and cultural space to experience the painful history of the people. • Finally, it is necessary to develop a future-oriented resource development and a world-class tourist attraction representative the Korean Peninsula with a unified Korea in mind.

한국의 역사 왜곡 문제 접근 방안	• 한국과 중국, 일본은 밀접하여 다양한 문화 교류를 해 왔으며, 경제·사회적으로도 영향을 끼쳐 왔다. • 일제 강점기와 한국전쟁을 거쳐 현대 사회에 이르기까지 일본과 중국은 자국의 이익을 위해 한반도 역사를 왜곡하는 사례가 이어져 왔다. • 예를 들어, 중국은 '동북공정'을 내세워 중국 국경 지역 내 고구려 역사를 중국의 역사라 주장하고 있으며, 일본은 독도를 일본의 영토라고 주장하고 있다. • 대한민국 정부와 여러 단체 등에서 외교 채널과 각종 자료를 통해 올바른 한국 역사를 알리기 위해 모든 노력을 기울이고 있는 것으로 알고 있다. • 따라서, 가이드로서 외국인 방문객들에게 검증된 증거와 자료를 바탕으로 우리의 역사를 설명해 주되, 최대한 서비스 정신을 잊지 않겠다.
안보관광 발전 방안	• 남·북한 분단의 상징인 DMZ 지역은 안보관광의 1번지라 할 수 있다. • 임진각, 판문점, 통일전망대, 땅굴 등은 대표적인 안보 관광자원으로 외국인 관광객의 관심이 집중되는 곳이다. • 안보관광 발전을 위해서는 교통망 정비, 민간 투자환경 조성, 안보시설 운용의 유연성 확대 등이 필요하다. • 또한, DMZ를 친환경적이고 평화를 상징하는 공간, 민족의 아픈 역사를 체험하는 교육문화 공간으로 개발·활용할 필요가 있다. • 마지막으로, 통일 한국을 염두에 두고 미래지향적인 자원개발과 한반도를 대표하는 세계적 관광명소로 개발하는 것이다.

자주 나오는 문제

- 관광통역안내사로서 자신의 장점은 무엇인가요?
- 관광가이드 자격증을 딴 이후의 계획은 무엇인가요?
- 관광통역안내사가 지켜야 할 에티켓은 무엇인가요?
- 저비용항공사(LCC)의 앞으로의 방향성은 어떠한가요?
- 관광경찰은 무엇인가요?
- 1330에 대해 설명해 보세요.
- 관광지/관광단지/관광특구에 대해 설명해 보세요.
- 인센티브(Incentive) 투어의 개념을 설명하고, 예시를 들어 보세요.
- 사전면세점(Duty free)과 사후면세점(Tax free)의 차이는 무엇인가요?
- 관광두레란 무엇인가요?
- 스탑오버(Stopover)가 무엇인가요?
- 노쇼(No-show)는 무엇인가요?
- SIT란 무엇이고 어떤 투어를 기획할 것인지 설명해 보세요.
- 에코투어리즘(Eco-Tourism) 정의 및 추천하는 관광지는 어디인가요?
- 슬로우시티(Slow-city)의 정의 및 예시를 들어 보세요.
- 오버투어리즘(Over-Tourism)이란 무엇이고 관광통역안내사로서 할 수 있는 일은 무엇인가요?
- 투어리스트피케이션(Touristification)의 정의와 예시를 들어 보세요.
- 다크투어리즘(Dark-Tourism)은 무엇인가요?
- 의료관광(Medical-Tourism)에 대해 설명해 보세요.
- 코리아그랜드세일(Korea Grand Sale)은 무엇인가요?
- 할랄음식(Halal Food)에 대해 설명해 보세요.
- 관광이 우리나라의 경제에 미치는 영향은 무엇인가요?
- 관광객이 한국을 방문하는 이유는 무엇인가요?
- 한국의 유네스코 유산을 어떻게 홍보할지 설명해 보세요.
- 한류콘텐츠를 가장 많이 전파 가능한 국가는 어디이며 그 이유는 무엇인가요?
- 해외 관광지를 벤치마킹해 보세요.
- 한쪽 나라 관광객에게 치중된 현재의 관광산업의 해결 방안이 있는지요?
- 한국의 역사 왜곡의 예를 들어 보고 해결 방안은 무엇인지요?
- 한류관광을 통해 우리나라를 어떻게 홍보할지 설명해 보세요.
- 현재와 미래, 관광의 트렌드 변화가 어떻게 이루어질까요?
- 안보관광을 발전시킬 수 있는 방안은 무엇인가요?

Chapter 3

대한민국 개요

Overview of Korea

Taegeukgi, National flag of Korea	• **Taegeukgi** is the national flag of Korea. • It consists of three parts : the white ground, circle in the center, and four trigrams on the corner. • The white ground represents brightness, purity, and national character of Korean people who traditionally love peace. • The circle in the center is a combination of two sections : the upper red and the lower blue section. • It symbolizes harmony of Yin (negative forces) and Yang (positive forces). • It also expresses that universes are created and developed by interaction of Yin and Yang. • Three bars at each corner consist of *Geon, Gon, Gam*, and *Yi*. • Among four trigrams, *Geon* means heaven, *Gon* represents land, *Gam* expresses water, and *Yi* shows fire. • It is said that Minister Park Yeong-hyo used Taegeukgi as national flag for the first time when he went to Japan in 1882.
Aegukga, National Anthem of Korea	• **Aegukga** is the national anthem of our country and it literally means loving song of country. • It is said that the lyrics of the national anthem were made during the Japanese colonial period to encourage the Korean people's self-esteem. • The most likely theory is that the lyrics writer of the current national anthem were written by Youn Chi-ho. • The original melody of the national anthem was Scotland folk song, 'Auld Lang Syne'. • It is known that An Ik-tae composed the current melody of national anthem to the lyrics. • And Aegukga was officially designated as the national anthem with the establishment of Korean Government in 1948.
Mugunghwa, National flower of Korea	• **Mugunghwa** is a Korean national flower, and it is named because flowers bloom from late spring to autumn. • It literally means ever-lasting flower, and the western name is the rose of Sharon. • It is said that Korean people considered Mugunghwa as a very precious flower from old times. • For this reason, the Japanese removed Mugunghwa and planted cherry blossom trees instead during the Japanese colonial period. • Many Korean people struggled to preserve Mugunghwa and they were arrested, tortured and even killed by the Japanese. • Therefore, it is said that Mugunghwa represents perseverance and immortality like Korean people. • We can see lots of Mugunghwa all over the country especially in fall season.

태극기	• 태극기는 한국의 국기이다. • 흰색 바탕, 중앙의 원, 모서리의 4괘 등 세 부분으로 구성되어 있다. • 흰색 바탕은 밝음과 순수함, 전통적으로 사랑하는 한국인의 민족성을 나타낸다. • 중앙에 있는 원은 빨간색 상단과 파란색 하단의 두 부분으로 구성되어 있다. • 이는 양과 음의 조화를 상징한다. • 또한, 우주가 양과 음의 상호 작용에 의해 생성되고 발전된다는 것을 나타낸다. • 각 모서리에 있는 세 개의 막대는 '건, 곤, 감, 리'로 구성되어 있다. • 4괘 중 건은 하늘을, 곤은 땅을, 감은 물을, 리는 불을 나타낸다. • 태극기는 1882년 박영효가 일본에 갔을 때 처음으로 국기로 사용했다고 한다.
애국가	• 애국가는 문자 그대로 나라를 사랑하는 노래를 뜻한다. • 애국가의 가사는 일본의 식민지 시절, 우리 민족의 자주의식을 격려하기 위해 만들어졌다고 한다. • 현행 애국가의 가사는 윤치호(尹致昊)가 지었다는 설이 가장 유력하다. • 애국가의 원래 선율은 스코틀랜드 민요인 「올드 랭 사인」이었다. • 현재 애국가의 선율은 안익태(安益泰)가 작곡한 것으로 알려져 있다. • 그리고 1948년 대한민국 정부 수립과 함께 공식적으로 애국가로 지정되었다.
무궁화	• 무궁화는 한국의 국화이며, 늦봄에서 가을까지 꽃이 핀다하여 붙여진 이름이다. • 말 그대로 영원한 꽃을 의미하며, 서양식 이름은 샤론의 장미이다. • 한국 사람들은 오래전부터 무궁화를 매우 귀한 꽃으로 여겼다고 한다. • 그래서 일본 식민지 때 일본인들은 무궁화를 제거하고 대신 벚꽃나무를 심었다. • 많은 한국인들이 무궁화를 지키기 위해 고군분투했고, 그들은 체포되고 고문당했으며 심지어는 죽음을 당하기까지 했다. • 그래서 무궁화는 우리 국민처럼 끈기와 불멸을 상징한다고 한다. • 특히, 가을철에는 전국에서 무궁화를 많이 볼 수 있다.

History of Korea	• Korea has about 5,000 years of history which started from the **Gojoseon**, the first kingdom in Korea peninsula. • There was a three kingdom period such as **Goguryeo**, **Baekje**, and **Silla** for about 700 years after several tribal states. • **Silla** Kingdom unified Korean peninsula and ruled for about 300 years. • Then, **Goryeo** Dynasty reunified post three countries and ruled for 474 years. • **Joseon** was established in 1392 then lasted for 518 years before the Japanese colonial period. • Korea was liberated in 1945 after 35 years of Japanese occupation. • Finally, Korean government was established in 1948, but the Korean War broke out in 1950. • After the War, Korea was one of the poorest countries in the world. • Korea, however, achieved enormous economic development called a miracle on Han River with devotion and sacrifice of all Koreans. • Now, Korea became a powerful country that can give its help to other countries.
Balhae	• **Ballhae** was a kingdom which occupied the Northern part of Korean peninsula around 7th to 10th century. • There are many pieces of evidence that Ballhae is a chapter of Korea history. • At the Gudangseo of a Chinese history book, Dae Jo-yeong , founder of Balhae was described as a descendant of Goguryeo. • The ruling upper class of Balhae was Goguryeo people though the majority numbers of Balhae citizens were Malgal people. • Thirdly, in the diplomatic paper between Balhae and Japan. Japan indicated that King of Balhae as a king of Goguryeo. • People of Balhae used Ondol, underfloor heating stone like Goguryeo people. • That is why we can say Balhae's history is a chapter of Korea history.
Collapse of Joseon	• **The Joseon Dynasty** lasted for 518 years but it collapsed when Japan finally annexed Korea in 1910. • In late period of the Joseon Dynasty, the government supported and maintained the closed-door policy. • At that time, Japan wanted to use Joseon territory as a route for conquering Asian continents. • Japan defeated Russia and China then made a coercive treaty with Joseon. • Japanese occupation went on for 35 years.

한국의 역사	• 한국은 한반도 최초의 왕국인 고조선에서 시작된 약 5,000년의 역사를 갖고 있다. • 여러 부족국가 이후 고구려, 백제, 신라 등 삼국시대가 있었다. • 신라는 삼국을 통일하고 약 300년간 통치했다. • 그 후 고려는 후삼국을 통일하여 474년간 통치했다. • 1392년에 조선이 건국되었으며 일본의 식민지가 되기 전까지 518년간 존속되었다. • 한국은 일본 점령 35년 만인 1945년 해방되었다. • 마침내 1948년에 대한민국 정부가 수립되었으나 1950년에 한국전쟁이 발발하였다. • 전쟁 후 한국은 세계에서 가장 가난한 나라 중 하나였다. • 그러나 한국은 모든 국민의 헌신과 희생으로 한강의 기적이라 불리는 엄청난 경제 발전을 이룩했다. • 이제 한국은 다른 나라에 도움을 줄 수 있는 강한 나라가 되었다.
발해	• 발해는 7~10세기경 한반도 북부를 차지했던 국가이다. • 발해가 한국 역사의 한 장이라는 증거는 많다. • 중국의 역사책인 『구당서』에는 고구려의 후예로서 발해의 시조 대조영을 기술하고 있다. • 발해인의 대부분은 말갈인이었지만 지배층은 고구려인이었다. • 발해와 일본의 외교문서에서 일본은 발해왕을 고구려왕으로 지칭하였다. • 발해인들은 고구려인과 마찬가지로 온돌을 사용하였다. • 따라서, 발해는 한국 역사의 한 장이라고 할 수 있다.
조선 멸망	• 조선 왕조는 518년간 지속되었으나 1910년 일본이 합병하면서 멸망하였다. • 조선 후기 조정은 쇄국정책을 지지하고 유지했다. • 당시 일본은 아시아 국가들을 점령하기 위해 조선 영토를 루트로 활용하였다. • 일본은 러시아와 중국을 물리치고 조선과 강압적인 조약을 맺었다. • 일본 점령은 35년간 지속되었다.

The Japanese's occupation period	• In 1895, the Empress Myeongseong was assassinated by the Japanese because of her plans to stand up against Japan. • Japan annexed Korea with a coercive treaty in 1910 and took away Korea's sovereignty. • The Japanese implemented the land survey project then took over most of Korea's land. • They destroyed lots of buildings including palaces and built their own style of buildings. • The Japanese government also wanted to change Koreans' thinking to that of the Japanese. • A great number of Korean people participated in the independence movement to get their sovereignty back. • But many Koreans were arrested, tortured, and sacrificed by Japanese. • After the atomic bomb was dropped on Hiroshima and Nagasaki, Japan surrendered to the Allied forces. • Korea finally was liberated after 35 years of Japanese colonization.
Korean War	• When World War 2 ended in 1945, the Japanese colonial period in Korea also was over. • Despite the liberation from Japan, the Korean peninsula was split into South and North Korea based on the 38th parallel. • Two nations' ideologies were different and North Korea wanted to occupy forcibly South Korea. • Korean War broke out on June 25, 1950 when the North Korea attacked the South. • Allied forces from 16 nations joined Korean War and fought against communist North Korea. • Many South Korean soldiers also fought to the end for their nation. • The war continued for 3 years until a truce agreement was signed on 27th of July 1953. • But, the Korean peninsula has been left as the only divided one in the world. • So, Koreans really hope the two nations to be unified again.

일제 강점기	• 1895년 일본에 저항하려는 명성황후가 일본인에 의해 시해되었다. • 1910년 일본은 강제조약을 체결하고 한국의 주권을 빼앗았다. • 일본은 토지조사사업을 벌여 한국 땅 대부분을 차지했다. • 궁궐을 비롯한 많은 건물들을 파괴하고 일본 양식의 건물들을 지었다. • 일본 정부는 한국인의 사상을 일본인처럼 바꾸고 싶어 했다. • 많은 한국인이 주권을 되찾기 위해 독립운동에 참여했다. • 그러나 많은 한국인들이 체포되어 고문을 당했으며 일본인에 의해 희생당했다. • 히로시마와 나가사키에 원자폭탄이 투하된 후 일본은 연합군에 항복했다. • 한국은 마침내 35년간의 일제 식민지에서 해방되었다.
한국전쟁	• 1945년 세계 2차 대전이 끝남에 따라 일제 식민지 시대도 마무리되었다. • 마침내 한국은 해방되었지만 한반도는 38도선을 기준으로 남한과 북한으로 갈라졌다. • 두 나라의 이념은 달랐고 북한은 남한을 강제로 점령하려 했다. • 1950년 6월 25일 북한이 남한을 공격하면서 한국전쟁이 발발했다. • 16개국의 연합군은 6.25 전쟁에 참전하여 공산국가인 북한을 상대로 싸웠다. • 많은 한국 군인들도 나라를 위해 끝까지 싸웠다. • 전쟁은 1953년 7월 27일 휴전협정이 체결될 때까지 3년간 계속되었다. • 한반도는 세계에서 유일한 분단국가로 남게 되었다. • 그래서 한국인들은 정말로 두 나라가 다시 통일되기를 바란다.

DMZ	• **DMZ** means demilitarized zone where nobody is allowed to equip with weapons. • DMZ is 248km long and 4km wide (each 2km toward the South and North) based on the Military Demarcation Line formed around the 38th parallel. • It has been off limits ever since Korean War was stopped with the truce agreement in 1953. • So, its ecosystem is well preserved and became a popular tourist attraction for foreigners and locals. • DMZ and its surrounding areas are called the Peace Life Zone. • People are able to travel along with the PLZ from Goseong in the east to Ganghwa in the west, • We can not only feel the beautiful nature but also the sadness of the only divided country in the world. • It can be considered a place for dark tourism because people can look back on the tragedy of the War while exploring the DMZ.
Dokdo	• **Dokdo** is located 87km away from Ulleungdo Island. • It consists of volcanic islets and composed of Dongdo (east islet) and Seodo (west islet). • We have several historical records that Dokdo is a Korean territory. • According to the Samguksagi and Annales of Joseon dynasty, Dokdo was called Usando during the Three Kingdoms period. • Many Koreans since the past have been fishing in the sea around Dokdo. • And a great number of Koreans struggled to keep Dokdo against the invasion of foreigners. • In addition, some Koreans have been living on Dokdo. • These days, many foreigners and Koreans visit Dokdo. • In case of foreign tourists, permission from the immigration office to visit Dokdo is needed. • Dokdo is geologically closer to Korea than it is to Japan. • On fine days, we can see Dokdo from Ulleungdo Island. • Therefore, Dokdo islet is a territory of Korea.

비무장지대 (DMZ)	• DMZ는 비무장지대를 의미하며 무장이 허락되지 않는다. • 38선을 중심으로 형성된 군사분계선을 기준으로 길이 248km, 폭 4km(남·북한 각 2km)이다. • 1953년 휴전협정으로 한국전쟁 중단 이후 출입이 통제되고 있다. • 그래서 생태계가 잘 보존되어 있어 외국인과 현지인이 즐겨 찾는 관광명소가 되었다. • DMZ와 그 주변 지역은 평화생태구역으로 불린다. • 사람들은 동쪽의 고성에서 서쪽의 강화까지 평화생태구역을 따라 관광할 수 있다. • 우리는 아름다운 자연뿐만 아니라 세계에서 유일한 분단국가라는 슬픔을 느낄 수 있다. • DMZ를 탐방하면서 전쟁의 비극을 되돌아볼 수 있기 때문에 dark tourism의 적합한 장소가 될 수 있다.
독도	• 독도는 울릉도에서 87km 떨어진 곳에 위치하고 있다. • 독도는 동도와 서도로 이루어진 화산섬이다. • 역사적으로, 독도는 한국 영토라 할 수 있는 기록이 많다. • 『삼국사기』, 『조선왕조실록』 등에 따르면, 독도는 삼국시대 때 우산도라 불렀다. • 오래전부터 한국인들은 독도 주변 바다에서 고기를 잡아 왔다. • 그리고, 많은 한국인들이 외국인의 독도 침략에 맞서 독도를 지키기 위해 애썼다. • 또한, 몇몇 한국인들은 독도에서 거주해 왔다. • 요즈음 많은 외국인들과 한국인들이 독도를 방문하고 있다. • 외국인 관광객의 경우는 독도 방문을 위해 출입국 관리사무소의 허가가 필요하다. • 독도는 지리적으로 일본보다 한국에 가깝다. • 날씨가 좋은 날에는 울릉도에서 독도를 볼 수 있다. • 따라서, 독도는 대한민국의 영토이다.

Hanok	• **Hanok** is a traditional house style of Korea. • Typical hanoks are prefabricated wooden structure and assembled without using nail. • The ideal hanok was built considering geomantic principles such as mountain behind and water in front. • The style of hanok has been changed reflecting natural environments and social cultures of each time period. • In the past, living quarters of hanok were divided based on social status, gender and age due to Confucianism. • Hanok has a special function called *Deacheong*, a floor, to keep the house cool during summer. • There is an *Ondol*, underfloor heating system, to keep the house warm in winter. • And, *Hanji*, Korean traditional paper, is used to control humidity and maintain the temperature inside of the house.
Ondol	• **Ondol** is a very unique traditional Korean underfloor heating system. • *Ondol* literally means warm stone. • Ondol was used from the Three Kingdoms period and became widespread during Joseon Dynasty due to changing lifestyles. • It heats up the floor while cooking and is the best heating method in terms of efficiency and energy saving. • Ondol is very important to Koreans especially during winter because they spend their times sitting, lying and sleeping on the floor. • These days, there are many buildings with a modern version of the heating system.
Hansik	• ***Hansik***, Korean traditional food, is very healthy and slow foods. • It is usually made with fermented ingredients and various kinds of vegetable. • The Korean meals basically consist of a bowl of boiled rice, and bean-paste soup together with side dishes. • These days, Korean people enjoy a variety of foods based on their preferences. • Among many Korean foods, I think *bibimbap* (mixed rice) and *bulgogi* (Korean barbecue) are so popular to foreigners. • Firstly, bibimbap is made using boiled rices mixed with vegetables and eggs. • Korea has a variety of different bibimbap according to many regions. • Secondly, bulgogi is thin stripes of beef or pork, marinated in soy sauce, sesame oil, garlic and onion. • It is grilled over charcoal or grilled using gas, and is usually eaten with vegetables.

한옥	• 한옥은 한국의 전통적인 가옥 양식이다. • 전형적인 한옥은 목조로 지어졌으며, 못을 사용하지 않고 조립하였다. • 이상적인 한옥은 배산임수 등 풍수지리를 고려하여 지어졌다. • 한옥의 양식은 시대별로 자연환경과 사회문화를 반영하여 변화되어 왔다. • 과거에는 유교 문화로 인해 한옥의 거주공간이 성별, 사회적 지위, 연령 등에 따라 구분되었다. • 한옥은 여름 동안 집안을 시원하게 유지하는 마루인 대청을 갖고 있다. • 또한, 겨울에 집안을 따뜻하게 하는 온돌을 갖추고 있다. • 그리고, 한지는 습도를 조절하고 집 안의 온도를 유지하는 데 사용된다.
온돌	• 온돌은 매우 독특한 한국의 전통 바닥 난방 시스템이다. • 온돌은 문자 그대로 따뜻한 돌을 의미한다. • 온돌은 삼국시대부터 사용되었으며, 생활양식의 변화로 조선시대부터 널리 보급되었다. • 조리 중 바닥의 온도를 높여 주며 효율과 에너지 절약 측면에서 최고의 난방 방식이다. • 온돌은 특히 겨울에 한국인들에게 매우 중요한데, 그 이유는 바닥에 앉거나 눕고 잠을 자면서 시간을 보내기 때문이다. • 요즈음에는 현대식 난방시스템을 갖춘 건물이 많이 있다.
한식	• 한식은 매우 건강한 슬로우 푸드이다. • 한식은 대개 발효 재료와 다양한 야채로 만든다. • 한식은 기본적으로 밥 한 그릇과 된장국, 반찬으로 구성된다. • 요즈음 한국인들은 기호에 따라 다양한 음식을 즐긴다. • 많은 한국 음식 중에서 비빔밥과 불고기가 외국인들에게 인기가 많다고 생각한다. • 먼저 비빔밥은 밥에 야채와 달걀을 섞어 만든다. • 한국은 여러 지역에 다양한 비빔밥이 있다. • 둘째, 불고기는 간장, 참기름, 마늘, 양파 양념에 쇠고기나 돼지고기를 재운 것이다. • 숯불이나 가스를 이용해 구워 먹으며, 주로 야채와 함께 먹는다.

Royal court cuisine	• **Royal court cuisine** is different from ordinary food in a few ways. • It is healthy food made of fresh seasonal ingredients and special recipes. • *Surasang*, a table that kings and queens usually receive in the morning and evening, is served with 12 dishes. • There are separated places called '*Saenggwabang*' and '*Sojubang*' in charge of royal cuisine. • The ingredients selection and recipe for court food is based on the principle of Yin-Yang and five elements • It is the pursuit of balance between physical and mental health. • Such cuisines as *Sinseonro, Bibimbap,* and *Gujeolpan* represent the harmony of traditional five colors.
Kimchi	• **Kimchi** is fermented dish and mainly made using cabbage or radish mixed with chilli pepper. • We can not say that we are Koreans without kimchi because they eat it at almost every meal. • Kimchi contains lots of good ingredients such as lactic acid, fibers, and minerals. • So, it is known as very healthy dish which can boost the immune system and prevent cancer. • There are several recipes of making kimchi and different from region to region. • We can enjoy a variety of kimchi from little spicy kimchi to very pungent one.
Ginseng	• Korea has a proper climate and soil to produce the best quality of ginseng in the world. • **Korean ginseng** has been protected and managed as a national specialty for more than 100 years, and Ganghwa, Gimpo, Punggi, and Geumsan are famous for their ginseng cultivation. • Korean ginseng contains a large amount of saponin, which has various effects such as absorption of nutrients, digestion promotion, metabolism, and rejuvenation. • Thus, Korean ginseng has a world-wide reputation, so many people prefer it. • Korean ginseng is also good as a shopping item because it comes in various types of products such as liquid, powder, and candy.

궁중음식	• 궁중음식은 몇 가지 점에서 일반 음식과 다르다. • 궁중음식은 제철의 신선한 재료와 특별한 조리법으로 만든 건강식이다. • 임금과 왕비가 평소에 아침과 저녁에 받는 밥상인 수라상은 보통 12가지 음식이 차려졌다. • 생과방(生果房)과 소주방(燒廚房)이라는 곳이 따로 있어 궁중음식을 전담하였다. • 궁중음식의 재료 선정과 조리법은 음양오행의 원리를 바탕으로 한다. • 몸과 정신 건강의 균형을 추구한다. • 신선로, 비빔밥, 구절판은 전통적인 오방색의 조화를 나타내는 대표 음식이다.
김치	• 김치는 주로 고추를 섞어 배추 또는 무로 만드는 발효 음식이다. • 한국인은 거의 매 끼니 김치를 먹기 때문에 김치를 빼고는 얘기할 수 없다. • 김치는 젖산, 섬유, 무기질 등 좋은 성분이 많이 함유하고 있다. • 그래서, 면역력을 높이고 암을 예방할 수 있는 매우 건강한 음식으로 알려져 있다. • 김치를 만드는 방법은 다양하며 지역마다 다르다. • 덜 매운 김치부터 톡 쏘는 김치까지 다양한 김치를 즐길 수 있다.
인삼	• 한국은 세계 최고의 인삼을 생산할 수 있는 적절한 기후와 토양을 갖고 있다. • 한국의 인삼은 100여 년 이상 국가의 전매품으로 보호·관리되어 왔으며, 강화, 김포, 풍기, 금산은 인삼의 재배지로 유명하다. • 한국 인삼에는 영양분의 흡수와 소화촉진, 신진대사, 원기회복 등 다양한 효과가 있는 사포닌 성분이 다량 함유되어 있다. • 그래서 한국 인삼은 세계적으로 명성이 높아 많은 사람들이 선호한다. • 인삼은 액체, 분말, 캔디 등 다양한 형태의 제품이 있어 쇼핑 품목으로도 좋다.

Korean traditional liquor	• Korean traditional liquor is classified according to ingredients, methods of brewing, and uses. • Most brewed liquors are fermented mixture of rice, grains, and fruits. • Traditional and typical liquor are *makgeolli, cheongju,* and *soju.* • Firstly, **makgeolli** is brewed by using steamed rice, yeast, and water and it is creamy looking. • Makgeolli is known to have lots of lactic acid, bacterial and dietary fiber. • **Cheongju** is a relatively clear filtered liquor compared to makgoli. • **Soju** is distilled liquor and has an alcohol content of 15 to 21%. • In addition, ***Myeoncheon dugyeonju*** made with azalea leaves, ***Gyodong beopju,*** which was a drink of the royal court, and ***munbaeju***, which was used as a toast to the inter-Korean summit, are also traditional liquor representing Korea.
Goryeo celadon (*Cheongja*) vs. Joseon white porcelain (*Baekja*)	• Goryeo celadon (*Cheongja*) and Joseon white porcelain (*Baekja*) are proud historical relics of Korea. • Firstly, **Goryeo celadon** refers to bluish ceramics which were created during the Goryeo Dynasty. • Goryeo celadon was considered the best one ever made. • It shows our ancestors' sophisticated cultural standards and artistic spirits as a cultural legacy of the Goryeo Dynasty. • Goryeo celadon was made using very unique inlaying technique. • That is to carve patterns on the surface and fill them with other kind of soil. • Secondly, **Joseon white porcelain** was made with a transparent glaze and white clay. • It reflects purity, cleanliness, and simplicity of the Joseon people. • Its white color comes from white soil, and transparent glaze. • Joseon white porcelain represents Korean Confucian ethics such as modesty and frugality.

한국 전통주	• 한국의 전통주는 성분, 제조법, 용도에 따라 분류된다. • 대부분의 양조주는 쌀, 곡류, 과일이 혼합된 발효주이다. • 전통주로는 막걸리, 청주, 소주 등이 있다. • 먼저, 막걸리는 찐쌀과 누룩, 물을 이용하여 빚으며, 크림색을 띤다. • 막걸리는 유산균과 식이섬유가 많은 것으로 알려져 있다. • 청주는 막걸리에 비하여 비교적 맑게 걸러낸 술이다. • 소주는 증류주이며, 알코올 도수가 15~21%이다. • 또한, 진달래 잎을 섞은 면천 두견주, 궁중 술이었던 교동 법주, 남북정상회담 건배주로 사용된 문배주 등도 한국을 대표하는 전통주다.
고려청자 vs. 조선백자	• 고려청자와 조선백자는 우리나라의 자랑스러운 역사적 유물이다. • 첫째, 고려청자는 고려시대에 만들어진 푸르스름한 도자기이다. • 고려청자는 역대 최고의 자기로 꼽힌다. • 고려시대의 문화유산으로서 우리 선조들의 세련된 문화 수준과 예술정신을 보여준다. • 고려청자는 매우 독특한 상감기법을 사용하여 만들었다. • 상감기법은 자기 표면에 무늬를 새기고 다른 흙으로 채우는 것이다. • 둘째, 조선백자는 투명한 유약과 백토를 사용하여 만들었다. • 조선인의 순수함과 청결함, 소박함을 반영한 것이다. • 흰색은 하얀 흙과 유약에서 나온다. • 조선백자는 겸손과 검소함 등 한국의 유교적 윤리를 상징한다.

Korea's traditional table manners	• Korean traditional food is usually eaten sitting in front of a low table in an ondol room. • Nowadays, having a meal sitting on a chair in front of a high table is on the rise. • All food is served on the table at one time and eaten according to individual preferences. • If a younger person eats with an older person, it is polite to wait for the elder to start eating first. • The basic Korean table consists of rice, soup, and several side dishes. • People eat rice and side dishes with chopsticks and soup using spoon.
How to globalize Korean food?	• Korean foods are being recognized as a healthy food in the world. • For the globalization of Korean food, it is necessary to establish a promotion infrastructure, develop menus suitable for local restaurants, train professional manpower, increase overseas Korean restaurants, and standardize food ingredients. • First of all, we need to select and promote representative Korean menus such as *bibimbap, bulgogi, galbi, japchae* and *jeon*. • Secondly, the recipe for Korean food needs to reflect local ingredients and culture in other countries and to be customized for local customers. • Finally, it is possible to increase the promotion effect by notifying Korean food in connection with Hallyu contents such as K-pop.
Characteristics of Korean food, differences from other countries	• Korean food is based on red pepper paste, soybean paste, and kimchi, and has the characteristics of fermented and ripened food. • Traditional Korean food is recognized as a healthy food, and it is known to boost immunity and dieting compared to Western food. • Korean food can be said to take a lot of effort and time from choosing ingredients to cooking. • Also, in the case of Korean food, there are many foods based on the principle of yin, yang, and five element, and *bibimbap* is representative food.

한국인의 전통 식사예절	• 한국의 전통음식은 주로 온돌방의 낮은 식탁 앞에 앉아 먹는다. • 요즈음은 높은 식탁 앞의 의자에 앉아 식사를 하는 경향이 늘어나고 있다. • 모든 음식이 식탁 위에 한꺼번에 차려지며, 개인별 선호에 따라 음식을 먹기 시작한다. • 연장자와 함께 식사를 하는 경우, 나이가 많은 사람이 먼저 식사를 시작할 때까지 기다리는 것이 예의이다. • 한국인의 기본 밥상은 밥과 국, 그리고 몇 가지 반찬으로 구성된다. • 식사 시에는 젓가락을 사용하여 밥과 반찬을 먹고, 숟가락을 이용하여 국을 먹는다.
한식의 세계화	• 한식은 세계적으로 건강한 음식으로 인식되고 있다. • 한식의 세계화를 위해서는 홍보 인프라 구축, 현지식당에 맞는 메뉴개발, 전문인력 육성, 해외 한식당 확충, 식재료 표준화 등이 필요하다. • 우선, 비빔밥, 불고기, 갈비, 잡채, 전 등 대표적인 한국 메뉴를 선정하여 홍보를 추진한다. • 둘째, 한식의 조리법은 다른 나라 현지의 재료와 문화를 반영하여 고객 맞춤형이 되어야 한다. • 마지막으로, K-pop 등 한류콘텐츠와 연계하여 한식을 알림으로써 홍보효과를 높일 수 있다.
한식의 특징, 다른 나라 음식과 차이점	• 한식은 고추장, 된장, 김치를 기반으로 하며, 발효와 숙성된 음식이라는 특성을 지니고 있다. • 전통 한식은 건강은 음식으로 인식되고 있고, 서양 음식에 비해 면역증진과 다이어트 효과가 있는 것으로 알려져 있다. • 한식은 재료를 고르고 조리하기까지 모든 과정이 정성과 시간이 많이 들어가는 음식이라고 할 수 있다. • 또한, 한식의 경우, 음양오행의 원리에 입각한 음식이 많은데 대표적으로 비빔밥이 그렇다.

Seolnal	• **Seolnal** is New Year's Day based on the Lunar calendar and one of the biggest national holidays in Korea. • Most Koreans traditionally celebrate Lunar New Year while a few Koreans prefer Solar New Year. • Family members gather together to perform a special ceremony for their ancestors. • On the day, the family members get up early in the morning and dress up in their traditional costumes or normal clothes to carry out a ritual called ***Charyae***. • People set the table with foods including a rice-cake soup called *tteok-guk* and perform a ritual in honor of their ancestors. • Koreans believe that they should eat *tteok-guk* (a rice-cake soup) to get one year older. • After these ceremonies, younger family members show respect to their elders by bowing called ***Sebae.*** • On Lunar New Year's day, Koreans pursue harmony and unity among family members by eating traditional foods and playing folk games.
Chuseok	• **Chuseok** is similar to Thanksgiving Day and one of the biggest national holidays in Korea. • A great number of people visit their hometowns and meet their relatives to celebrate the year's harvest. • People prepare special traditional rice cake called s*ongpyeon* for memorial service to their ancestors. • Songpyeon is made by filling it with sesame, beans or chestnuts and it has a half moon shape. • People hold ritual ceremony for their ancestors in the morning then visit their family graves sites. • Koreans believe that they are closely linked to their ancestors even after death. • They do all their best to show their respect to their ancestors by performing a ritual ceremony. • Chuseok is another good opportunity for family members to gather and strengthen their unity.

설날	• 설날은 음력설이며 한국에서 가장 큰 국경일 중 하나이다. • 대부분의 한국인은 전통적으로 음력설을 지내는 반면, 소수의 한국인들은 양력설을 선호한다. • 가족들이 한자리에 모여 조상들을 위한 특별의식을 행한다. • 설날 아침에는 일찍 일어나 전통의상 또는 평상복을 입고 차례를 준비한다. • 사람들은 떡국을 포함한 음식을 차리고 조상을 기리는 제사를 지낸다. • 한국인은 떡국을 먹어야 나이를 한 살 먹는다고 믿는다. • 차례가 끝난 후 어린 가족들은 어른들에게 절을 하며 존경을 표한다. • 설날, 한국인들은 전통음식을 먹고 놀이를 함께 하며 가족 간의 화합을 추구한다.
추석	• 추석은 추수감사절과 비슷하며 한국에서 가장 큰 국경일 중 하나이다. • 많은 사람들이 고향을 찾으며 한 해의 수확을 축하하기 위해 친척들을 만난다. • 사람들은 조상 제사를 모시기 위해 송편이라는 전통 떡을 준비한다. • 송편은 깨, 콩, 밤을 채워 만든 것으로 반달 모양이다. • 사람들은 아침에 차례를 모신 뒤 성묘를 한다. • 한국인들은 그들의 조상이 돌아가신 뒤에도 밀접하게 연결되어 있다고 믿는다. • 제사를 지냄으로써 조상들에게 존경을 표하기 위해 최선을 다한다. • 추석은 가족들이 모여 단합할 수 있는 또 다른 좋은 기회다.

Hanbok	• **Hanbok** is a Korean traditional cloth. • Many Korean use to wear it on national holidays such as Seolnal and Chusek. • Today, more people wear modern type of costumes or normal clothes. • Korean traditional cloth is made by using long strings or strips instead of buttons, hooks, or zippers. • Traditional women's hanbok is a combination of short blouse called *Jeogori* and the long skirt called *Chima*. • And, Men's hanbok is consisted of *Jeogori* and long pants called *Baji*. • Hanbok has became a special dress rather than a daily costume. • But it is still loved by Koreans and very popular among foreigners. • People can experience wearing hanbok in many tourist attraction • People are able to get free admission to the palaces when they wear a hanbok.
Traditional Korean wedding	• Compared to modernized weddings, the procedure and rules of traditional Koren weddings are more complicated. • First of all, the bride wears a red costume while the groom put on a blue cloth based on Yin and Yang principle. • For wedding ceremony, people use a wooden goose representing unchanged love between male and female. • Candlesticks, rice, chestnuts and etc. are put on the table. • Red and blue decorations of the candlesticks represent the groom and the bride. • Rice and chestnuts represent their wish for longevity and a large family. • Wedding ceremony is officially finished when the bride and groom bow to each other for swearing their marriage. • We can observe or participate on traditional Korean wedding in many places including Namsangol Hanok Village in Seoul.

한복	• 한복은 한국의 전통 의상이다. • 많은 한국인들이 설날, 추석 등 명절 때 주로 입었다. • 요즘에는 현대식 의상을 입거나 평상복을 입는 사람이 많아졌다. • 한국의 전통 의복은 단추나 갈고리, 지퍼 대신 긴 끈을 이용하여 만든다. • 전통 여성 한복은 저고리라고 불리는 짧은 블라우스와 긴 치마가 조화를 이룬 옷이다. • 남자 한복은 저고리와 긴 바지로 구성된다. • 한복은 일상복이라기보다는 특별한 복장이 되었다. • 하지만 여전히 한국인들에게 사랑받고 있고, 외국인들 사이에서 인기가 높다. • 많은 관광명소에서 한복입기 체험을 할 수 있다. • 한복을 입을 경우에는 궁궐을 무료로 입장할 수 있다.
전통혼례	• 현대 결혼식과 비교할 때 한국의 전통혼례는 절차와 규칙이 더 복잡하다. • 우선, 음양의 원리에 따라 신부는 붉은 색 복장을 하고, 신랑은 푸른 의복을 입는다. • 결혼식에서 사람들은 남녀의 변함없는 사랑을 상징하는 나무 거위를 사용한다. • 촛대, 쌀, 밤 등이 테이블 위에 놓인다. • 빨강색 초는 신부를, 파란색 초는 신랑을 각각 나타낸다. • 쌀과 밤은 장수와 대가족을 기원한다. • 혼례는 신랑과 신부가 혼인 맹세를 위해 서로에게 절을 하면 공식적으로 끝난다. • 서울남산골한옥마을 등에서 한국의 전통 혼례를 참관하거나 참여할 수 있다.

Gayageum vs. Geomungo	• *Gayageum* and *Geomungo* are traditional Korean musical instruments played by touching strings. • There are some differences between the two instruments. • The gayageum has 12 strings while geomungo has 6 strings. • To play **gayageum**, we generally pull or push out strings with the fingers. • However, a stick called s*uldae* is used to play **geomungo** by plucking or striking the strings. • The sound of gayageum is high pitch while that of geomungo is deep and low pitch. • Two instruments are used to play many types of performance such as folk music or a free style solo performance. • We can experience gayageum or geomungo performances at many places including National Gugak Center in Seoul.
Talchum	• ***Talchum*** refers to Korean traditional mask dance performed in many areas including Andong in North Gyeongsang Province. • It is known that mask dance was started from the beginning of agriculture society. • People used to dance wearing masks to hold ritual ceremony for the abundant harvest. • Later, it was mainly performed in palaces then extended into common people's culture. • Mask dance was mainly performed to satirize the society, express the emotion of ordinary people in need, and make fun of monks and the ruling class. • To learn and experience mask dance, Andong Mask Dance Festival held in every fall season shows a variety of talchum. • So, I recommend you to visit Andong Hahoe Village and enjoy seeing a Andong mask dance.
Pungmulnori vs. Samulnori	• According to National Gugak Center, ***pungmulnori*** is very similar to ***nongak***, a farmer's music played by many traditional percussion, wind instruments. • It is a traditional ritual praying for peace and prosperity of community in planting and harvest season. • On the other hand, ***samulnori*** is a modified modern style performance, using four instruments such as small gong (*Kkwaenggwari*), hourglass-shaped drum (*Janggu*), barrel drum (*Buk*), and gong (*Jing*). • It's said that Kim Deog-su made Samulnori in 1978 based on pungmulnori.

가야금 vs. 거문고	• 가야금과 거문고는 현을 건드려 연주하는 한국의 전통 악기이다. • 두 악기에는 몇 가지 차이가 있다. • 가야금에는 12개의 현이 있고, 거문고에는 6개의 현이 있다. • 가야금을 연주하기 위해 보통 손가락으로 줄을 당기거나 민다. • 거문고는 '술대'라는 막대기를 이용하여 현을 치거나 당김으로써 연주한다. • 가야금 소리는 높고 거문고 소리는 낮고 깊다. • 두 악기는 민속음악이나 프리스타일 솔로(산조) 연주를 위해 사용된다. • 국립국악원 등 여러 곳에서 가야금이나 거문고 공연을 체험할 수 있다.
탈춤	• 탈춤은 안동을 비롯한 여러 지역에서 행해지는 한국의 전통탈춤을 말한다. • 탈춤은 농경사회 초기부터 시작된 것으로 알려져 있다. • 사람들은 풍년을 기원하는 의식을 치르기 위해 가면을 쓰고 춤을 추곤 했다. • 후에 주로 궁궐에서 탈춤을 췄으며 나중 서민문화로 확대되었다. • 탈춤은 주로 사회를 풍자하고, 힘든 서민들의 감정을 표현하며, 승려와 지배 계급을 놀리기 위해 행해졌다. • 가을마다 열리는 안동탈춤 축제에서는 탈춤을 배우고 체험할 수 있도록 다양한 탈춤을 선보인다. • 따라서, 안동하회마을에 가서 안동탈춤을 즐겨 보길 추천한다.
풍물놀이 vs. 사물놀이	• 국립국악원에 따르면, 풍물놀이는 전통 타악기, 관악기 등으로 연주하는 농악과 매우 유사하다. • 농악은 모내기 및 수확기에 공동체의 평화와 번영을 기원하는 전통 의식이다. • 반면에 사물놀이는 꽹과리, 장구, 북, 징 등 4개의 악기를 사용하여 현대식으로 변형한 것이다. • 1978년 김덕수가 풍물놀이를 바탕으로 사물놀이를 만들었다고 한다.

Korea's Bank Note	• Korea has four different banknotes such as 1,000-won, 5,000-won, 10,000-won, and 50,000-won. • Each of these bills contain a picture of a respected Korean historical figure. • First, on the 1,000-won note, the picture of **Toegye Yi Hwang** who was prominent scholar and philosopher during the Joseon Dynasty, is printed. • Second, on the 5,000-won note, **Yulgok Yiyi**, a great reformer and politician of the Joseon Dynasty, is inscribed. • Third, the 10,000-won bill has a picture of **King Sejong** of the Joseon Dynasty. • Koreans admire King Sejong because of his great achievements including the creation of Hangeul. • Lastly, on the 50,000-won note, we can see **Sinsaimdang** who was an artist, writer, poet, and calligraphist during the Joseon Dynasty.
King Sejong	• **King Sejong** is one of the most admired person in Korea history. • As the fourth king of the Joseon Dynasty, King Sejong achieved many great things including the development of the nation's scientific technology. • Among many achievements, Hangeul is the most outstanding invention. • Thanks to creation of Hangeul, Koreans could learn how to read and write easily. • The statue of King Sejong in Gwanghwamun square gives us the image of the great King.
Admiral Lee Sun-sin	• **Admiral Lee Sun-sin** is one of the most respected and admired figures in Korea history. • He made all efforts and made the ultimate sacrifice to defend the nation during Japanese invasion in 1592 to 1598. • He prepared sea battle in advance, training naval forces and constructing turtle ships. • Among many sea battles, the Battle of Myeongryang is very famous because he defeated 133 Japanese warships with only 13 warships. • He left war diary called *Nanjungilgi* and wrote his personal views and feelings reflecting upon every sea battle. • Unfortunately, admiral Lee was fatally wounded and died at the Battle of Noryang in 1598.

한국의 지폐	• 한국은 1,000원, 5,000원, 10,000원, 50,000원 등 네 개의 다른 지폐를 가지고 있다. • 이 지폐에는 역사 속에서 존경받는 한국인의 그림이 담겨 있다. • 먼저, 1,000원권에는 조선시대의 저명한 학자이자 철학자였던 퇴계 이황이 인쇄되어 있다. • 둘째로, 5,000원권에는 조선시대의 위대한 개혁가이자 정치가인 율곡 이이가 새겨져 있다. • 셋째로, 10,000원권 지폐에는 조선시대 세종대왕의 그림이 그려져 있다. • 한글 창제를 비롯한 세종대왕의 위대한 업적 때문에 한국인들은 세종대왕을 존경한다. • 마지막으로, 50,000원권에서는 조선시대의 화가, 작가, 시인, 서예가인 신사임당을 볼 수 있다.
세종대왕	• 세종대왕은 한국 역사에서 가장 존경받는 인물 중 한 분이다. • 세종대왕은 조선의 제4대 왕으로서 많은 과학기술의 발전을 이룩하였다. • 많은 업적 중에서 한글은 가장 뛰어난 발명품이다. • 한글의 창제 덕분에 한국인들은 읽고 쓰는 법을 쉽게 배울 수 있다. • 광화문광장에 있는 세종대왕 동상은 우리에게 위대한 왕의 이미지를 준다.
이순신 장군	• 이순신 장군은 한국 역사상 가장 존경받는 인물 중 한 분이다. • 그는 1592년부터 1598년까지 왜란 때 나라를 지키기 위해 모든 노력을 다했고 희생했다. • 그는 해전을 미리 준비하여 해군을 양성하고 거북선을 건조하였다. • 많은 해전 중 명량해전은 겨우 13척의 전함으로 133척의 일본 전함을 물리친 것으로 유명하다. • 그는 『난중일기』라는 전쟁일기를 남기고 모든 해전에 대한 개인적인 견해와 소회를 썼다. • 불행히도 이순신 장군은 1598년 노량해전에서 치명상을 입고 전사하였다.

Korean Folk Village	• **Korean Folk Village** in Yongin was created with a view of presenting the national culture to local and international tourists. • It collected in one place the folk customs that have been passed down for a long time. • The village from the Joseon period is composed of real houses relocated from provinces of the country. • Korea Folk Village presents the real life from old Joseon life. • We can view the provincial government office, the education institutions, upper class houses and common people's houses, and so on. • Visitors also can visit the Folk Museum, Art Museum, and filming locations of famous movies and TV dramas.
Bukchon Hanok Village	• **Bukchon Hanok Village** is an old residential district containing about 860 Korean traditional houses. • Bukchon is named because it is located north of Cheonggyecheon stream and Jongno in Seoul. • The village is located in between two major palaces such as Gyeongbokgung Palace and Changdeokgung Palace. • Bukchon was a place where high ranking officials, royal families, and scholars used to live during the Joseon period. • So, it's widely regarded as a living museum preserving much of Seoul's tradition and culture. • This has became a must-visit spot for locals and foreigners and lots of tourists visit all year round.
Namsangol Hanok Village	• **Namsangol Hanok Village** was created to gain a glimpse into the lives of our Korean ancestors. • Five hanok houses moved from their original sites were rebuilt after the traditional houses of Joseon Dynasty. • There are a pavilion, a traditional garden, a performance stage, and a time capsule plaza. • A time capsule commemorating Seoul's 600 year anniversary was buried in 1994 at the highest point of the village. • Namsangol Hanok Village has traditional culture experience programs such as wearing hanbok, folding *hanji* (traditional Korean paper), traditional tea ceremony, and herbal medicine experience. • Visitors can also try traditional games such as *yutnori* (traditional board game) or take in the views and facilities.

한국민속촌	• 용인 한국민속촌은 국내외 관광객들에게 문화를 알리기 위해 조성되었다. • 오랫동안 전해 내려온 풍습을 한자리에 모았다. • 조선시대 마을은 지방에서 옮겨 온 실제 주택들로 조성되어 있다. • 한국민속촌은 조선의 옛 생활을 그대로 보여 준다. • 관가, 서원, 양반 주택과 서민 주택 등을 둘러볼 수 있다. • 방문객들은 또한 민속박물관, 미술관, 유명 영화와 TV 드라마 촬영장소를 둘러볼 수 있다.
북촌한옥마을	• 북촌한옥마을은 860여 채의 한옥이 모여 있는 오래된 주택가이다. • 북촌은 서울의 청계천과 종로의 위쪽에 위치해 있기 때문에 붙여진 이름이다. • 경복궁과 창덕궁 두 개의 주요 궁궐 사이에 위치해 있다. • 조선시대에 고위관료, 왕족, 사대부들이 살던 곳이다. • 그래서 이곳은 서울의 전통과 문화를 보존하는 살아 있는 박물관으로 널리 알려져 있다. • 이곳은 내국인과 외국인의 필수 관광지가 되었고, 일 년 내내 많은 관광객들이 방문하고 있다.
남산골 한옥마을	• 남산골 한옥마을은 우리 선조들의 삶을 엿볼 수 있도록 조성되었다. • 조선시대 한옥 다섯 채를 원래 위치에서 옮겨 와 개축하였다. • 정자, 전통정원, 공연무대, 타임캡슐광장 등이 있다. • 1994년, 서울 600주년을 기념하는 타임캡슐을 남산골한옥마을의 가장 높은 곳에 묻었다. • 남산골한옥마을은 한복 입기, 한지 접기, 전통다도, 한방체험 등 전통문화체험 프로그램이 있다. • 또한 윷놀이 등 전통놀이 체험이나 주변의 경관이나 시설을 돌아볼 수 있다.

Andong Hahoe Village and Gyeongju Yangdong Village	• Andong Hahoe Village and Gyeongju Yangdong Village are clan villages established according to Confucian ideals during the middle of Joseon Dynasty. • Sites near rivers or mountains were selected to build villages based on geomantic principle. • **Hahoe Village** was named a Hahoe because the Nakjdonggang River surrounded it in the shape of a "S". • In Hahoe Village, houses of upper class and common people were placed together regardless of social status. • Descendants of Pungsan Ryu clan still live here and they enshrine scholar Ryu Seung-ryong. • Every fall, '*Seonyu Jubulnori*' is held in Hahoe Village. • **Yangdong Village** is nestled in ridges of Seolchangsan Mountain. • Houses were arranged according to social status started from higher location of mountain. • Descendants of Gyeongju Son and Yeogang Lee clan reside and they enshrine scholar Lee Yeon-jeok. • Shrines and Confucian academies like Byeongsan Seowon in Hahoe and Oksan Seowon in Yangdon are well preserved.
Jeonju Hanok Village	• **Jeonju Hanok Village** started in 1910 with the development process of Korea's modern housing culture. • The village is a hanok district located in the center of a city, and is packed with more than 700 hanoks. • The Korean culture style such as *hanok, hanji, pansori, hanbok,* Korean food, and oriental medicine is integrated in the village. • And it is the home of about 20 cultural properties including Gyeonggijeon, shrine, Omokdae mound, and Hyanggyo Confucian school. • Espescially, Gyeonggijeon shrine is a very famous visiting spot because it enshrines the portrait of first King Taejo of the Joseon Dynasty. • In addition, tourists can experience craft-making and customs like wedding ceremonies. • The most popular experience is trying on *hanbok*, a Korean traditional cloth. • Tourists also have a chance to eat Jeonju style *bibimbap*, bean sprout rice, and so on.

안동하회마을 / 경주양동마을	• 안동하회마을과 경주양동마을은 유교적 이념에 따라 조선 중기에 조성된 마을이다. • 풍수지리의 원리에 따라 하천이나 산 주변의 부지를 선정하여 마을을 건립하였다. • 하회마을은 낙동강이 S자 모양으로 감싸고 돌아 하회라는 명칭이 붙었다. • 하회마을에는 사회적 지위에 관계없이 상류층과 서민층의 집이 함께 배치되어 있다. • 풍산 류씨의 후손들이 지금도 이곳에 살고 있으며, 이들은 류승룡을 모신다. • 매년 가을이면 하회마을에서는 '선유줄불놀이'가 열린다. • 둘째, 양동마을은 설창산 능선에 자리잡고 있다. • 산의 높은 곳으로부터 사회적 지위에 따라 집들이 배치되어 있다. • 경주 손씨와 여강 이씨의 후손들이 살고 있으며, 이연적을 모신다. • 하회마을의 병산서원, 양동마을의 옥산서원 등 서원과 사당이 잘 보존되어 있다.
전주한옥마을	• 전주한옥마을은 1910년 한국 근대 주거문화의 발전과정으로 조성되기 시작했다. • 도심에 위치한 한옥지구로 700여 채의 한옥이 밀집해 있다. • 한옥, 한지, 판소리, 한복, 한식, 한의학 등 한국의 양식이 집약되어 있다. • 그리고, 경기전, 오목대, 향교 등 약 20여 개의 문화재가 모여 있는 곳이다. • 특히, 경기전은 조선왕조 태조의 어진을 모신 곳으로 유명하다. • 그리고, 관광객들은 공예, 결혼식 등을 체험을 할 수 있다. • 관광객들 사이에서 가장 인기 있는 체험은 한복 입어 보기이다. • 전주식 비빔밥, 콩나물밥 등을 먹어 볼 수 있다.

National Park	• The function of national parks is to preserve natural environments that can be handled carelessly due to industrial development. • National parks are designated and managed by the government of the Republic of Korea with a view to protecting the areas and ensuring sustainable use. • To be designated as National park, requirements such as natural ecosystem, natural view, cultural view, topography preservation, and location and convenience in use should be met. • Currently, Korea has 22 national parks in total since Jirisan Mountain was the first to be designated in 1967. • National parks in Korea are classified into 18 mountain national parks, 3 marine&coastal national parks, and 1 historical & cultural national park. • National parks play a role as repository of natural resources, resting place, and an educational venue.
Marine and Coastal National Parks	• There are three marine and coastal national parks : Taeanhaean, Dadohaehaesang and Hallyeohaesang. • Firstly, **Taeanhaean National Park** was designated as a national park in 1978. • There are 26 beaches encompassing the Taean Peninsula and Anmyeondo Island along the 230km coastline. • As the only marine park in Korea, the sea foreshore, sandy beach, coastal sand dune, pine forest, and swamp are well preserved. • Secondly, **Dadohaehaesang National Park** is the largest one in Korea and was designated as a national park in 1981. • Evergreen forests exist thanks to the warm oceanic climate. • The magnificent islands and fantastic rock formations were created from past volcanic activities. • Lastly, **Hallyeohaesang National Marine Park** was designated as national park in 1968. • It is a unique marine ecosystem which extends along the 120km shoreline from Geoje in South Gyeongsang Province to Yeosu in South Jeolla Province. • The sedimentary rocks formed a mountainous and the many capes, islets, and peninsula constitute typical rias coasts.

국립공원	• 국립공원의 기능은 산업발전으로 인해 부주의하게 다뤄질 수 있는 자연환경을 보존하는 것이다. • 국립공원은 지역 보호 및 지속 가능한 사용 보장을 위해 대한민국 정부가 지정 관리하고 있다. • 국립공원으로 지정되기 위해서는 자연생태계, 자연경관, 문화경관, 지형보존, 위치 및 사용 편의성 등 요건이 충족되어야 한다. • 1967년 지리산이 최초의 국립공원으로 지정된 후 현재 우리나라는 총 22개의 국립공원이 있다. • 국립공원은 산지형 22개, 해양해안형 3개, 그리고 사적형 1개로 구분된다. • 국립공원은 천연자원의 보고, 휴식공간, 교육장의 역할을 수행한다.
해상 국립공원	• 태안해안국립공원, 다도해해상국립공원, 한려해상국립공원 등 3곳이 있다. • 우선, 태안해안국립공원은 1978년에 국립공원으로 지정되었다. • 230km의 해안선을 따라 태안반도와 안면도를 아우르는 26개의 해수욕장이 있다. • 국내 유일의 해안공원으로 해안가, 모래사장, 해안사구, 소나무숲, 늪지대가 잘 보존되어 있다. • 다도해해상국립공원은 1981년에 국립공원으로 지정되었다. • 온화한 해양성 기후 덕택에 상록수림이 분포하고 있다.. • 과거 화산활동으로 웅장한 섬들과 환상적인 암석들이 형성되어 있다. • 마지막으로, 한려해상국립공원은 1968년에 지정되었다. • 경상남도 거제에서 전라남도 여수까지 이르는 해안선 120km의 독특한 해양생태계이다. • 퇴적암은 산악지대를 형성했고, 많은 동굴, 섬, 반도는 전형적인 리아스식 해안을 이루고 있다.

Jirisan Mountain	• **Mt. Jiri** was designated as the first national park of Korea in 1967. • It spreads across 1 city and 4 counties in three provinces - Hadong, Hamyang, Sancheong of North Gyeongsang Province, Gurye of South Jeolla Province, and Namwon of North Jeolla Province. • It is the largest mountainous national park in Korea. • The name of *Jiri* has the meaning of "the mountain of the odd and wise people". • Since the ancient times, together with Mt. Geumgang and Mt. Halla, Mt. Jiri has been known as one of the three legendary mountains in Korea. • The topography of Mt. Jiri has a mountainous basins, plateaus and flat surfaces formed by fusion and erosion. • Numerous peaks such as Cheonwangbong (1,915m), Banyabong (1,732m), and Nogodan (1,507m) peaks attract tourists to hike. • There are many cultural resources including national treasures in Hwaeomsa Temple and Ssanggyesa Temple.
Seoraksan Mountain	• **Mt. Seorak** was designated the 5th national park in Korea in 1970 and chosen as a nature preservation area on November 5, 1965 • It was also designated as a Biosphere Preservation District by UNESCO in 1982. • It stretches among the areas of Inje-gun, Goseong-gun, Yangyang-gun, and Sokcho-si in Gwangwon Province. • Including its main peak, Daecheongbong, Mt. Seorak has a total of 30 imposing peaks spread across its territory. • Over 2,000 animal species live in Mt. Seorak, including the Korea goral and Musk deer. • More than 1,400 rare species of plant grow including the Edelweiss. • There is Shinheungsa Temple in Sokcho District and tourists can climb Gwongeumseong Fortress by cable car. • The huge Ulsan Rock, which forms the border between Sokcho-si and Goseong-gun, attracts tourists to hike.

지리산	• 지리산(智異山)은 1967년 최초의 한국 국립공원으로 지정되었다. • 지리산은 경남하동, 함양, 산청과 전남구례, 전북남원 등 3개 도의 1개 시, 4개 군으로 뻗친다. • 한국에서 가장 큰 국립공원이다. • 지리산의 이름은 '기이하고 지혜로운 사람들의 산'이라는 의미를 갖고 있다. • 지리산은 예로부터 금강산, 한라산과 더불어 한국의 3대 전설의 산으로 알려져 있다. • 지리산의 지형은 융기작용 및 침식에 의해 산간분지, 고원과 평탄면이 형성되어 있다. • 천왕봉, 반야봉, 노고단 등 수 많은 봉우리가 관광객들의 발길을 끈다. • 화엄사와 쌍계사에는 국보 등 많은 문화재가 있다.
설악산	• 설악산(雪岳山)은 1970년 대한민국 제5대 국립공원으로 지정되었고, 1965년 11월 5일에 자연보호구역으로 선정되었다. • 또한, 1982년 유네스코에 의해 생물권 보전지구로 지정되었다. • 설악산은 강원도 인제군, 고성군, 양양군, 속초시 일대에 걸쳐 있다. • 설악산에는 주봉인 대청봉을 비롯해 총 30개의 봉우리가 분포하고 있다. • 고라니, 사향노루를 포함하여 2,000여 종이 서식하고 있다. • 에델바이스를 포함하여 1,400여 종의 희귀식물이 있다. • 속초지구에는 신흥사가 있으며, 케이블카를 타고 권금성을 오를 수 있다. • 속초시와 고성군 사이의 경계를 이루는 거대한 울산바위는 관광객들의 발길을 끈다.

East coast, West coast, and South coast	• Korea is a peninsular country surrounded by three seas such as the East Sea, West Sea and the South Sea. • Firstly, **the East coastline** is very simple and deep compared to the West coast and the South coast. • There are many beaches such as Gyeongpodae, Naksan, and Hajodae created by strong waves. • One of the characteristics of the East coast is the development of lakes adjacent to the sea, such as Yeongrang Lake and Cheongcho Lake. • Secondly, on **the West coast**, there is a very complicated shoreline called rias. • It has a wide range of mud flats called *Gaetbeol* made from the difference between the tide and ebb. • It functions to purify the pollution of the sea. and offer a vast living space for various sea creatures. • Lastly, there are many islands on **the South coast** formed by melted ice during the ice age and volcanic activities. • In particular, Dado Beach and Hallyeo Beach are famous for their beautiful scenery to be designated as national parks.
Cave	• The caves in Korea are mainly classified into three types such as Limestone caves, Sea caves, and Lava caves. • Among many caves in Korea, I would like to introduce representatives of limestone caves and lave caves. • Firstly, one of the most famous limestone cave is **Gosu Cave** in Danyang, North Chungcheong Province. • This limestone cave with strange rocks and bizarre stone formation was created about 2 million years ago • It is popular as children's nature observation learning center, having cave exhibition hall, experience hall, and video hall. • The temperature in the cave is 14 to 15 degrees Celsius all year round. • It is cooler than air conditioning in summer and warm in winter. • Secondly, Jeju island has around 80 lava caves because it is a volcanic island. • Among them, **Manjanggul Cave** is the most famous one because it is considered to be the longest cave in the world. • Visitors can access about 1km out of 7.4km long tunnel. • Inside of the lava tunnel, there are Lava Stalagmite, Lava Flowstone, Lava Flow-line and more. • Manjanggul Cave is very rough and dangerous and many various animals and insects inhabit it.

동해안, 서해안, 남해안	• 한국은 동해, 서해, 남해로 둘러싸인 반도 국가이다. • 첫째, 동해안은 서해안과 남해안에 비해 매우 단순하고 깊다. • 강한 파도로 인해 조성된 경포대, 낙산, 하조대 같은 해수욕장이 많다. • 동쪽 해안의 특징 중 하나는 영랑호, 청초호 등 바다에 인접한 호수가 발달해 있다. • 서해안에는 리아스라 불리는 매우 복잡한 해안선이 있다. • 밀물과 썰물의 차이로 만들어진 넓은 갯벌이 있다. • 이는 바다의 오염을 정화하는 기능과 다양한 해양생물을 위한 넓은 생활공간을 제공한다. • 마지막으로, 남해안에는 화산활동과 빙하기 때 녹은 얼음으로 인해 형성된 섬이 많다. • 특히, 다도해상과 한려해상이 국립공원으로 지정될 만큼 경치가 아름답기로 유명하다.
동굴	• 한국의 동굴은 주로 석회암 동굴, 해식동굴, 용암동굴 등 세 종류로 분류된다. • 많은 동굴 중에서 석회동굴과 용암동굴을 대표하는 동굴을 소개하고자 한다. • 먼저, 석회암 동굴 중 가장 유명한 것은 충청북도 단양 고수동굴이다. • 기암괴석을 지닌 이 석회암 동굴은 약 2백만 년 전에 형성되었다. • 동굴전시관, 체험관, 영상관 등을 갖춘 어린이 자연관찰학습장으로 인기가 높다. • 동굴의 온도는 일 년 내내 섭씨 14도에서 15도이다. • 여름에는 에어컨보다 시원하고 겨울에는 따뜻하다. • 둘째, 제주도는 화산섬이기 때문에 80여 개의 용암동굴이 있다. • 그중에서도 만장굴이 유명한 것은 세계에서 가장 긴 동굴로 꼽히고 있기 때문이다. • 7.4km 길이의 터널 중 약 1km에 접근할 수 있다. • 용암 동굴 안에는 용암종유석, 용암류석, 용암류선 등이 있다. • 만장굴은 매우 거칠고 위험하며 다양한 동물과 곤충들이 살고 있다.

Hot spring	• Hot spring refers to a spring in which groundwater is heated above average temperature by geothermal heat. • It contains a lot of chemical ingredients and plays a lot of medical roles. • It is said that saline, carbonated alkaline and sulfurous streams are good for skin diseases and circulatory disease. • Among many hot springs in Korea, I will introduce three famous hot springs. • Firstly, **Onyang Hot Spring** in Asan, South Chungcheong Province is one of the oldest hot springs in Korea. • It is known that high levels of alkaline good for the skin is contained in the water. • So, King Sejong of Joseon Dynasty visited this place to cure his eyes. • Secondly. **Bugok Hot Spring** in Changnyeong, South Gyeongsang Province, has been called *Bugok* because it looks like a cauldron. • It is known that many patients with skin diseases visited and treated Bogok Hot Spring due to its good water quality. • Lastly, In **Yuseong** district of Daejon city, there are lots of hot springs related to theme parks. • New modern accommodation facilities were established for visitors to enjoy hot springs. • These days, theme parks and hot springs are integrated in one place to attract more people.
Jeju Volcanic Island	• Jeju Volcanic Island and lava tube cave have been listed as the UNESCO World Natural Heritage in June 27, 2007. • This heritage, which boasts outstanding beauty, illustrates the history of the Earth, including geological features and development processes. • Firstly, **Mt. Halla** sitting on the southernmost island of Korea, is the highest with the height of 1,950m, and has Baekrokdam crater lake at the peak. • As a repository for plants and animals, it features a wide range of plants distribution and has high scientific value. • Secondly, **Seongsan Ilchulbong Peak** with 180m above sea level erupted underwater in the ocean about 5,000 years ago. • It is called sunrise peak and has an awesome sunshine and landscape. • Lastly, **Geomun Oreum Volcanic Cone** was given its name due to the unusually black color of its rocks and dirt. • Geomun Oreum lava tube system has 360 volcanic cones across Jeju Island. • Among numerous lava tubes, Manjanggul Lava Tube is one of the largest lava tubes in the world.

온천	• 온천은 지열에 의해 지하수가 평균 온도 이상으로 가열되는 샘을 말한다. • 화학성분이 많이 함유되어 있어 의학적 역할도 한다. • 식염수, 탄산알칼리성, 유황성 온천은 피부질환과 순환기 질환에 좋다고 한다. • 한국의 많은 온천 중에서 유명한 온천 세 곳을 소개하고자 한다. • 첫째, 충청남도 아산시의 온양온천은 한국에서 가장 오래된 온천 중 하나이다. • 피부병에 좋은 알칼리성 함량이 높은 것으로 알려져 있다. • 그래서, 조선시대 세종대왕은 눈을 치료하기 위해 이곳을 찾았다. • 둘째, 경남 창녕군에 있는 부곡온천은 옛날부터 가마솥처럼 생겼다고 부곡이라 불렸다. • 부곡온천의 수질이 좋아 피부질환 환자들이 많이 찾아와서 치료를 한 것으로 알려져 있다. • 마지막으로, 대전 유성구에는 온천관련 테마파크가 즐비하다. • 온천을 즐길 수 있는 현대식 숙박시설이 들어서 있다. • 요즈음은 테마파크와 온천이 한곳에 통합되어 더 많은 사람들을 끌어들이고 있다.
제주 화산섬	• 제주 화산섬과 용암동굴이 2007년 6월 27일 유네스코 세계자연유산에 등재되었다. • 뛰어난 아름다움을 자랑하는 이 유산은 지질학적 특징과 발달과정을 포함하여 지구의 역사를 잘 보여 주고 있다. • 먼저, 한라산은 한국의 최남단에 위치한 섬으로, 높이 1,950m로 가장 높으며, 정상에 백록담이 있다. • 동식물의 보고로서 다양한 식물 분포가 특징이며 과학적인 가치가 높다. • 둘째, 약 5,000년 전 해발 180m의 성산일출봉이 해저에서 분출했다. • 일출봉이라 불리며 햇살과 풍경이 멋지다. • 마지막으로, 거문오름은 바위와 흙빛이 유별나게 검다고 하여 붙여진 이름이다. • 거문오름 용암동굴계는 제주도 전역에 360개의 기생화산을 갖고 있다. • 수많은 용암동굴 중 만장굴은 세계에서 가장 큰 용암동굴 중 하나이다.

Jeju Olle Trail	• In the local dialect, *Olle* means the narrow path connecting from the street to one's doorstep. • **Jeju Olle Trails** are a series of walking trails set up without artificial development to protect nature and there are 26 courses totaling 425km. • There are eight different signposts including 'Arrow', 'Detour and 'Hazard Signpost', and 'Wheelchair Accessible Area' for visitors not to miss their routes and to be secured. • Those proceeding to the forward direction will start from the starting point while those to the reverse direction from the finishing point. • It has Easy, Medium and Hard courses and can take from one hour to the whole day depending on the course. • Jeju Olle Trails are based on self-guided tour and it also provides daily guided walk service free of charge. • The trail closes officially at 6pm in the summer and 5pm in the winter for safety reasons. • Visitors can enjoy breathtaking landscapes of sea and enjoy beautiful scenic nature during hiking. • Jeju Olle Trails are becoming more popular to foreigners and locals as one of the wellness tourist attractions.
Traditional Houses in Jeju and Ulleung Island	• The traditional house styles in Jeju Island and Ullleung Island have their own characteristics depending on the weather conditions. • Firstly, Jeju Island has strong winds, snow and rain. • So, traditional houses in Jeju Island are built low, walls of them are stacked with stones and roofs are tied together with strings. • Since Jeju island has a warm climate, people do not install Ondol system. • The main gate of Jeju Island is known as '*Olle*' which is a narrow path between the street and one's doorstep. • There is a storage called '*Gopang*' in Jeju which is mainly to store crops or tools for ritual service. • Secondly, Ulleung Island's traditional house is called 'a shingle-roofed house' which is made with oak bark instead of tiles. • The house is made using stones to prevent it from blowing over in the wind. • In winter, it snows a lot and installs a unique structure called '*Udegi*', which surrounds the front of the house.

제주 올레길	• 올레는 제주 방언으로 거리에서 문 앞까지 이어지는 좁은 길을 말한다. • 제주올레길은 자연보호를 위해 인위적인 개발을 하지 않은 일련의 산책로이며, 총 425km의 26개 코스가 있다. • 방문객들이 그들의 경로를 놓치지 않고 안전하게 보호받을 수 있도록 '화살표', '회피 및 위험표지판', '휠체어가능지역' 등 8개 표지판이 설치되어 있다. • 순방향으로 가는 경우에는 출발점에서 출발하고, 역방향으로 가는 경우에는 종점에서 출발하면 된다. • 쉬움, 중간, 어려움 코스가 있으며, 코스에 따라 1시간에서 하루 종일 걸릴 수 있다. • 제주올레길은 셀프가이드 투어를 기반으로 하며, 매일 무료로 가이드가 안내하는 걷기 서비스도 제공된다. • 여름철에는 오후 6시, 겨울철에는 오후 5시에 안전상의 이유로 탐방로가 공식 폐쇄된다. • 방문객은 숨 막히는 바다 풍경과 아름다운 자연을 즐길 수 있다. • 제주올레길은 외국인과 현지인들에게 웰니스 관광명소로 각광받고 있다.
제주도와 울릉도 전통 가옥	• 제주도와 울릉도 전통가옥 양식은 날씨를 고려한 고유의 특징을 갖고 있다. • 먼저, 제주도는 강한 바람과 눈, 비가 내린다. • 그래서, 제주도의 전통가옥은 낮게 지어졌으며, 벽에는 돌을 쌓아 올리고 지붕을 끈으로 함께 묶었다. • 제주도는 기후가 따뜻하기 때문에 온돌을 따로 설치하지 않는다. • 제주도의 정문은 길과 문간의 좁은 길목인 올레로 알려져 있다. • 제주에는 제사를 지내는 도구나 주로 곡식을 보관하는 '고팡'이라는 저장고가 있다. • 둘째, 울릉도의 전통가옥은 기와 대신 참나무 껍질로 만든 '너와집'이라고 불린다. • 돌멩이를 이용하여 집을 지어 바람에 날리지 않도록 한다. • 겨울에는 눈이 많이 내려 집 앞으로 둘러싸고 있는 '우데기'라는 독특한 구조물을 설치한다.

Spring festival (Jeju Wildfire Festival)	• As one of spring festivals in Korea, I would like to introduce **'the Jeju Wildfire Festival'**. • Since the olden days, Korean farmers set fire on their fields to burn old grass and get rid of vermin. • Every year, Jeju province holds the fire festival in hopes of a good harvest on Saebyeol Oreum in early March. • *Saebyeol Oreum* is the name given because it shines like a rising star. • At the Jeju Wildfire Festival, wildfires are placed on the *Oreum*, parasitic cone, to turn the night sky red. • Many foreigners as well as Koreans visit to see this special night view. • There are many things to see, such as a Media Facade Show illuminating the entire Oreum on a large screen, a Torch March, and a Volcanic Fire-setting Show. • In addition, we can visit many popular tourist attractions and enjoy sightseeing on Jeju Island.
Summer festival (Boryeong Mud Festival)	• As one of the summer festivals in Korea, I would like to introduce **'the Boryeong Mud Festival'**. • The Boryeong Mud Festival is a tourist experience event with the theme of mud produced in Boryeong, South Chungcheong Province. • Mud in Boryeong area is known to be very fine and good quality. • It is very effective for anti-aging and skin care • So, a great number of people around the world participate in the Boryeong Mud Festival every summer. • During the festival, a variety of events are held, including Mud Game Contests, Folk Gut Games, Mud Makeup Contests, Mud Massage Experiences, and Marine Leisure Sports Experiences. • Boryeong is also famous for its sandy beach and many sea foods. • Tourists can feel good vibes at the beach and taste a variety of sea foods.

봄 축제 〈제주들불축제〉	• 한국의 봄 축제 중 하나인 '**제주들불축제**'에 대해 소개하고자 한다. • 옛날부터 우리나라 농민들은 밭에 불을 질러 오래된 풀을 태우고 해충을 없앴다. • 제주도는 매년 3월 초 '새별오름'에서 풍년을 기원하며 불축제를 연다. • 새별오름은 "샛별과 같이 빛난다"해서 붙여진 이름이다. • 제주들불축제에서는 오름에 들불을 놓아 밤하늘을 붉게 수놓는다. • 이 특별한 야경을 보기 위해 내국인뿐만 아니라 외국인들도 많이 찾는다. • 오름 전체를 대형스크린 삼아 조명을 비추는 미디어 파사드쇼와 횃불대행진, 화산불꽃쇼 등 볼거리가 많다. • 그 외에도 많은 유명 관광지를 방문할 수 있고 제주도의 관광을 즐길 수 있다.
여름 축제 〈보령머드축제〉	• 한국의 여름 축제 중 하나인 '**보령머드축제**'를 소개하고자 한다. • 보령머드축제는 보령에서 생산되는 머드를 주제로 하는 관광객 체험형 이벤트이다. • 보령지역의 진흙은 매우 곱고 질이 좋은 것으로 알려져 있다. • 노화 방지 및 피부 관리에 매우 효과적이다. • 그래서 많은 세계인들이 매년 여름 보령 머드축제에 참가한다. • 축제 기간에는 머드게임 경연, 민속굿놀이, 머드 분장 콘테스트, 머드 마사지 체험, 해상레포츠체험 등 다채로운 행사가 펼쳐진다. • 또한, 보령은 모래해변과 해산물로도 유명하다. • 관광객은 해변에서 좋은 분위기를 느낄 수 있고 다양한 해산물을 맛볼 수 있다.

Fall festival (Seoul Lantern Festival)	• As one of the fall festivals in Korea, I would like to introduce '**the Seoul Lantern Festival**'. • The Seoul Lantern Festival is a festival held every November in the Cheonggyecheon Stream at the heart of Seoul, South Korea. • The festival usually takes place between 1.2km long distance from Cheonggye Plaza to Supyogyo Bridge. • During the festival. we can see many kinds of lanterns on Cheonggyecheon Stream. • A variety of light sculptures based on Hanji lanterns are displayed. • 'Wish trees' are also displayed at Gwangtonggyo Bridge which contain the wishes of Seoul citizens and foreign visitors. • In particular, floating 'wish lights' mean warpping up the end of the year and preparing for the new year.
Winter festival (Hwacheon Sancheoneo Ice Festival)	• As one of the winter festivals in Korea, I would like to introduce '**the Hwacheon Sancheoneo Ice Festival**'. • The Hwacheon Sancheoneo Ice Festival is held in Hwacheon, Gwangwon Province, the home of snow and ice. • *Sancheoneo,* masou salmon, is very similar in appearance to trout, but its body is only about half the length. • It is said that sancheoneo has abundant vitamins effective for anti-aging. • In the festival, tourist can enjoy activities like catching sancheoneo with bare hands. • The taste of charcoal-grilled sancheoneo is beyond what words can express. • Tourists can participate in sports like Ice Soccer, Sled Contest, and Ice Skating. • In addition, visitors can appreciate gigantic ice sculptures.

가을 축제 〈서울빛초롱 축제〉	• 한국의 가을 축제 중 하나인 '**서울빛초롱축제**'를 소개하고자 한다. • 서울빛초롱축제는 서울 청계천에서 매년 11월에 열린다. • 축제는 청계광장에서 수표교까지 약 1.2km 구간에서 열린다. • 축제 기간 동안 다양하고 많은 등불을 볼 수 있다. • 한지등(燈)을 주축으로 다양한 빛 조형물이 전시된다. • 광통대교에는 서울시민과 외국인 방문객들의 소망이 담긴 소원나무도 전시된다. • 특히, 소망등 띄우기는 연말을 마무리하고 새해를 준비하는 의미를 지닌다.
겨울 축제 〈화천산천어 축제〉	• 한국의 겨울 축제 중 하나인 '**화천산천어축제**'를 소개하고자 한다. • 화천산천어축제는 눈과 얼음의 고장인 강원도 화천에서 열린다. • 산천어는 생김새가 송어와 아주 비슷하지만 몸길이는 절반 정도밖에 되지 않는다. • 산천어는 노화방지에 효과적인 비타민이 풍부하다고 한다. • 축제에서 관광객들은 맨손으로 산천어 잡기를 즐길 수 있다. • 숯불로 구운 산천어 맛은 말로 표현할 수 없는 맛이다. • 관광객들은 얼음축구, 썰매대회, 빙상경기 등의 종목에 참가할 수 있다. • 그리고 방문객들은 거대한 얼음 조각들을 감상할 수 있다.

Seoul	• **Seoul** has been the capital of Korea far more than 600 years. • The meaning of Seoul comes from *Seorabeol* which is the olden name of Gyeongju during Silla Dynasty. • It is located in the heart of Korean Peninsula and the population is around 10 million. • It is one of the most expensive cities in terms of cost of living. • And it is the center of politics, diplomacy, economy, commercials, finance, business, education and culture. • It is combined with historic sites and modern ones. • Seoul is an extraordinary example of good location surrounded by mountains, rivers and urban spaces are combined.
Busan	• **Busan** is the second largest city in Korea with about 3.5 million people and located on the southeastern tip of the Korean peninsula. • During the Korean War, it was the temporary capital of Korea and many refugees were settled in Busan. • Busan has a beautiful coastline, scenic cliffs, mountains and it is the fifth largest container handling port in the world. • Haeundae Beach is the best-known destination to foreign and local tourists, not only in summer but all year round. • In every fall, the Busan International Movie Festival is held and several kinds of movies are introduced. • Another famous location is Gamcheon Culture Village which has artworks and mural paintings and many tourists visit here. • In 2009, students, artists and residents decorated the village as a part of 'the Village Art Project'.
Han River	• **Han River** runs from East to West then joins into West Sea. • Bukhan River from the North and Namhan River from the South are merged in Dumulmeori, Yangpyeong which forms Han River. • It is the second longest river in South Korea after the Nakdong River. • At present there are 31 bridges over the Han River. • The areas around Han Rives are used as pedestrian walkways, bicycle paths and public parks. • A lot of theme parks or ecological parks have been created for various sports and leisure activities. • Therefore, it is a very nice place for foreigners and locals to enjoy beautiful views and outdoor activities.

서울	• 서울은 600년 이상 한국의 수도이다. • 서울은 신라시대 경주의 옛 이름인 서라벌에서 유래된 수도라는 뜻이다. • 한반도의 중심부에 위치하고 있으며, 인구는 약 1천만 명이다. • 서울은 생활비 면에서 가장 비싼 도시 중 하나이다. • 그리고, 정치, 외교, 경제, 상업, 금융, 기업, 교육, 문화의 중심지이다. • 역사적인 시설과 근대적인 시설들이 함께 어우러져 있다. • 서울은 산과 강, 도시공간이 어우러진 좋은 장소의 독보적인 예라 할 수 있다.
부산	• 부산은 대한민국 제2의 도시로 약 350만 명의 인구가 거주하고 있으며, 한반도의 남동쪽 끝에 위치하고 있다. • 6.25 전쟁 당시 대한민국의 임시수도였으며, 많은 피난민이 이곳에 정착하였다. • 부산은 해안선, 경치 좋은 절벽, 산이 있으며 세계에서 다섯 번째로 큰 컨테이너 처리 항구이다. • 해운대 해수욕장은 여름뿐만 아니라 일 년 내내 국내외 관광객들이 많이 찾는다. • 매년 가을이면 부산국제영화제가 열리며 다양한 영화가 소개된다. • 또 다른 명소는 많은 예술품과 벽화가 있는 감천마을로 수많은 관광객들이 많이 찾는다. • 2009년에 학생, 예술가, 주민들이 마을 예술 프로젝트의 일환으로 이 마을을 꾸몄다.
한강	• 한강은 동쪽에서 서쪽으로 흘러 서해로 합류한다. • 북쪽의 북한강과 남쪽의 남한강이 양평 두물머리에서 합쳐진 후 한강을 만든다. • 한국에서 낙동강에 이어 두 번째로 긴 강이다. • 현재 한강에는 31개의 다리가 있다. • 한강 주변은 보행로, 자전거도로, 공공공원으로 이용된다. • 다양한 스포츠와 레저 활동을 위해 테마파크나 생태공원이 조성되어 있다. • 이곳은 외국인들과 현지인들이 아름다운 경치와 야외활동을 즐기는 데 매우 좋은 장소이다.

Cheonggye-cheon Stream	• **Cheonggyecheon Stream** is a 10.8km long waterway that runs from the West to the East then is merged into Han River. • Its original name was *Gyecheon* and many natural disasters occurred due to the rain flooding at the beginning of Joseon Dynasty. • Taejong, the third King of Joseon Dynasty started the construction work to make the stream safe and clean. • After the Korean War, people gathered near Cheonggyecheon Stream, made small houses, and polluted the stream. • Cheonggye Overpass was built from 1967 to 1976 then it was demolished later due to safety reasons. • In 2003, a big project by the Seoul Metropolitan government was undertaken to restore Cheonggyecheon Stream. • A 5.8km of Cheonggyecheon Stream was recovered to its original beauty and visitors can explore the wonderful waterway. • In Cheonggyecheon Stream, murals painted on tiles are installed and "**King Jeongjo's Neunghaeng Banchado**" between Gwangyo Bridge and Jangtonggyo Bidge is very representative one. • "King Jeongjo's Neunghaeng Banchado" is a painting of King Jeongjo's visit to Hwaseong (now Suwon) in 1795 for visiting Hyeonneungwon, the tomb of Crown Prince Sado.
Seoul Namsan Tower	• **Namsan Seoul Tower** was built for broadcasting and tourism, and it was the first radio transmission tower in Korea. • The tower was opened to the public in 1981 and it has become a favorite attraction for both locals and international visitors. • Visitors can reach the tower by bus or car but the most popular way is riding a cable car. • In Namsan Mountain, there is a Bongsudae which was a means of communication in emergency situations. • It was built to deliver urgent information and Bongsudae in Namsan Mountain was the place where the national information was finally gathered. • Around Namsan Seoul Tower, there are many tourist attractions including Namsangol Hanok Village and Seoul Fortress.

청계천	• 청계천은 10.8km 길이의 수로로 서쪽에서 동쪽으로 흐른 뒤 한강으로 합쳐진다. • 원래 이름은 개천이었으며, 조선시대 초기에는 홍수로 인해 많은 자연재해가 발생하였다. • 조선시대 3대 임금인 태종은 안전하고 깨끗한 하천을 만들기 위한 공사를 시작했다. • 6.25전쟁 이후 청계천 주변에 많은 사람들이 모여들어 작은 집들을 지었으며, 하천을 오염시켰다. • 1967년부터 1976년까지 청계천 고가도로가 건설되었으며, 그 이후 안전상의 이유로 철거되었다. • 2003년, 청계천 복원을 위한 서울시의 큰 프로젝트가 있었다. • 청계천의 5.8km 구간은 원래의 모습으로 복원되었고, 방문객들은 멋진 수로를 탐방할 수 있다. • 청계천에는 타일 위에 그린 벽화가 설치된 곳이 있는데, 광교와 장통교 사이에 있는 '정조대왕 능행 반차도'가 대표적이다. • 정조대왕 능행 반차도는 조선 22대 정조가 1795년에 사도세자의 묘소인 현릉원을 참배하기 위하여 화성(지금의 수원)을 다녀온 행차 모습을 기록한 그림이다.
남산 서울타워	• 남산서울타워는 방송과 관광을 위해 건립되었으며, 국내 최초의 전파 송신탑이다. • 1981년 일반에게 개방되었으며, 국내외 방문객들이 즐겨 찾는 관광명소가 되었다. • 방문객들은 버스나 차를 타고 타워에 도착할 수 있지만 가장 인기 있는 방법은 케이블카를 타는 것이다. • 남산에는 위급한 상황에서 소통의 수단이었던 봉수대가 있다. • 그 기능은 위급한 소식을 전달하는 것이었고, 남산 봉수대는 전국의 정보가 최종적으로 모이는 곳이었다. • 남산서울타워 주변에는 남산골한옥마을, 서울성곽 등 관광명소가 많다.

Public Transportation in Seoul	• **Public Transportation in Seoul** is mainly comprised of subway train, bus and taxi. • Among them I would like to elaborated on subway trains. • Subway trains can be characterized as being convenient, safe, clean and on time. • A totoal of 22 lines connect inside and outside of Seoul including Gyeonggi Province and Incheon Province. • We also can visit other local areas using ITX, KTX or SRT. • People don't need to worry about traffic jams if they use the subway train. • So, many people living in metropolitan areas prefer using subways when they commute. • We can easily access many popular tourist attractions at reasonable prices. • Subway is very safe because most of subway stations have installed 'subway platform safety doors'. • To take subway trains, we can use a one-time ticket, T-money card or credit card with transportation function.
City Bus Tour	• **City Bus Tour** is an attractive tourism product especially for first-time visitors because they can arrange their itinerary with low cost and high efficiency. • Operated by most cities throughout Korea, tour buses are offered in various themes such as major attractions, history, culture, night, etc. • Tours are either accompanied by a guide or a pre-recorded audio guide. • In case of Seoul city bus tour courses, it includes Seoul's popular attractions and shopping venues in one package. • Seoul city bus tour courses are comprised of 'Downtown palace course', 'Panorama course', 'Gangnam city tour course', and 'Night course'. • There are one-story bus, double-decker bus, and electric Trolly bus. • Tourists can get on or get off the bus whenever they want then continue on with the tour with the same ticket.

서울의 대중교통	• 서울의 대중교통은 주로 지하철, 버스, 택시로 구성되어 있다. • 그중 지하철에 대해 소개하고자 한다. • 지하철은 편리함, 안전함, 청결함, 그리고 정시 출발 및 정시 도착이라는 특성을 갖고 있다. • 총 22개의 라인이 경기도와 인천시를 포함한 서울의 안팎을 연결한다. • ITX, KTX, SRT를 이용하여 다른 지역도 방문할 수 있다. • 지하철 이용 시 교통체증에 대해 걱정할 필요가 없다. • 그래서 수도권에 거주하는 많은 사람들이 통근할 때 지하철을 선호한다. • 저렴한 가격으로 많은 인기 있는 관광지를 방문할 수 있다. • 지하철역 대부분이 '지하철 승강장 안전문'을 설치해 안전하다. • 지하철을 타려면 1회 승차권, 티머니카드, 교통 신용카드를 사용할 수 있다.
시티버스 투어	• 시티버스투어는 싼 비용으로 효율성 있게 여행일정을 짤 수 있어 초보자에게 특히 매력적인 관광상품이다. • 전국 대부분의 도시에서 운행하는 시티버스는 주요 명소, 역사, 문화, 야간 관광 등 다양한 테마로 운행된다. • 관광은 가이드와 함께하거나 사전 녹음된 오디오 가이드가 제공된다. • 서울시티투어버스 관광코스의 경우, 서울의 명소, 쇼핑장소를 한 패키지에 담는다. • 서울시티투어버스 관광코스는 '도심궁전 코스', '파노라마 코스', '강남시티투어코스', '야간코스'로 구성되어 있다. • 1층 버스, 2층 버스, 전동트롤리 버스 등이 있다. • 관광객은 원할 때 버스를 타거나 내릴 수 있으며, 한 장의 티켓으로 관광을 계속할 수 있다.

Traditional Markets in Seoul	• There are a great number of traditional markets in Seoul such as Gwangjang Market, Tongin Market, Dongdaemun Market and etc. • Among many traditional markets, I would like to introduce two famous traditional markets. • Firstly, **Gwangjang Market** is the first regular open market in Korea with more than 100 year-history. • Visitors can easily access the market from the Jongno 5(o)ga Station. • It has lots of delicious foods such as red bean soup, mung bean pancake, pig feet and raw beef. • Lots of people visit the market to buy traditional clothing necessary for wedding or ritual ceremony, and so on. • Visitors can buy a variety of items at a bargain and have a chance to haggle. • I recommend visitors to eat a variety of snacks including *Bindaetteog* which is pancake made with mung beans. • Secondly, **Tongin Market** was formed with the growing population in the western part of Gyeonbokgung Palace. • Visitors can approach the market on foot from Gyeongbokgung Station. • Tongin Market has lots of food restaurants and sells products such as vegetables, fruits, fishes, and meats. • It is packed with shops selling underwear or shoes, and mending apparels, bags and shoes. • The market has been running a 'lunch box cafe' called *Dosirak* cafe since 2012. • Visitors should purchase traditional coins called *Yeopjeon* to buy lunch boxes. • Oil *tteogbokki*, stir-fried rice cake, is another popular snack in this market
Dongdaemun Design Plaza	• **DDP** is a multi-cultural complex located at Dongdaemun History & Culture Park Station in Seoul, Korea. • It was established in 2014 with the slogan 'Dream, Design, Play. • The DDP was designed by the late Zaha Hadid, an Iraqi-born British architect. • Hadid designed DDP focusing on the dynamism of the Dongdaemun area and reflecting the historical, cultural, social, and economic characteristics of the Dongdaemun area. • DDP has played a leading role through diverse cultural events such as exhibitions, fashion shows, product launch shows, forums and conferences. • DDP has a dream to be the hub of the design and fashion industry that will expand to Asia and the world. • It is a very popular tourist destination where many foreigners and locals visit all year round.

서울의 전통시장	• 서울에는 광장시장, 통인시장, 동대문시장 등 전통시장이 매우 많다. • 그중에서 유명한 전통시장 두 곳을 소개하고자 한다. • 첫째, **광장시장**은 100년 이상의 역사를 가진 우리나라 최초의 상설시장이다. • 종로5가역에서 쉽게 시장에 접근할 수 있다. • 팥죽, 녹두전, 족발, 생고기 등 맛있는 음식이 많다. • 결혼식이나 제사 등에 필요한 전통 의복을 사기 위해 많은 사람들이 시장을 찾는다. • 저렴한 가격에 다양한 제품을 살 수 있으며 흥정도 가능하다. • 빈대떡을 비롯해 다양한 맛의 간식을 먹어 볼 것을 추천한다. • 둘째, **통인시장**은 경복궁 서쪽에 인구가 증가함에 따라 형성되었다. • 경복궁역에서 걸어서 시장까지 갈 수 있다. • 통인시장에는 많은 음식점이 있으며, 야채, 과일, 생선, 고기 등의 제품을 판매한다. • 시장에는 속옷가게, 구두가게, 옷·구두·가방·수선점 등이 즐비하다. • 2012년부터는 도시락 카페를 운영하고 있다. • 도시락을 사려면 엽전이라는 전통 주화를 구입하여야 한다. • 기름 떡볶이는 이 시장에서 또 다른 인기 간식이다.
동대문 디자인 플라자 (DDP)	• DDP는 서울시 동대문역사문화공원역에 위치한 복합문화공간이다. • 2014년에 '꿈, 디자인, 놀이'라는 슬로건을 내걸고 설립되었다. • DDP는 이라크 태생의 영국 건축가 故 자하 하디드가 설계했다. • 하디드는 동대문 지역의 역동성과 역사문화·사회·경제적 특성을 반영하여 DDP를 설계하였다. • DDP는 전시, 패션쇼, 상품 론칭쇼, 포럼, 컨퍼런스 등 다양한 문화행사를 통해 선도적인 역할을 해 오고 있다. • DDP는 아시아와 세계로 뻗어 나갈 디자인·패션 산업의 허브가 되고자 하는 꿈을 갖고 있다. • 일 년 내내 외국인과 현지인이 많이 찾는 인기 관광지이다.

National Museum of Korea	• **The National Museum of Korea** is located in Yongsan-gu, Seoul. • We can enjoy six Permanent Exhibition Halls by era and theme, Special Exhibition Hall, Exhibition Commentary Programs, and Children's Museums. • There are many nationally designated cultural properties such as national treasures and treasures, and Prehistory and Ancient History Hall, Medieval and Early Modern History Hall, Sculpture and Craft Hall and World Art Gallery are located. • We can visit the museum throughout the year except on special holidays and it is recommended to visit after making an online reservation in advance.
National Hangeul Museum	• **The National Hangeul Museum** is located in Yongsan-gu, Seoul. • It opened on October 9, 2014 to create and promote the linguistic & cultural values of *Hangeul*, Korean Alphabet. • It is an exhibition space that helps people understand the principle of Hangeul, and is also an enjoyable place offering diverse opportunities for people of all ages and nationalities, with an emphasis on communication. • We can visit the museum throughout the year except on special holidays, and visitors are requested to make an online reservation in advance.
National Palace Museum of Korea	• **The National Palace Museum of Korea** is very closed to the entrance of Gyeongbokgung Palace an opened on August 15, 2005, to commemorate the 60th anniversary of Korea's independence. • The purpose of the museum is to help understand the cultural and history of the Joseon royal family and the imperial family of the Korean Empire. • We can tour royal cultural relics such as the Kings of the Joseon Dynasty, Joseon Palaces and Royal Court life. • We can visit the museum throughout the year except on special holidays, and it is recommended to make a reservation in advance.
National Folk Museum of Korea	• **The National Folk Museum of Korea** is located in Jongno-gu, Seoul. • Since its establishment in 1946, it represents daily life and culture of Korean and provide opportunities to better understand and experience the traditional Korean lifestyle. • It preserves about 131,000 artifacts (as of October 2017), including living, eating, main life, agriculture, and commerce. • We can visit the museum throughout the year except on special holidays.

국립 중앙 박물관	• 국립중앙박물관은 서울시 용산구에 위치하고 있다. • 시대와 주제별 6개의 상설전시관, 특별전시관, 전시해설프로그램, 어린이박물관 등을 둘러볼 수 있다. • 소장품 중에 국보와 보물 등 국가지정문화재가 많으며, 선사·고대관, 중·근세관, 조각·공예관, 세계문화관 등이 자리하고 있다. • 박물관 전시 관람은 명절 등 특별 휴관일을 제외하고 연중 관람이 가능하며, 온라인 사전 예약 후 이용하는 것이 좋다.
국립 한글 박물관	• 국립한글박물관은 서울시 용산구에 위치하고 있다. • 한글의 문자적·문화적 가치를 창출하고 널리 알리기 위해 2014년 10월 9일에 문을 열었다. • 한글의 원리 등 이해를 돕는 전시공간이며, 소통에 중점을 두고 남녀노소 누구에게나 다양한 기회를 제공하는 공간이다. • 박물관 관람은 명절 등 특별 휴관일을 제외하고 연중 관람이 가능하며 온라인 사전예약제로 운영된다.
국립 고궁 박물관	• 국립고궁박물관은 경복궁의 입구에 가까이 위치하고 있으며, 광복 60주년을 기념하여 2005년 8월 15일에 개관하였다. • 조선왕실과 대한제국 황실의 문화와 역사의 이해를 돕기 위해 운영되고 있다. • 조선시대 왕궁과 궁중생활 등 왕실 문화유적을 둘러볼 수 있다. • 명절 등 특별 휴관일을 제외하고 연중 관람이 가능하며 사전에 관람 예약을 하는 것이 좋다.
국립 민속 박물관	• 국립민속박물관은 서울시 종로구에 위치하고 있다. • 1946년 설립된 이래 한국인의 일상과 문화를 대변하고, 한국인의 전통 생활을 보다 잘 이해하고 체험할 수 있는 기회를 제공하고 있다. • 의생활, 식생활, 주생활, 농업, 상업 등 약 131,000점(2017년 10월 기준)의 유물을 소장하고 있다. • 명절 등 특별 휴관일을 제외하고 연중 관람이 가능하다.

Seoul's tourist attractions	• Seoul has mountains, rivers, urban spaces, and historical & modern facilities are harmonized. • Seoul's five palaces are spaces where we can travel in time to the Joseon Dynasty. • There is Bukchon Hanok Village between Gyeongbokgung Palace and Changdeokgung Palace, where we can see the appearance of a traditional Korean house. • Dongdaemun Design Plaza(DDP), a modern facility, is a place where we can experience various designs and fashion cultures. • Namsan N Tower and Jamsil Lotte World Tower are great places to enjoy the panoramic view of Seoul. • Insa-dong Traditional Culture Street offers a variety of traditional crafts, and is lined with restaurants and tea houses where we can taste traditional Korean food and traditional tea. • Cheonggyecheon Stream, which flows through downtown Seoul, is a space for relaxation and healing while taking a walk. • In addition, special tourism zones, such as Myeong-dong, Gangnam, and Jamsil have convenience facilities for foreigners and various things to enjoy.
Jogye Temple	• **Jogye Temple** is located near Insadong traditonal culture street, Jongro-gu, Seoul. • It is chief temple of the Jogye order which represents the Korean Buddhism. • Korean Jogye order is representative order of traditional Korean Buddishm with 1700 years of history. • Jogye order is based on the teaching of Surkgahmohnee Buddha and follows the order's doctrine of 'Directly pointing at one's mind. • Administrative Headquarters of the Jogye order of the Korean Buddhism has around 3,000 temples nationwide. • Jogye Temple was originally built in 1910 and bore the name of Gakhwangsa Temple by the monks longing for independence of the Korean Buddhism and recovery of Koreans' self esteem. • Name of the temple changed to Taegosa in 1938 and again to present Jogye Temple in 1954 in order to clear away the vestiges of Japanese colonial era. • The temple is well positioning itself as the chief temple of the order through remodeling of the Main Hall and construction of the One Pillar Gate.

서울의 관광지	• 서울은 산과 강, 도시공간이 함께하며, 역사적인 시설과 근대적인 시설들이 어우러져 있다. • 서울의 5대 궁은 조선시대로 시간여행을 할 수 있는 공간이다. • 경복궁과 창덕궁 사이에는 북촌한옥마을이 있어 한국 전통 한옥의 모습을 볼 수 있다. • 근대 시설인 동대문디자인플라자(DDP)는 다양한 디자인과 패션문화를 체험할 수 있는 곳이다. • 남산N타워와 잠실 롯데월드타워는 서울 시내 전경을 감상하기에 좋은 곳이다. • 인사동 전통문화의 거리는 다양한 전통 공예품을 쇼핑할 수 있고, 우리나라 전통음식과 전통차를 맛볼 수 있는 식당과 찻집들이 즐비하다. • 서울 도심을 흐르는 청계천은 가볍게 산책을 하며 휴식과 힐링의 공간이다. • 또한 명동, 강남, 잠실 등 관광특구는 외국인을 위한 편의시설과 다양한 즐길거리가 있다.
조계사	• 조계사는 서울 종로구 인사동 전통문화거리 근처에 위치한 사찰이다. • 대한불교를 대표하는 조계종 사찰이다. • 한국 조계종은 1700년 역사를 지닌 한국 전통불교계의 대표적인 것이다. • 조계종은 석가모니 부처의 가르침에 따른 것으로 마음을 직접 가리키라는 교리를 따르고 있다. • 대한불교조계종 행정본부는 전국에 3,000여 개의 사찰을 거느리고 있다. • 조계사는 1910년 창건된 사찰로 대한불교의 독립과 한국인의 자존심 회복을 염원하는 스님들이 건립한 사찰이다. • 일제 강점기의 흔적을 없애기 위해 1938년 태고사로, 1954년 조계사로 개칭하였다. • 본당의 리모델링과 일주문 건립을 통해 종주사로서의 입지를 굳혔다.

Nami Island	• **Nami Island**, located in Gapyeong, became an island with the construction of Cheongpyeong Dam in 1944. • The name of Nami Island comes from the folk story that General Nami was buried here in the early Joseon period. • In modern times, Nami Island has become famous as a tourist destination and many tourists visit every year. • "MBC Riverside Song Festival" was held here from 1979 to 1989, and in the 2000s, Nami Island was the filming location of drama "Winter Sonata" which led to the Korean Wave. • It is the only tourist destination along the Bukhangang River that can be accessed by ship. • It uses the concept of "Republic of Naminara" and has a variety of things to enjoy, including trails, restaurants, performance halls, gardens, rides, and souvenir shops. • In particular, the forest is well established, and Metasequoia Road is a good place for picnics. • There are also accommodation facilities including a hotel, family room and separate cabins.
Ganghwado Island	• **Ganghwado Island** is the fourth largest island among Korean islands and has many historical values. • Geographically, it is a key point close to Gaeseong, the capital of Goryeo, and Hanyaong (Seoul), the capital of Joseon and Korea. • The Goryeo military regime used it as the capital, and it was a symbol of exile during the Joseon Dynasty. • In modern and contemporary times, Korean people fought against the invasion of French and American forces, and it is famous for its Treaty of Ganghwa Island signing with Japan. • Large and small dolmen are distributed and it was listed as UNESCO World Heritage Sites. • Currently, we can feel the tension in the Northern part of Ganghwado Island because North Korean is across the Han River. • There is Maninsan Mountain, where Dangun performed a ritual ceremony, and Ganghwa rice and ginseng are famous. • Jeondeungsa Temple, Gwangseonbo Fortress, and Yeonmijeong Pavilion are must-see tourist attractions.

남이섬	• 가평에 위치한 남이섬은 1944년 청평댐이 건설됨에 따라 섬이 되었다. • 남이섬의 지명은 조선 초기 남이 장군이 묻혀 있다는 민간전승에 기인한 것이다. • 현대에 와서 남이섬은 관광지로 유명해졌으며 해마다 많은 관광객이 찾는 곳이다. • 1979년부터 1989년까지 「MBC 강변가요제」가 열린 곳이며, 2000년대는 드라마 「겨울연가」 촬영지로 한류 열풍을 일으킨 곳이다. • 북한강변 관광지 중 유일하게 선박으로만 접근이 가능하다. • "나미나라 공화국"이라는 컨셉을 쓰고 있으며, 산책로, 식당, 공연장, 정원, 놀이기구, 기념품점 등 다양한 즐길 거리가 있다. • 특히, 숲이 잘 조성되어 있고, 메타세쿼이아 길은 소풍 가기 좋은 곳이다. • 호텔, 가족룸, 오두막 별채 등 숙박 시설도 갖춰져 있다.
강화도	• 강화도는 우리나라 섬 중에서 네 번째로 큰 섬으로 많은 역사적 가치를 지니고 있다. • 지리상으로 고려의 수도였던 개성과 조선 및 대한민국의 수도인 한양(서울)과 가까운 요충지이다. • 고려 무신정권이 수도로 삼았으며, 조선시대에는 유배지의 상징이었다. • 근현대에는 프랑스 군대와 미국 군대의 강화도 침공에 맞서 싸웠고, 일본과 맺은 강화도 조약으로 유명한 곳이다. • 크고 작은 고인돌이 분포하여 유네스코 세계문화유산으로 등재되어 있다. • 현재는 한강 건너편이 북한이기 때문에 강화도 북부지역은 긴장감이 흐른다. • 단군이 제사를 지냈다는 마니산이 있고, 강화 쌀과 인삼은 유명하다. • 전등사, 광성보, 연미정은 꼭 둘러봐야 할 관광명소이다.

자주 나오는 문제

- 태극기에 대해 설명해 보세요.
- 비무장지대(DMZ)에 대해 설명해 보세요.
- 한국의 전통주에 대해 설명해 보세요.
- 한식의 특징은 무엇이며, 다른 나라 음식과 어떻게 다른가요?
- 풍물놀이와 사물놀이의 차이점은 무엇인가요?
- 한국의 지폐에 있는 인물 중 가장 존경하는 인물은 누구인가요?
- 북촌한옥마을과 남산골한옥마을의 차이점은 무엇인가요?
- 전주한옥마을을 소개해 보세요.
- 첫 번째와 마지막으로 지정된 국립공원, 경주국립공원에 대해 설명해 보세요.
- 제주 화산섬에 대해 설명해 보세요.
- 제주올레길에 대해 설명해 보세요.
- 서울의 전통시장을 설명해 보세요.
- 세종대왕에 대해 설명해 보세요.
- 이순신 장군에 대해 설명해 보세요.
- 서울을 소개해 보세요.
- 청계천을 설명해 보세요.
- 시티버스투어(City Tour Bus)의 장점과 단점을 설명해 보세요.
- 서울에 있는 박물관은 어떤 것이 있는지 설명해 보세요.
- 서울의 여행지를 소개해 보세요.
- 한국의 특산물을 소개해 보세요.
- 남이섬에 대해 설명해 보세요.

Chapter 4

유네스코 세계유산 등

UNESCO's World Heritage & etc.

UNESCO's Heritage	• **UNESCO** was founded in 1946 to promote world peace and security through international cooperation in education, the sciences, and culture. • It has 194 member states and Korea joined UNESCO in 1950. • To be designated as UNESCO's Heritage, there are some qualifications. • Outstanding universal value including integrity, authenticity, protection and management requirements is the main factor of UNESCO's registration. • To give an example of world cultural heritage, a subject must represent a masterpiece of creative artistic and must be old and unique or incredibly rare. • In addition, a subject that has contributed to the advancement of society, arts, science and technology, or industry is qualified to the criteria. • As of 2021, Korea has 52 UNESCO's world heritage including tangibles and intangibles.
State-designated Heritage	• **National treasure** is heritage of a rare and significant value in terms of human culture and with an equivalent value to treasure. • **Treasure** is tangible cultural heritage of important value, such as historic architecture, ancient books and documents, paintings, sculpture, handicraft, archeological materials and armory. • **Historic site** is places and facilities of great historic and academic values that are specially commemorable such as prehistoric sites, fortresses, ancient tombs, dolmens, temple sites and etc. • **Natural monument** is animals, plants, minerals, caves, geological features, biological products and special natural phenomena which have great historic, cultural, scientific, aesthetic or academic values. • **National intangible cultural heritage** is drama, music, dance and craftmanship which have great historic, artistic, aesthetic or academic values. • **National folklore cultural heritage** is clothing, implements and houses used for daily life and businesses, transportation and communications, entertainment and social life, and religious or annual events, that are highly valuable for the understanding of the transition in people's lifestyle and more.

유네스코 (UNESCO) 유산	• 유네스코는 1946년 교육, 과학, 문화의 국제간 협력을 통해 세계평화와 안전을 증진하기 위해 설립되었다. • 194개 회원국이 있으며, 한국은 1950년에 유네스코에 가입하였다. • 유네스코 유산으로 지정되려면 몇 가지 지정요건이 있다. • 완전성, 진정성, 보호 및 관리요건을 포함한 탁월한 보편적 가치가 유네스코 등재의 주요 요소이다. • 세계문화유산을 예로 들면, 대상은 창조적인 예술 작품의 걸작을 대표해야 하며, 오래되고 독특하거나 놀라울 만큼 희귀해야 한다. • 또한, 사회, 예술, 과학기술 또는 산업의 발전에 기여한 대상이 그 기준에 적합하다. • 2021년 현재, 우리나라는 유형과 무형을 포함하여 유네스코 유산 52개를 보유하고 있다.
국가 지정 유산	• **국보**는 인류 문화적으로 드물고 중요한 가치를 지닌 유산이며, 보물과 동등한 가치를 지닌다. • **보물**은 역사적 건축, 고서 및 문서, 회화, 조각, 수공예, 고고학 자료, 무기고 등 중요한 가치가 있는 유형문화유산이다. • **사적**은 선사유적지, 성곽, 고분군, 고인돌, 사찰유적지 등 역사적·학술적 가치가 큰 장소와 시설이다. • **천연기념물**은 역사적·문화적·과학적·미학적 또는 학술적 가치가 큰 동식물·광물·동굴·지질적 특징·생물학적 산물·특이 자연현상을 말한다. • **국가무형문화유산**은 역사적·예술적·미학적·학문적 가치가 큰 드라마, 음악, 무용, 공예이다. • **국가민속문화유산**은 일상생활 및 사업, 교통 및 통신, 오락 및 사회생활, 종교 또는 연례행사에 사용되는 의류, 도구 및 주택으로 사람들의 생활양식의 변화 등에 대한 이해에 매우 중요하다.

Buddhism vs. Confucianism	• **Buddhism** was introduced to Korea during the Three Kingdoms period. • It contributed to the development of spiritual civilization and arts. • It was combined with traditional Korean culture and adjusted to the spirit of Korean people. • It was adopted by royal family as a means of securing their sovereignty. • Especially, Goryeo Dynasty considered Buddhism as a state religion. • Goryeo people made Palmandaejangyeong to cope with Mongolian invasion with the mercy of Buddha. • On the other hand, **Confucianism** was introduced to the Korean Peninsula before Buddhism as a learning subject in school. • But later, it was introduced as an ideology during the late Goryeo Dynasty and became ruling principles throughout the Joseon Dynasty. • The core principle of Confucianism is loyalty and filial piety. • Korea is pretty much influenced by Confucianism such as respecting elders and ancestors memorial services. • The tradition of Confucianism can be found in many Confusion academies across the country.
Three Jewels temples	• Three Jewels of Buddha are Buddha, Dharma, and Sangha. • And Three Jewels temples are Tongdosa Temple of Buddha, Haeinsa Temple of Dharma and Songgwangsa Temple of Sangha. • **Tongdosa Temple** was built by Jajangyulsa during the Silla Dynasty. • It is located in Yangsan, South Gyeongsang Province. • It has been named one of the most prestigious temples in Korea as a Headquarter of Gyeyuljong. • In the Daewoongjeon hall, there is no Buddha statue but Buddha's sarira is enshrined in the Diamond step called *Geumganggaedan*. • **Haeinsa Temple** was built by Suneung and Yijeong during King Aejang's reign of the Unified Silla Dynasty. • It's located in Gayasan Mountain of Hapcheon, South Gyeongsang Province. • This temple is related to Avatamsaka Sutra and enshrines Vairocana Buddha. • It keeps Tripitaka Koreana at Janggyeongpanjeon depository. • **Songgwangsa Temple** is located in Suncheon, South Jeolla Province. • It has produced 16 of the nation's most revered monks.

불교와 유교	• 불교는 삼국시대에 우리나라에 전해졌다. • 정신문명과 예술의 발전에 기여했다. • 한국의 전통문화와 결합되어 한국인의 정신에 맞춰졌다. • 왕실에는 왕권 보장을 위한 수단으로 채택되었다. • 특히, 고려는 불교를 국교로 여겼다. • 고려인들은 부처님의 자비로 몽골의 침략에 대응하기 위해 팔만대장경을 만들었다. • 한편, 유교는 불교가 전해지기 이전에 한반도에 학문의 한 분야로 전파되었다. • 이후 고려 후기에 이데올로기로 전해져 조선왕조의 통치원리가 되었다. • 유교의 핵심원리는 의리와 효도이다. • 한국은 어른 공경, 조상 제사 등 유교의 영향을 많이 받는다. • 유교의 전통은 전국의 많은 서원에서 찾아볼 수 있다.
삼보사찰	• 삼보는 불보, 법보, 승보를 말한다. • 삼보사찰은 불보(佛寶)인 통도사, 법보(法寶)인 해인사, 승보(僧寶)인 송광사가 있다. • **통도사**는 신라의 자장율사가 지은 사찰이다. • 경상남도 양산시에 위치하고 있다. • 계율종의 본부로 국내 최고 권위의 사찰로 손꼽히고 있다. • 대웅전에는 불상이 없고, 금강계단에 부처의 사리가 모셔져 있다. • **해인사**는 통일신라 애장왕 때 순응과 이정에 의해 건립된 사찰이다. • 경상남도 합천 가야산에 있다. • 이 절은 화엄경과 관련된 사찰로 비로자나불이 모셔져 있다. • 장경판전에 팔만대장경을 보관하고 있다. • **송광사**는 전라남도 순천시에 있는 사찰이다. • 국내에서 가장 존경받는 16명의 스님을 배출했다.

Three fundamental principles and five moral disciplines	• **Three fundamental principles** are *Gunwiesingang, Buwiejagang, Buwiebugang* in Korean. • It is about relationship and behaving in a virtuous manner between the king & subject, father & son, and husband & wife. • And, **five moral disciplines** are *Gunsinyueui, Bujayuchin, Bubuyubyeol, Jangyuyuseo, and Bungwooyusin.* • This means that the duty of the king and servant is to be **justice**, that of the father and son is to be **affectionate**, that there is **etiquette** between husband and wife, that there must be **order** between the old and the young, and that of the friends is to be in **faith**.
The Northeast Project	• **The Northeast Project** refers to a study project concerning history and phenomenon of Northeast border of China. • The project was conducted from 2002 to make all histories within China's border into its own history. • From the past, Korea and China was very closely related in terms of history and culture. • So, Korea and China influenced and shared their cultures. • But Korea recreated its own culture even after some culture was introduced from China. • For example, Korean people used Chinese character Hanja before *Hangeul,* Korean alphabet was created. • In these days, some of Chinese netizens argue the *Hanbok*, Korean traditional clothing is very similar to their Hanfu. • And they insist that hanbok came from China. • But, hanbok, traditional Korean clothes were found in Goguyeo murals like 'Muyongdo'. • Therefore, I believe hanbok is clearly our own traditional cloth. • Regarding the Northeast Project, I think not only the Korean government but also we as Korean people need to be concerned about our history and keep an eye on it.

삼강오륜	• 삼강은 군위신강(君爲臣綱), 부위자강(父爲子綱), 부위부강(夫爲婦綱)을 말한다. • 이것은 임금과 신하, 어버이와 자식, 남편과 아내 사이에 마땅히 지켜야 할 도리이다. • 오륜은 군신유의(君臣有義), 부자유친(父子有親), 부부유별(夫婦有別), 장유유서(長幼有序), 붕우유신(朋友有信)이다. • 이것은 임금과 신하의 도리는 의리에 있고, 아버지와 아들 사이의 도리는 애정에 있으며, 남편과 아내 사이에는 서로 지켜야 할 에티켓이 있고, 어른과 어린이 사이에는 차례와 질서가 있어야 하며, 벗의 도리는 믿음에 있음을 뜻한다.
동북공정	• 동북공정은 중국 동북 국경의 역사와 현상에 관한 연구사업을 말한다. • 이 프로젝트는 중국 국경 내 모든 역사를 중국의 역사로 만들기 위해 2002년부터 실시되었다. • 과거부터 한국과 중국은 역사와 문화 면에서 밀접한 관계가 있었다. • 그래서 한국과 중국은 그들의 문화에 영향을 끼치고 공유했다. • 중국에서 일부 문화가 유입된 뒤에도 한국은 독자적인 문화를 재창조했다. • 예를 들어, 한국 사람들은 한글이 만들어지기 전에 한자를 사용했다. • 요즘 일부 중국 네티즌들이 한국의 전통 한복이 중국의 한푸와 매우 비슷하다고 주장한다. • 그리고 그들은 한복이 중국에서 왔다고 주장한다. • 그러나 한복은 「무용도」 같은 고구려 벽화에서 발견되었다. • 따라서 한복은 분명히 우리 고유의 전통 의상이라고 생각한다. • 동북공정과 관련하여 대한민국 정부뿐만 아니라 국민은 우리 역사에 대해 관심을 갖고 주의를 기울일 필요가 있다고 생각한다.

Dancheong	• **Dancheong** refers to traditional decorative coloring patterns applied on buildings and artifacts. • It literally means red and blue and used to protect building's surfaces and conceal crudeness of materials. • Five basic colors such as red, blue, white, black, and yellow, are used as *Obangsaek* in Korean based on the principle of Yin and Yang, and five elements. • Dancheong is little different in terms of colors and patterns depending on regions. • We can see Dancheong easily from buildings of palaces and temples.
Haetae (Hachi)	• **Haetae** (Haechi) is an imaginary animal which can recognize the good or evil. • It's said that Haetae's body is muscular and shaped like a lion and has a horn on its forehead. • It has a bell in its neck and the body is covered with sharp scales. • It's sculpture were used in front of palaces during the Joseon period. • People believed that the image of Haetae could protect the capital of the Joseon Dynasty from natural disasters and to give law and order among people.
Ilwol-obongdo	• **Ilwol-obongdo** is a folding screen behind the throne painted with sun and moon, five peaks representing king's power and dignity. • It is a very important painting related to ceremonies in the courts of Joseon period. • Currently, we can see them in the main hall of palaces and a few places including the National Palace Museum of Korea.
Sipjangsaeng	• **Sipjangsaeng** mean ten symbols of longevity such as the sun, the moon or clouds, mountain, rocks, water, pine tree and so on. • It was widely used among people as well as in royal palaces during the Joseon period. • Sipjangsaeng were used in handcrafts such as ceramics, folding screen, and household items such as hanbok and pillows.

단청	• 단청은 건물이나 공예품에 적용되는 전통적인 장식적 색채 문양을 말한다. • 단청은 문자 그대로 빨강색과 파란색을 의미하며, 건물을 표면을 보호하고 재료의 흠을 감추기 위해 사용된다. • 음양오행의 원리에 따라 빨강색, 파란색, 하얀색, 검정색, 노란색 등 5가지 기본색이 오방색으로 사용된다. • 단청은 지역에 따라 색상과 문양이 다르다. • 궁궐과 사찰의 건물에서 단청을 쉽게 볼 수 있다.
해태 (해치)	• 해태(해치)는 선악을 인식할 수 있는 상상의 동물이다. • 해태의 몸은 근육질이고 사자 모양이며 이마에 뿔이 있다고 한다. • 목에 방울이 달려 있고 몸체는 날카로운 비늘로 덮여 있다. • 조선시대에는 궁궐의 앞에 해태의 조각상이 사용되었다. • 사람들은 해태의 이미지가 자연재해로부터 조선의 수도를 보호하고 사람들에게 법과 질서를 줄 수 있다고 믿었다.
「일월오봉도」	•「일월오봉도」는 왕의 권세와 위엄을 상징하는 해와 달, 다섯 개의 봉우리가 그려진 어좌 뒤의 병풍이다. • 조선시대 궁중의 의식과 관련된 중요한 그림이다. • 현재, 궁궐의 정전과 국립고궁박물관 등 몇 군데에서 볼 수 있다.
십장생	• 십장생은 태양, 달 또는 구름, 산, 바위, 물, 소나무 등 장수의 10가지 상징이다. • 조선시대 궁궐뿐만 아니라 사람들 사이에서도 널리 사용되었다. • 도자기, 병풍 등 수공예품과 한복이나 베개 등 생활용품에서도 십장생 문양이 사용되었다.

Japsang	• **Japsang** are *tous,* the image of a person or animal made of soil, located on the sloping roof ridges of tiled roofs. • They prevent fire or disaster in the palace and pray for the king's safety. • Their shapes are lion, monkey, pig, and an imaginary animals such as a haechi. • Gyeonghoeru Pavilion has 11 Japsang while Geunjeongjeon, the main hall of Gyeonbokgung Palace, has 7 Japsang on the roof ridges.
Sacheon-wang, Four Heavenly Kings	• Originally, ***Sacheonwang***, Four Heavenly Kings, were kings of ghosts who were revered in ancient Indian religions. • But, they returned to Buddhism and became a guardian of Buddha and Buddhism. • They each lived in the middle of Sumisan Mountain, protecting four directions such as East, West, South, and North. • Among the Four Heavenly Kings, **King Jigukcheon** protects the East. • He is holding a bifa in his hands. • The god defending the West is **King Gwangmokcheon**. • His right hand holds a **dragon** just below his chest, and his left hand often holds a dragon's *Yeouiju.* • **King Jeungjangcheon** protects the South. • His right hand holds a knife. • **King Damuncheon** protects the North. • He holds a trident in his right hand and a stupa in his left hand.
Four guardians	• **Sasin** mean the four guardians of the universe or guardians of the four cardinal directions. • They are four imaginary animals such as 'blue dragon' of East, 'white tiger' of West, 'red phoenix' of South, and 'black tortoise' of North. • Each one is closely related with colors, seasons, five elements, and Confucian principles. • And they were used for decorating certain spaces or objects with the meaning of defense, such as the interior of the ancient tomb and buildings.

잡상 (雜像)	• 잡상(雜像)은 기와지붕의 경사진 마루 위에 있는 장식된 토우(土偶)이다. • 잡상(雜像)은 궁궐의 안정과 화재나 재난을 막고, 임금의 무사(無事)를 기원하는 의미를 지니고 있다. • 잡상(雜像)의 모양은 사자, 원숭이, 돼지 등 동물과 해치 등 상상 속의 동물이다. • 경복궁 정전인 근정전은 7개의 잡상(雜像)이 있는 반면, 경회루는 11개의 잡상(雜像)이 지붕 능선에 있다.
사천왕 (四天王)	• 원래 사천왕(四天王)은 고대 인도 종교에서 존경받는 귀신의 왕이었다. • 그러나 불교로 돌아와 부처와 불교의 수호신이 되었다. • 이들은 각각 동쪽, 서쪽, 남쪽, 북쪽 등 네 방향을 지키며 수미산 중턱에 살았다. • 사천왕 중에서 지국천왕(持國天王)이 동쪽을 지킨다. • 손에는 비파를 들고 있다. • 서쪽을 지키는 것은 광목천왕(廣目天王)이다. • 오른손은 용을 가슴 바로 아래에 들고, 왼손은 여의주를 들고 있는 경우가 많다. • 증장천왕(增長天王)은 남쪽을 지킨다. • 오른손에 칼을 들고 있다. • 다문천왕(多聞天王)은 북쪽을 지킨다. • 오른손에 삼지창과 왼손에는 보탑을 들고 있다.
사신 (四神)	• 사신(四神)은 우주의 4대 수호자 또는 4대 방향의 수호자를 말한다. • 동쪽의 청룡(푸른 용), 서쪽의 백호(하얀 호랑이), 남쪽의 주작(붉은 봉황), 북쪽의 현무(검은 거북이) 등 4대 상상의 동물이다. • 각각의 색, 계절, 오행, 유교적 원리와 밀접한 관련이 있다. • 그리고 사신은 고분 내부와 건물과 같은 방어적인 의미를 지닌 특정한 공간이나 물건을 장식하는 데 사용되었다.

Hongsalmun Gate	• **Hongsalmun Gate** is a red gate with a spiked top and also known as the Hongmun Gate. • The name *Hongsalmun* was called because of the red color of the pillars and the arrow-shaped woodwork installed at the top. • It is a special-shaped gate with two big beams without a roof and has a trident with *Taegeuk* shapes decorations. • The red color is believed to mean defeating evil spirits and attacking bad luck with an arrow and trident. • Hongsalmun Gate was installed in Seowon or Hyanggyo, and in front of royal tombs. • It was also set up in the houses or villages where royal subjects, young women who dedicated themselves to their husbands, and filial piety were produced. • It has the meaning of protecting the sacred place.
Traditional totems	• Traditional totems called **Jangseung** are a person's head-shaped pillar erected at the entrance of a temple or village in Korea. • They are mainly made with stones or woods. • The function of Jangseung is to serve as a boundary mark between villages as well as a guardians of villages. • They are usually paired with male and female. • Male totem means "*Cheonhadaejanggun*" or "Great General of All under Heaven" while female totem represent "*Jihayeojanggun*" or "Great General of the Underworld."
Templestay	• **Templestay** is a unique cultural program that visitors can experience the life of Buddhist practitioners at traditional temples. • It has 'One-day Templestay', 'Experience-oriented Templestay', and 'Rest-oriented Templestay'. • The program of Templestay is comprised of temple tour, Yebool, Cham-Seon, Da-Seon, and Balwoogongyang. • Firstly, Temple tour is not only visiting the Buddhist temple but experiencing Korean Buddhism and culture. • ***Yebool*** is a ceremony that we pay respect to the Sakyamuni Buddha, Bodhisattvas and all his disciples. • ***Cham-Seon*** (Seon meditation) is to cut off all thoughts and we can learn mindfulness and concentration. • ***Da-Seon*** (Tea Ceremony) is one of the meditations to practice of mindfulness and concentration through brewing and drinking tea. • ***Balwoogongyang*** (monastic meal) is a traditional way of eating a meal for Buddhist monks and nuns. • Lastly, we can experience various Korean traditional culture linked with historical characteristics of Buddhist temple.

홍살문	• 홍살문은 윗부분이 뾰족하고 홍문이라고도 불리는 붉은 문이다. • 홍살문이라는 이름으로 부르게 된 것은 기둥의 색을 붉은색으로 칠했고 상부에 설치한 화살 모양의 나무살 때문이다. • 지붕이 없는 두 개의 큰 대들보가 있는 특별한 모양의 문양으로 태극 문양 장식이 달린 삼지창을 갖고 있다. • 붉은색은 악령을 물리치고 화살과 삼지창으로 불운을 공격한다는 의미를 가진 것으로 믿어진다. • 홍살문은 서원 또는 향교, 왕족의 무덤 앞에 설치되었다. • 충신, 열녀, 효자 등을 배출한 집안이나 마을에도 홍살문을 설치하도록 했으며, 신성시되는 장소를 보호하는 의미를 가지고 있다.
장승	• 장승은 한국의 절이나 마을 입구에 세운 사람의 머리 모양의 기둥이다. • 주로 돌과 나무로 만들어진다. • 장승의 기능은 마을의 경계표이자 수호신 역할을 하는 것이다. • 보통 남성과 여성이 짝을 이룬다. • 남성 장승은 '천하대장군'을 의미하며, 여성 장승은 '지하여장군'을 의미한다.
템플스테이	• 템플스테이는 전통 사찰에서 스님들의 생활을 체험할 수 있는 독특한 문화 프로그램이다. • 원데이 템플스테이, 체험형 템플스테이, 휴식형 템플스테이가 있다. • 템플스테이 프로그램은 사찰탐방, 예불, 참선, 다선, 발우공양으로 구성된다. • 첫째, 사찰탐방은 사찰을 방문하는 것뿐만 아니라 한국의 불교와 문화를 체험하는 것이다. • 예불은 석가모니불과 보살, 그리고 그의 모든 제자들에게 경의를 표하는 의식이다. • 참선은 모든 생각을 끊는 것이다. 참선을 통해 마음가짐과 집중력을 배울 수 있다. • 다선은 차를 끓이고 마시는 것을 통해 마음가짐과 집중을 실천하기 위한 명상 중 하나이다. • 발우공양은 승려의 전통적인 식사 방식이다. • 마지막으로 사찰의 역사적 특성과 연계된 다양한 한국 전통문화를 체험할 수 있다.

Gyeongbok-gung Palace	• **Gyeongbokgung Palace** was built as a main palace in 1395, three years after the Joseon Dynasty was founded by King Taejo. • Gyeongbokgung Palace has the meaning of the "Palace Greatly Blessed by Heavens". • It was built on level ground and rectangular shaped based on planning and specifications to meet the requirement of the capital city. • Along the central axis upon which Gwanghwamun Gate stands, important buildings including the throne hall and king's residence are aligned to show grand scale and dignity of the main palace. • It was destroyed during Japanese invasion of 1592-'98 and was left in ruin for the next 273 years. • It was finally reconstructed in 1867 during King Gojong's reign but it was markedly different from the original. • During the Japanese occupation, the Japanese Government-General building was constructed in front of the main sector of the palace. • An effort to fully restore Gyeongbokgung Palace has been ongoing since 1990. • The Japanese Government-General building was finally removed in 1995, and many buildings including royal living quarters were also restored to their original state.
Geunjeongjeon Hall	• **Geunjeongjeon Hall** is the throne hall of Gyeongbokgung Palace. • It is the largest and most formal hall in the palace and is a national treasure in Korea. • Geunjeonjeon means "Diligence will help manage the state affairs properly". • The hall was used as a venue for various royal and state events such as the coronation of Joseon kings and reception of foreign envoys. • The hall is seemingly a two-story building but it is one hall with a high ceiling if we look it from the inside. • Behind the throne is a wall screen painted with the sun, moon and a five peak mountain called *Ilwolobongdo*, which represents king's power.
Gyeonghoeru Pavilion	• **Gyeonghoeru Pavilion** is a two-story pavilion and the largest elaborated pavilion in Korea. • The first floor consists of 48 granite stone pillars and second one is a wooden floor. • It was used as a place for various state events such as royal banquets and receptions of foreign envoys. • It was entirely destroyed in 1594 during the Japanese invasion and restored during King Gojong's reign. • It was designated as National Treasure in Korea.

경복궁	• 경복궁(景福宮)은 태조가 조선을 건국한 지 3년 만인 1395년에 법궁으로 건립되었다. • 경복궁은 '하늘의 큰 축복을 받는 궁궐'이라는 의미를 갖고 있다. • 수도로서의 요건에 맞춰 계획 및 규격에 따라 평평한 지면에 직사각형 모양으로 지어졌다. • 광화문이 서 있는 중심축을 따라 정전과 왕의 거처 등 중요한 건물들이 나란히 배치되어 법궁의 규모와 위엄을 보여 준다. • 1592~1598년 임진왜란 때 소실되어 그 후 273년 동안 폐허로 남아 있었다. • 고종 때인 1867년에 중건되었으나 원래의 것과는 확연히 달랐다. • 일제 강점기 때는 일본총독부 청사가 궁궐의 주요 건물 앞에 세워졌다. • 경복궁을 완전히 복원하려는 노력은 1990년 이후 계속되고 있다. • 1995년에 일본 총독부 청사가 마침내 철거되었고, 왕실의 거처 공간 등 많은 건물이 원상 복구되었다.
경복궁 근정전	• 근정전(勤政殿)은 경복궁의 정전이다. • 궁궐 내에가 가장 크고 형식적인 건물로 한국의 국보이다. • 근정전은 '근면함은 국정을 제대로 다스리는 데 도움이 된다'는 뜻이다. • 조선왕조 즉위식, 외국사신 접견 등 왕실 및 국가 행사장으로 사용되었다. • 외견상으로는 2층 건물이지만 내부에서 보면 천장이 높은 1층 건물이다. • 어좌 뒤에는 해와 달, 다섯 봉우리가 그려진 「일월오봉도」 병풍이 왕의 권위를 보여 준다.
경복궁 경회루	• 경회루(慶會樓)는 2층 누각으로 가장 큰 규모의 건물이다. • 1층은 화강암 기둥 48개로 되어 있고, 2층은 목재 마루로 되어 있다. • 왕실 연회, 외국 사절 접견 등 다양한 국가 행사의 장소로 사용되었다. • 임진왜란 때 소실되어 고종 때 복원되었다. • 한국의 국보로 지정되었다.

Changdeok-gung Palace	• **Changdeokgung Palace** was built in 1405 by King Taejong, the third ruler of the Joseon Dynasty as a detached palace. • Changdeokgung literally means "the palace of prosperous virtue". • All palaces in Seoul were burnt down during the Japanese invasion in 1592 and Changdeokgung Palace was firstly rebuilt in 1610. • Since then, it became the main palace for about 270 years where 13 kings including the last monarch stayed at this palace. • It is a typical Korean-style palace located at the foot of a mountain and is harmonized with surrounding nature. • This created a more relaxed atmosphere, while maintaining the dignity of a royal palace • Changdeokgung Palace is relatively well preserved than other palaces. • It was designated as a UNESCO World Heritage Site in 1997.
The Rear Garden of Changdeok-gung Palace	• **The Rear Garden of Changdeokgung Palace** was the royal family's secret garden and called forbidden garden as well. • When it was constructed first, it was a just a small garden. • Later, King Sejo expanded this garden, it became larger and several buildings were added by kings. • It showcases the traditional and unique gardening. • There are several different style pavilions and artificial ponds such as Buyongji, Gwanramji, and Aeryeonji. • This rear garden was used as a place for composing poetry, a venue for banquets, etc.
Nakseonjae	• **Nakseonjae** was constructed as quarters where the king read books and rested. • It is said that King Heonjong of the Joseon Dynasty built this building for his concubine Gyeongbin Kim. • This is where King Yeongchin lived from 1963 to 1970 and his wife Yi Bang-ja stayed from 1966 to 1989. • Princess Deokhye, the only daughter of King Gojong also lived in Sugangjae from 1968 to 1989. • Unlike other buildings in the palace, it was constructed without *Dancheong*, colorful paint decoration. • It has great historical and architectural value in that it shows the accumulated skills of artisans in the late Joseon Dynasty.

창덕궁 (1997)	• 창덕궁(昌德宮)은 1405년 조선의 제3대 왕인 태종이 이궁(離宮)으로 지은 궁궐이다. • 문자 그대로 '덕이 번창하는 궁궐'이라는 의미를 지니고 있다. • 서울의 모든 궁궐이 임진왜란으로 소실되었고, 1610년 창덕궁이 처음으로 재건되었다. • 그 후 약 270년간 법궁이 되어 마지막 왕을 포함하여 13명의 왕이 머물렀다. • 산기슭에 위치한 전형적인 한국식 궁궐로 주변 자연과 조화를 이룬다. • 궁궐의 위엄을 유지하면서도 편안한 분위기를 연출한다. • 창덕궁은 다른 궁궐에 비해 보존 상태가 비교적 양호하다. • 1997년에 유네스코 세계문화유산으로 지정되었다.
창덕궁 후원	• 창덕궁 후원은 왕실의 비밀정원으로 금단(禁斷)의 정원이라고도 불렸다. • 처음 지어졌을 때는 작은 정원이었다. • 이후 세조가 이 정원을 확장하면서 규모가 커졌고, 여러 채의 건물이 증축되었다. • 전통적이고 독특한 정원 가꾸기를 보여준다. • 다양한 형태의 누각과 부용지, 관람지, 애련지 등 인공 연못이 있다. • 시를 짓거나 연회를 여는 등의 장소로 이용되었다.
낙선재	• 낙선재(樂善齋)는 왕이 책을 읽고 휴식하는 공간으로 조성되었다. • 조선의 헌종은 이 건물을 후궁인 경빈 김씨를 위해 지었다고 한다. • 1963년부터 1970년까지는 영친왕이, 1966년부터 1989년까지는 부인 이방자 여사가 머물던 곳이다. • 그리고, 고종의 외동딸인 덕혜옹주는 1968년부터 1989년까지 수강재에서 살았다. • 여느 궁궐 내 건물과 달리 단청을 하지 않고 건축하였다. • 조선 후기 장인들의 축적된 기량을 확인할 수 있는 건축물이라는 점에서 역사적·건축적 가치가 크다.

Deoksugung Palace	• **Deoksugung Palace** was built as a private residence for Prince Wolsan, the brother of the 9th King Seongjong of the Joseon Dynasty. • In 1593, King Seonjo took this palace as a temporary palace when he came back from Euju. • It was used as a detached palace after Gwanghaegun named it as Gyeongwoongung. • After completion of Changdeokgung, the royal family moved to Changdeokgung Palace and Gyeongwoongung was used as a detached palace. • In 1897, King Gojong chose this palace as his official residence after he came back from Russian Legation. • And King Gojong declared 'Daehan Empire' to show independence to foreign countries. • Emperor Sunjong renamed it as Deoksugung aftter Emperor Gojong stepped down from the throne. • The name Deoksugung Palace means "Palace of virtue and longevity" in the spirit of praying for long life for Emperor Gojong. • Deoksugung Palace is virtually two palaces having a Korean traditional complex and a Western-style palace complex. • Deoksugung Palace was damaged and became smaller after Emperor Gojong passed away in 1919.
Deoksugung Seokjojeon	• **Seokjojeon** is the only western-styled stone building in the palace. • Seokjojeon was built as a Neo-classical style and it is three-story building. • The ground floor was used as a living room. • The first floor was used for reception room and hall. • And the second floor was used as a bedroom, living room, and study room for the Emperor. • After Korea was liberated in 1945, the US-USSR joint commission was held here to discuss the establishment of the Korean government. • After the Korean War, it became the National Museum of Korea, then was used as the Royal relics exhibition hall from 1992 to 2004. • Currently, it is used as Daehan Empire History Museum.

덕수궁	• 덕수궁(德壽宮)은 조선 제9대 성종의 동생인 월산대군의 사저로 건립되었다. • 1593년 선조가 의주에서 돌아오자 이 궁궐을 임시 궁궐로 삼았다. • 광해군이 경운궁이라 칭한 후 이궁(離宮)으로 사용되었다. • 창덕궁이 완공된 후, 왕실은 창덕궁으로 옮겨졌고, 이궁(離宮)으로 사용되었다. • 1897년 고종은 러시아 공사관에서 돌아온 후 이 궁궐을 관저로 삼았다. • 그리고 외국에 독립을 보여 주기 위해 '대한제국'을 선포했다. • 순종은 고종황제가 물러난 후 덕수궁으로 개칭하였다. • 덕수궁이란 이름은 고종 황제의 장수를 기원하는 의미에서 '덕과 장수의 궁궐' 이라는 뜻이다. • 덕수궁은 사실상 한국전통단지와 서양전통단지를 갖춘 두 개의 궁궐이다. • 덕수궁은 1919년 고종 황제가 세상을 떠난 후 훼손되고 작아졌다.
덕수궁 석조전	• 석조전(石造殿)은 궁궐 중에서 유일한 서양식 석조 건물이다. • 신고전주의 양식으로 지어졌으며 3층 건물이다. • 지층은 거실로 사용되었다. • 1층은 응접실과 홀로 사용되었다. • 2층은 황제의 침실, 거실, 서재로 사용되었다. • 1945년 한국이 해방된 후, 한국정부 수립 논의를 위해 〈미·소 공동위원회〉가 이곳에서 열렸다. • 6.25 전쟁 이후 국립중앙박물관이 되었고, 1992년부터 2004년까지 궁중유물 전시관으로 사용되었다. • 현재는 대한제국역사관으로 사용되고 있다.

Changgyeong-gung Palace	• **Changgyeonggung Palace** was built after King Sejong's ascension to the throne to honor King Taejong, and its original name was Sugangung. • Later, King Seongjong enlarged it for three queen dowagers Sohye, Ansun and Jeonghee and changed its name into Changgyeonggung. • Changgyeonggung has a meaning of "glorious blessing". • It was destroyed during the Imjin war (Japanese Invasion of Joseon in 1592~1598), and rebuilt in 1616. • During the Japanese occupation, they built a zoo and botanical garden, and downgraded the name to Changgyeongwon. • Later, it was restored and the name was changed back to Changgyeonggung.
Gyeonghuigung Palace	• **Gyeonghuigung Palace** was completed during the reign of Gwanghaegun in 1620 and its name was Gyeongdeokgung. • Its name was changed into Gyeongheegung during King Injo's reign. • Gyeonghuigung was called the West Palace according to its geological location. • After the Japanese invasion in 1592, Gyeonghuigung Palace was used as a detached palace. • Later, the palace was damaged due to fire and it was also destroyed during Japanese occupation. • After the national liberation in 1945, Seoul High School was built on the site, where it remained until 1978. • The Korean government tried to restore it, but only 30 percent of the palace was recovered due to the city growth.
Difference between Gyeongbokgung and Changdeokgung	• Firstly, **Changdeokgung** was built as a detached palace whereas Gyeongbokgung was set up as a main palace of the Joseon Dynasty. • Secondly, Changdeokgung is a typical Korean style palace harmonized with surrounding nature, and well preserved than other palaces. • This is the main reason why Changdeokgung Palace was designated as UNESCO's World Cultural Heritage Site in 1997. • On the other hand, **Gyeongbokgung** was established based on the regulation and specification as a Main palace. • Important buildings are aligned symmetrically from the Gwanghwamun Gate to show a grand scale and dignity of Joseon Dynasty. • Lastly, Changdeokgung was used as the main palace for 273 years because Gyeongbokgung was left in ruin after being burnt down by Japanese invasion in 1592.

창경궁	• 창경궁(昌慶宮)의 원래 이름은 수강궁(壽康宮)으로 세종이 즉위하면서 상왕인 태종을 모시기 위해 지은 것이다. • 이후 성종은 소혜, 안순, 정희 세 명의 왕후를 위해 이를 확대하여 창경궁으로 개칭하였다. • 창경궁은 '영광스러운 축복'의 의미를 갖고 있다. • 임진왜란 때 소실되었다가 1616년에 재건되었다. • 일제강제기 때 일본은 동물원과 식물원을 짓고 창경궁의 이름으로 창경원으로 격하하였다. • 그 후 복원되어 다시 창경궁으로 이름이 바뀌었다.
경희궁	• 경희궁(慶熙宮)은 1620년 광해군 때 완성되었으며, 이름은 경덕궁이었다. • 인조 때 경희궁으로 이름이 바뀌었다. • 경희궁은 지리적 위치에 따라 서궁(西宮)으로 불렸다. • 임진왜란 이후 경희궁은 이궁(離宮)으로 사용되었다. • 나중에 화재로 인해 궁궐이 훼손되었고, 일제 강점기 때 소실되었다. • 광복 후인 1945년 서울고등학교가 건립되어 1978년까지 그 자리에 남아 있었다. • 한국 정부가 복구에 나섰으나 도시의 성장으로 궁궐의 30%만 복구되었다.
경복궁과 창덕궁의 차이점	• 우선, 경복궁은 조선왕조의 법궁(法宮)으로 건립된 반면 창덕궁은 이궁(離宮)으로 건립되었다. • 창덕궁은 주변의 자연과 조화를 이루며, 다른 궁궐보다 잘 보존되어 있는 전형적인 한국식 궁궐이다. • 1997년 창덕궁이 유네스코 세계문화유산으로 지정된 주요 이유이다. • 그러나, 경복궁은 법궁으로서의 규정과 규격에 따라 지어졌다. • 중요한 건물들이 광화문에서부터 대칭적으로 정렬되어 있어 조선왕조의 웅장한 규모와 위험을 보여 준다. • 마지막으로, 1592년 임진왜란으로 경복궁이 소실된 후 폐허가 되어 273년간 창덕궁이 법궁으로 사용되었다.

Jongmyo Shrine	• **Jongmyo** is the royal ancestral shrine of Joseon Dynasty. • The royal ancestral tablets of deceased kings and queens are enshrined and sacrificial rites are performed for them • Joseon Dynasty considered Jongmyo as a key facility as the palace, when they founded the Dynasty. • Jongmyo was built based on Confucian principles in 1395. • And there are two royal memorial halls, Jeongjeon and Yeongnyeongjeon. • Jeongjeon or the main hall is the largest among contemporary wooden structure in the world with the front facade 101 meters along 25 can. • It has 19 spirit chambers housing 49 spirit tablets of deceased kings and queens. • Yeongnyeongjeon or the Hall of Eternal Peace is a smaller annex built to accommodate the growing number of royal spirit tablets. • It contains 16 spirit chambers housing 34 spirit tablets. • At Jongmyo Shrine, a ritual ceremony is held every year for the ceased Kings and Queens. • It was designated as UNESCO's World Heritage site in 1995.
Royal Tombs of the Joseon Dynasty	• Koreans in the past believed their ancestors were the root of their existence and considered bloodline important. • With this in mind, the royal family of Joseon attached a special meaning to the tombs of their ancestors. • The sites where a hill meets a flatland, having its back protected by a hill and facing toward water were chosen as the royal tombs of Joseon based on geomantic principles. • In addition, the sites should be 4 kilometers or more from Hanyang but within 40 kilometers from it. • There are 40 Joseon royal tombs in Seoul and surrounding areas. • Royal tombs are composed of Burial area, Ritual area, and Entrance area. • The Burial Area is for the dead King, accompanied by the statue of civil officials and military officials. • The Ritual Area is the place where the living descendant pay tribute to the deceased. • The Entrance Area is a space for the management of the tomb and preparation of memorial rites. • The royal tombs were registered as UNESCO's world cultural heritage in 2009.

종묘 (1995)	• 종묘(宗廟)는 조선왕조의 사당이다. • 돌아가신 왕과 왕비의 신주를 봉안하고 제사를 지낸다. • 조선은 건국 당시 종묘를 궁궐과 마찬가지로 중요한 시설로 여겼다. • 종묘는 1395년에 유교적 원리에 따라 지어졌다. • 정전과 영녕전이 있다. • 정전은 25칸의 정면 101m로 현대 목조건물 중 가장 길다. • 19실(室)에 돌아가신 왕과 왕비 49위의 신주가 모셔져 있다. • 영녕전은 왕실의 신주가 점점 많아지는 것을 수용하기 위해 지은 작은 별당이다. • 34위 신주를 모시는 16실(室)이 있다. • 종묘에서는 매년 돌아가신 왕과 왕비의 제사를 모신다. • 1995년 유네스코 세계문화유산으로 지정되었다.
조선왕릉 (2009)	• 과거 한국인들은 조상이 존재의 뿌리라고 믿었고, 혈통을 중요하게 여겼다. • 이를 염두에 두고 조선 왕실은 선조들의 무덤에 특별한 의미를 부여하였다. • 풍수지리에 근거하여 언덕과 평지가 만나는 곳과 배산임수 지형이 조선왕릉으로 선정되었다. • 또한, 왕릉이 들어선 곳은 한양에서 4km 이상 떨어지고 40km 이내에 있어야 했다. • 서울과 주변 지역에 40기의 조선 왕릉이 있다. • 왕릉은 능침공간, 제향공간, 진입공간으로 이루어져 있다. • 능침공간은 죽은 왕을 위한 것으로, 문신석상과 무신석상이 함께 한다. • 제향공간은 살아 있는 후손들이 고인을 추모하는 곳이다. • 진입공간은 왕릉의 관리 및 제사 준비를 위한 공간이다. • 왕릉은 2009년에 유네스코 세계문화유산으로 등록되었다.

Gyeongju Historic Areas	• Gyeongju, the old capital of Silla Kingdom, embraces the vibrant spirit and aura of the millennium-long Kingdom. • Gyeongju has preserved its rich cultural heritage and ambience remarkably intact. • Gyeongju Historic Areas are composed of 5 Areas. • Firstly, **Mt. Nam Area** embraces hundreds of Buddhist treasures, including temple sites with Buddha images, stone pagodas, lanterns and lotus pedestals. • In **Weolseong Area**, there are the ruins of *Banwolseong* (Half Moon Fortress), the Palace of Crown Prince, and the main palace where most of the Silla kings lived. • In **Great Tumuli Park Area**, about 20 royal tombs are clustered, including the Tumuli Group of Hwangnam-dong, the Tumuli Group of Noseo-ri, and they represent the Silla tombs in terms of the scale of burial grounds and the quality of excavated relics. • In **Hwangyongsa Temple Area**, there was *Hwangyongsa* (Temple of Imperial Dragon), the largest and most splendid state temple of Silla. • Lastly, in **Mountain Fortress Area**, there is Myeonghwal Mountain Fortress built along its natural defensive line to protect the capital of Silla. • These 5 Areas are UNESCO's World Cultural Heritage Site.
Bulguksa Temple	• Located on a mid-slope of Tohamsan Mountain, **Bulguksa Temple** is recognized as a monumental workpiece of art. • Its construction work was started by Prime Minister Kim Daeseong during the reign of King Gyeongdeok and was completed during the reign of King Hyegong of Silla. • The temple embodies **Sakyamuni**'s world of suffering, **Amitabha** Buddha's Land of Happiness, and **Vairocana** Buddha's world of universal lotus flower. • The temple's overall layout is divided into two areas. • Firstly, the area centered on the Main Hall represents the land of Sakyamuni Buddha and present world. • This area includes Cheongungyo Bridge, Baeungyo Bridge, Jahamun Gate, Dabotap Pagoda, and Seokgatap Pagoda. • Secondly, the other area centered on Amitabha Buddha Hall stands for the west paradise of Amitabha and pure land. • The areas include Chilbogyo Bridge, Yeonhwagyo Bridge, and Anyangmun Gate. • This temple is UNESCO's World Cultural Heritage Site.

경주 역사지구 (2000)	• 신라의 옛 수도 경주는 천년왕국의 활기찬 정신과 분위기를 유지하고 있다. • 경주는 풍부한 문화유산과 분위기를 고스란히 간직하고 있다. • 〈경주역사유적지구〉는 5개 지역으로 구성되어 있다. • 먼저, **남산**은 불상, 석탑, 등불, 연꽃 받침 등 수백여 점의 불교 보물을 보유하고 있다. • **월성지역**에는 반월성의 유물이 있고, 태자궁, 대부분의 신라 왕이 살았던 법궁이 있다. • **대릉원 일대**에는 황남동 고분군, 노서리 고분군 등 20여 개의 왕릉이 모여 있으며, 매장지 규모와 출토유물의 질적 측면에서 신라의 무덤을 대표한다. • **황룡사 지역**에는 신라 최대의 사찰이자 가장 화려한 국가 사찰인 황룡사가 있었다. • 마지막으로 **산성 지역**에는 신라의 수도를 보호하기 위해 자연방어선을 따라 만들어진 명활산성이 있다. • 이 5개 지역은 유네스코 세계문화유산이다.
불국사 (1995)	• 토함산 중턱에 위치한 불국사는 기념비적인 예술 작품으로 인정받고 있다. • 경덕왕 때 김대성에 의해 착공되어 신라 혜공왕 때 완공되었다. • 사찰은 석가모니의 고난의 세계, 아미타불의 행복의 나라, 비로자나불의 만년 연꽃 세계를 형상화하였다. • 사찰의 전체적인 배치는 두 개의 영역으로 나뉜다. • 첫째, 본당 대웅전은 석가모니불의 땅과 현 세계를 상징한다. • 이 지역은 청운교, 백운교, 자하문, 다보탑, 석가탑 등을 포함한다. • 둘째, 아미타불을 중심으로 한 다른 지역은 아미타불의 서방정토와 순수한 땅을 상징한다. • 칠보교, 연화교, 안양문 등이 포함된다. • 불국사는 유네스코 세계문화유산이다.

Seokguram Grotto	• **Seokguram Grotto** is an artificial cave decorated with white granite stone on the mid-slope of Tohamsan Mountain. • It is one of the masterpieces built based on advanced geometric, architectural, and esthetic sense. • Its construction work was started in 751 during the reign of King Gyeongdeok and completed in 774 during the reign of King Hyegong. • It consists of two parts with front room and main room. • Rectangular shaped front room and round shaped main room are linked through a path. • The main Buddha placed inside the grotto is surrounded by a wall inscribed with 39 images including those of Bodhisativas, disciples, guardian deities and four heavenly kings. • This grotto has natural ventilation system to control temperature and humidity. • It was designated as the World Cultural Heritage Site by UNESCO in 1995.
Haeinsa Temple Janggyeong Panjeon, the Depositories for Tripitaka Koreana Woodblocks	• Haeinsa Temple built in 802 during the Unified Silla period is located on Mt. Gaya in Hapcheon, South Gyeongsang Province. • **Janggyeong Panjeon** was built to preserve Tripitaka Koreana during the early period of Joseon Dynasty. • The Depositories for the Tripitaka Koreana Wooldblocks are located on the highest temple ground. • Since the completion of buildings, they've never been destroyed. • The remarkable things about these buildings are the materials and method of construction. • It has natural ventilation system to control humidity and temperature, using charcoal, salt, lime powder and clay. • There are two sets of windows in different sizes at each wall to maximize natural ventilation. • It was designated as the World Cultural Heritage Site by UNESCO in 1995. • We can get a glimpse of our ancestors' brilliant wisdom and their advanced knowledge in science and construction technology.

석굴암 (1995)	• 석굴암은 토함산 중턱에 있는 흰색 화강암 돌로 지어진 인공동굴이다. • 선진화된 기하학적·건축적·미적 감각을 바탕으로 만들어진 걸작 중 하나이다. • 경덕왕 때인 751년에 착공하여 혜공왕 때인 774년에 완공되었다. • 전실(前室)과 본실(本室) 두 부분으로 구성되어 있다. • 직사각형 모양의 전실(前室)과 둥근 모양의 본실(本室)이 통로로 연결되어 있다. • 안쪽에 놓인 석가모니 부처의 주불(主佛)은 보살, 제자, 수호신, 사천왕 등 39개의 상이 새겨진 벽으로 둘러싸여 있다. • 온도와 습도를 조절하는 자연환기장치를 갖추고 있다. • 1995년 유네스코 세계문화유산으로 지정되었다.
해인사 장경판전 (1995)	• 해인사는 통일신라시대 802년에 건립된 것으로 경상남도 합천 가야산에 있다. • 해인사 장경판전은 조선 초기 팔만대장경을 보존하기 위해 건립된 것이다. • 장경판전은 해인사의 가장 높은 곳에 위치하고 있다. • 건물이 완공된 이후 한 번도 파괴된 적이 없다. • 이 건물에서 주목할 만한 것은 재료와 공법이다. • 숯, 소금, 석회가루, 점토를 이용하여 습도와 온도를 조절하는 자연환기 시스템을 갖추고 있다. • 자연환기를 극대화하기 위해 각 벽면마다 크기가 다른 2개의 창문이 설치되어 있다. • 1995년 유네스코 세계문화유산으로 지정되었다. • 우리 조상들의 뛰어난 지혜와 과학 및 건축기술에 대한 선진화된 지식을 엿볼 수 있다.

Hwaseong Fortress	• **Hwaseong Fortress** is located in Suwon, Gyeonggi Province and Korea's first planned city. • It was completed in two and a half years from 1794 to 1796 under King Jeongjo's reign of Joseon Dynasty. • King Jeongjo constructed the fortress as part of his effort to bring reform to his nation and open up a new era based on his political ideals. • He wanted a modern administrative and commercial center with military facilities to embody his ideals. • The construction of Hwaseong Fortress was also to embody the filial piety of King Jeongjo for his late father. • Its construction was designed and administered by young scholars such as Jeong Yak-yong who was a scholar of Practical Learning (*Silhak*). • The project took an unusually short period of time to finish with the help of newly invented equipment called *Geojunggi*. • The fortress was restored to its original shape, after the damage and destruction during the Japanese colonial rule and the Korean War, based on court document, *Hwaseong seongyeok uigwe*. • It was designated as the World Cultural Heritage Site by UNESCO in 1997.
Namhansan-seong	• **Namhansanseong** is a large scale mountain fortress that Joseon Dynasty constructed for the war against Manchu Qing Dynasty in the 17th century. • The site was initially small fortress called Jujangseong Fortress built during the Unified Silla Dynasty, then transformed into the large Namhansanseong Fortress. • It was a planned emergency capital with over 4,000 residents with military and administrative functions. • Therefore, it was also equipped with Shrine for the royal ancestry and altar for god of earth and grain. • It made the best use of the steep natural terrain as a mountain fortress encompassing the natural features of valleys and ridges. • It created as a refuge for the king and his people in the event of a national emergency, and served as a temporary capital for the royal family and the military command. • It was designated as the World Cultural Heritage Site by UNESCO in 2014.

수원화성 (1997)	• 화성(華城)은 경기도 수원에 있는 우리나라 최초의 계획도시이다. • 조선 정조 때인 1794년부터 1796년까지 2년 반 만에 완성되었다. • 정조는 그의 정치적 이념에 입각하여 나라를 개혁하고 새로운 시대를 열려는 노력의 일환으로 화성을 건설하였다. • 그는 자신의 이상을 구현하기 위해 군사시설을 갖춘 현대적인 행정 및 상업의 중심지를 원했다. • 화성은 선친에 대한 정조의 효도를 구현하기 위한 것이기도 하다. • 화성 건설은 실학자인 정약용 등의 젊은 학자들이 설계하고 감독하였다. • 이 프로젝트는 거중기라고 불리는 새로 발명된 장비의 도움으로 완공하는 데 이례적으로 짧은 시간이 걸렸다. • 화성은 일제 식민지 시기와 한국전쟁 때 훼손되고 파괴된 후 '화성성역의궤'를 토대로 본래의 모습으로 복원되었다. • 화성은 1997년 유네스코 세계문화유산으로 지정되었다.
남한산성 (2014)	• 남한산성은 17세기 조선왕조가 청나라와의 전쟁을 위해 쌓은 대규모 산성이다. • 본래 통일신라 때 쌓은 작은 '주장성'이었는데, 나중에 큰 남한산성으로 바뀌었다. • 군사 및 행정기능을 갖춘 4,000명 이상의 주민이 거주하는 계획적인 비상 수도였다. • 그래서, 남한산성은 종묘와 사직을 갖추었다. • 계곡과 능선의 자연적 특징을 모두 아우르는 산성으로서 가파른 자연지형을 이용하였다. • 비상사태에 대비해 왕과 백성을 위한 피난처로서 왕실과 군사령부의 임시 수도 역할을 하였다. • 2014년 유네스코 세계문화유산으로 지정되었다.

Baekje Historic Areas	• Baekje lasted 700 years from 18 BCE to 660 CE and was one of the Three Kingdoms on the Korean peninsula. • The Baekje Historic Areas comprises of eight archaeological sites. • These are Gongsanseong Fortress and royal tombs at Songsan-ri related to the Ungjin capital Gongju. • These also include the Archaeological Site in Gwanbuk-ri and Busosanseong Fortress, Jeongnimsa Temple Site, royal toms in Neungsan-ri and Naseong city wall related to the Sabi capital Buyeo. • In addition, there are the royal palace at Wanggung-ri and Mireuksa Temple in Iksan. • These Baekje Historic Areas are UNESCO's World Cultural Heritage Site.
Historic Villages of Korea : Hahoe and Yangdong	• Hahoe and Yangdong are elite Clan communities, which can be traced to the noble families of the Joseon Dynasty. • Founded around the 15th century during the Joseon Dynasty, the two villages have well-preserved traditional archtecture surrounded by natural environments that reflect the legacy of Confucian thoughts and principles. • They selected sites, near rivers and mountains to build villages. • Hahoe, Yoo clan village, is a s-shaped village, nestled in the bend of a Nakdong river next to a small mountain. • The village has maintained the typical Confucian landscape of a clan community, which includes clan head family residence, ancestral shrine, Confucian academies and private schools. • Yangdong, the Wolseong Son clan and the Yeogang Yi clan village, is nestled on the ridges of Mt. Seolchang. • For a long time, these two clans have served as the two main pillars of the village, which have worked for the development of their community through competition in good faith. • These two historic villages are designated as UNESCO's World Cultural Heritage Site in 2010.

백제역사 유적지구 (2015)	• 백제(百濟)는 기원전 18년부터 660년까지 700년 동안 유지되었으며, 한반도에 있었던 삼국 중 하나였다. • 백제역사유적지구는 9개의 고고학적 유적으로 이루어져 있다. • 웅진도성이었던 공주와 관련된 송산리 공산성과 왕릉이 있다. • 사비의 도읍이었던 부여의 관북리 유적, 부소산성, 정림사지, 능산리 고분과 나성이 포함된다. • 또한, 익산 왕궁리 유적과 미륵사지가 있다. • 백제역사유적지구는 유네스코의 세계문화유산이다.
한국 역사마을: 하회와 양동 (2010)	• 하회와 양동은 조선의 양반 가문으로부터 유래한 씨족 공동체이다. • 조선시대인 15세기경 설립된 두 마을은 유교사상과 유교원리를 반영한 자연환경으로 둘러싸인 전통건축물이 잘 보존되어 있다. • 강과 산 근처의 부지를 골라 마을을 만들었다. • 유씨 동족마을인 하회는 작은 산 옆 낙동강 굽이에 자리 잡은 S자형 마을이다. • 이 마을은 씨족 공동체의 전형적인 유교적 풍경을 유지하고 있는데, 그것은 씨족 공동체 종갓집, 조상 사당, 서원, 서당 등이다. • 설창산 능선에는 월성 손씨, 여강 이씨 마을인 양동이 자리 잡고 있다. • 오랜 세월 이 두 씨족은 선의 경쟁을 통해 공동체의 발전을 위해 일해 온 양대 축 역할을 해 왔다. • 이 두 역사마을은 유네스코 세계문화유산이다.

Gochang, Hwasun, and Ganghwa, Dolmen Sites	• **Dolmen** is monuments made of big pieces of stones, arranged to form a chamber. • Korea is the kingdom of dolmens, having 40 percent of all dolmens worldwide. • There are two types of Dolmen. • One is the table type and the other one is checker-board type. • A table dolmen is built with three to four well-dressed stone slabs. • The check-board dolmen, or the go-table dolmen, has an underground burial chamber made by erecting stone slabs. • Dolmens in Gwanghwa, Gochang, and Hwasun area were registered as UNESCO's World Cultural Heritage Sites in 2000.
Sansa, Buddhist Mountain Monasteries in Korea	• **Sansa** consist of seven Buddhist mountain monasteries - Tongdosa, Buseoksa, Bongjeongsa, Beopjusa, Magoksa, Seonamsa and Deaheungsa - are located in the Southern provinces of Korean Peninsula. • It has maintained its function as center of faith, practice, and daily life of the monk community. • All the components of Sansa's heritage have continued to carry out religious activities, rituals, lectures, and practices based on Buddhist beliefs. • Of the many temples that have been well preserved until now, seven mountain temples and monasteries were designated as the UNESCO's World Cultural Heritage in 2018. • These mountain monasteries are sacred places which have survived despite suppression during the Joseon Dynasty and damages caused by wars and conflicts over the years.
Seowon, Korean Neo-confucian Academies	• **Seowon** were Confucian Academies established during Joseon Dynasty. • It played an important role as a school and a Confucian shrine. • The Seowon promoted learning of Neo-Confucianism, which became fundermental to every aspect of Korea. • The Seowon were led by *sarim* or the class of local intellectuals. • The scholars studied Neo-Confucian classics and literary works and endeavoured in understanding the universe and becoming ideal person. • Nine Confucian academies such as Sosu-Seowon, Namgye-Seowon, Oksan-Seowon, Dosan-Seowon, Piram-Seowon, Dodong-Seowon, Byeongsan-Seowon, Museong-Seowon and Donam-Seowon were registered as UNESCO's World Cultural Heritage Site in 2019.

고창, 화순, 강화의 고인돌 유적 (2000)	• 고인돌은 큰 돌조각으로 만들어진 기념물로, 방을 형성하기 위해 조성되었다. • 한국은 전 세계 고인돌의 40%를 차지하는 고인돌 왕국이다. • 고인돌에는 두 가지 종류가 있다. • 하나는 탁자형이고, 다른 하나는 바둑판형이다. • 탁자형 고인돌은 잘 갖춰진 석판 3~4개로 만들어져 있다. • 바둑판형은 석판을 세워 만든 지하묘실이 있다. • 강화, 고창, 화순 3개 지역의 고인돌이 유네스코 세계유산에 등재되었다.
산사, 한국의 산지승원 (2018)	• 통도사, 부석사, 봉정사, 법주사, 마곡사, 선암사, 대흥사 등 7개의 불교 산악 수도원으로 구성된 산사는 한반도 남부 지방에 위치하고 있다. • 산사는 승가공동체의 신앙·수행·일상생활의 중심지이자 승원으로서 기능을 유지해 왔다. • 산사의 모든 유산 구성 요소들은 불교신앙을 바탕으로 종교 활동, 의례, 강학, 수행을 지속적으로 이어져 왔다. • 지금까지 잘 보존되어 온 많은 사찰 중 7개의 산사와 수도원은 2016년 유네스코 세계문화유산으로 지정되었다. • 조선시대 불교탄압과 오랜 세월동안 전쟁과 분쟁으로 인한 피해에도 불구하고 현재까지 살아남은 성지이다.
한국의 서원 (2019)	• 서원은 조선시대 설립되었다. • 학교와 유교 사당으로서 중요한 역할을 했다. • 서원은 성리학에 대한 학문을 장려하여 한국의 모든 면에 기본이 되었다. • 서원은 사림이나 지역 지식인들이 주도했다. • 성리학자들은 성리학 고전과 문학작품을 연구하여 우주를 이해하고 이상적인 사람이 되기 위해 노력했다. • 소수서원, 남계서원, 옥산서원, 도산서원, 필암서원, 도동서원, 병산서원, 무성서원, 돈암서원 등 9개 서원이 유네스코 세계문화유산으로 등재되었다.

Jeju Volcanic Island and Lave Tubes	• Jeju Island was formed through volcanic activity over 1.8 million years ago. • In 2007, UNESCO listed Jeju Volcaninc Island and Lava Tubes as a World Natural Heritage Site in recognition of its landscape of surpassing natural beauty, unique volcanic landforms and ecology. • They are comprised of three sites : Mt. Halla Natural Reserve, the Geomunoreum Lava Tubes System and Seongsan Sunrise Peak. • Mt. Halla is the tallest mountain in Korea, reaching to a height of 1,950 meters above sea level. • There are around 40 parasitic volcanoes which formed in the surrounded area. • On the top of Mt. Halla, there is Baengnokdam Lake. • In the Geomunoreum Volcanic Cone region, there are about 20 lava tubes. • The most famous of these lava tubes are Manjanggul Lava Tube, Gimnyeonggul Lava Tube, Dangcheomuldonggul Lava Tube, and so on. • The largest tube is Manjanggul which features a variety of stalactites and stalagmites. • Seongsan Sunrise Peak Tuff Cone was uniquely created on the sea floor. • It is a typical hydromagmatic volcano created by an underwater eruption from a shallow seabed. • This attraction is popular for catching the sunrise.
Korea's mudflats	• **Korea's mudflats** show high biodiversity around the world. • It is home to natural monuments and endangered species, and the thickest sedimentary layers of mudflats remain stable in the world due to the influence of topography and climate. • Seochen Mudfalt, Gochang Mudflat, Sinan Mudflat, and Boseong·Suncheon Mudflats were listed as UNESCO's World Heritage Sites in 2021. • The mudflats of the Southwest Sea began to accumulate sediment along the coast. • Various forms of life are found in mudflats on the southwestern coast. • The mudflats in southwestern coast of Korea are one of the routes of East Asian birds.

제주도 화산섬과 용암동굴 (2007)	• 제주도는 180만 년 전에 화산 활동을 통해 형성되었다. • 2007년 유네스코는 제주 화산섬과 용암동굴을 자연미, 독특한 화산지형, 생태를 뛰어넘는 경관을 인정하여 세계자연유산으로 등재하였다. • 한라 자연보호구역, 거문오름 용암동굴계, 성산 일출봉 세 곳으로 구성되어 있다. • 한라산은 해발 1,950m에 이르는 우리나라에서 가장 높은 산이다. • 주변에는 40여 개의 기생화산이 형성되어 있다. • 한라산의 정상에는 거대한 분화구 호수인 백록담이 있다. • 거문오름 화산계에는 20여 개의 용암동굴이 있다. • 그중 가장 유명한 용암동굴은 만장굴, 김녕굴, 당처물동굴 등이다. • 가장 큰 동굴은 만장굴로 다양한 종유석과 석순이 특징이다. • 성산일출봉은 해저로부터 독특하게 만들어졌다. • 얕은 해저에서 발생한 수중 폭발에 의해 만들어진 전형적인 수성화산체이다. • 이곳은 해돋이 인기 명소이다.
한국의 갯벌 (2021)	• 한국의 갯벌은 전 세계적으로도 높은 생물종 다양성이 나타난다. • 천연기념물과 멸종위기 종의 서식처이며, 지형과 기후의 영향으로 세계에서 가장 두꺼운 갯벌의 퇴적층이 안정적으로 유지되고 있다. • 서천 갯벌과 고창 갯벌, 신안 갯벌과 보성·순천 갯벌이 2021년에는 유네스코 세계유산에 등재되었다. • 서남해의 갯벌은 해안을 따라 퇴적물이 쌓이기 시작하면서 생겨났다. • 서남해안 갯벌에서는 다양한 형태의 생명체가 발견된다. • 한국 남서부의 갯벌은 동아시아 조류들의 이동 경로 중 하나이다.

Namdaemun Gate (Sungneymun Gate)	• **Namdaemun Gate**, which means the southern gate of Seoul city wall, was built in 1398 during King Taejong's reign and renovated in 1447. • In 1479, King Seongjong also underwent a large renovation work. • Unlike other gates, Namdaemun Gate was left intact throughout the Japanese colonial rule and the Korean War. • It is called Sungnyemun Gate with a five kan front, two kan side, and mid-rise Ujingak roof dapo house. • It was built on a huge stone foundation with an arched entrance in the middle and is the largest existing Korean gate building. • In December 1962, it was designated as National Treasure No.1. • Most of the building including the second floor was destroyed due to a big fire on December 10, 2008. • Restoration work continued for 5 years before the new Sungnyemun was displayed since 2013.
Dongdaemun Gate (Heunginjimun Gate)	• **Dongdaemun Gate** is one of the gates surrounding the Seoul city wall, located in the east, and its original name is Heunginjimun. • It is commonly called Dongdaemun. • It was built in 1396 and expanded in 1453, and was completely renovated in 1869. • It is characterized by a half-moon shaped extra wall made outside the gate for geomantic purposes, not for military purposes. • It is a mid-rise Ujingak roof with five kan in front and two kan in side. • Whereas the name of another gate is three letters, the name of Heunginjimun is four letters. • It was named after four characters to supplement the energy of the earth because of its low foundation and weak energy. • On January 21, 1963, it was designated as Treasure No.1.

남대문 (숭례문)	• 서울 도성의 남쪽 정문이라는 의미의 남대문은 1398년 태종 때 완공되어 1447년에 세종 때 개축하였다. • 1479년 성종 때도 비교적 대규모의 보수공사가 있었다. • 일제 강점기와 6.25 전쟁 때에도 다른 성문과 달리 크게 파괴되지 않고, 살아남았다. • 정면 5칸, 측면 2칸, 중층의 우진각지붕 다포 집으로 숭례문(崇禮門)으로 불린다. • 중앙부에 홍예문을 낸 거대한 석축기단 위에 세워졌으며, 현존하는 한국 성문 건물 중 최대이다. • 1962년 12월, 국보 제1호로 지정되었다. • 2008년 12월 10일 발생한 화재로 2층 문루 등 대부분이 소실되었다. • 그 이후 5년간의 복원 공사를 거쳐 2013년부터 새로운 숭례문의 모습을 보여 주고 있다.
동대문 (흥인지문)	• 서울 도성을 감싸고 있는 문(門)의 하나로서 정동 쪽에 있으며 원래의 이름은 흥인지문(興仁之門)이다. • 일반적으로는 동대문이라 부른다. • 1396년에 건립되고 1453년에 증수되었으며, 1869년에 이르러 전적으로 개축하여 현재의 모습을 갖추었다. • 군사적 목적이 아닌 풍수적 목적에 따라 문밖으로 반달 모양의 옹성을 두르고 있는 것이 특징이다. • 중층의 우진각 지붕이며, 정면 5칸, 측면 2칸으로 구성되어 있다. • 서울 도성에 있는 다른 문의 명칭이 세 글자로 되어 있지만 흥인지문만 유일하게 네 글자로 되어 있다. • 이는 토대가 낮아 땅의 기운이 약하다는 이유로 그 기운을 보충한다는 의미에서 이름을 넉 자로 지었다. • 1963년 1월 21일, 보물 제1호로 지정되었다.

Gwanghwamun Gate	• **Gwanghwamun Gate**, which has the meaning of "enlighten the world", is the main gate of Gyeongbokgung Palace. • Hongyemun Gate was built on the stone foundation and a wooden building with a mid-rise Ujingak roof having three kan in front was constructed. • Constructed in 1395, Gyeongbokgung Palace was destroyed during the Japanese Invasion of Korea in 1595 and Gwanghwamun Gate was not reconstructed for 270 years. • In 1864, Heungseon Daewongun, a King Gojong's father, reconstructed Gyeongbokgung Palace and Gwanghwamun Gate was restored. • In 1927, Japanese government General relocated Gwanghwamun Gate to a different location and it was destroyed again during the Korean War. • It was restored to its original form using iron concrete in 1968 and then renovated to its current form in August 2010.
Donwhamun Gate	• **Donwhamun Gate**, the main gate of Changdeokgung Palace, was built in 1412, during King Taejong of Joseon. • The structure of Donwhamun consists of a mid-rise Ujingak roof with five kan in front and two kan in side. • Donhwa means "Light the fundamentals of virtue and prosper". • A large bell was installed in Donhwamun Gate to ring the bell at noon and 10 p.m. every day to announce the time. • It was destroyed by fire during the Japanese invasion of Korea in 1592, and was restored in 1609 and preserved to the present day ever since. • It is the oldest building in the palace's main gate, characterized by a lower terrace of the gate than the road.

광화문	• '세상을 밝게 교화한다'는 의미를 지닌 광화문(光化門)은 법궁인 경복궁의 정문이다. • 석축기단에 홍예문을 만들고 그 위에 정면 3칸의 중층 우진각 지붕으로 된 목조 문루를 세웠다. • 1395년에 창건되었으며 임진왜란 때 경복궁이 소실되어 270여 년간 중건되지 못하였다. • 1864년 흥선대원군의 경복궁 재건으로 다시 옛 모습을 되찾았다. • 1927년 일제 강점기 때 조선총독부가 다른 위치로 이전시켰으며, 6.25 전쟁 때 다시 소실되었다. • 1968년에 철근콘크리트 구조로 복원되었다가 2010년 8월에 이전의 모습으로 복원되어 현재에 이르고 있다.
돈화문	• 돈화문(敦化門)은 창덕궁의 정문으로 1412년 조선 태종 때 건립되었다. • 돈화문의 구조는 정면 5칸, 측면 2칸의 중층 우진각지붕으로 되어 있다. • 돈화는 "덕의 근본을 밝혀서 번창하라"는 의미를 지니고 있다. • 돈화문에 큰 종이 설치되어 매일 정오와 오후 10시에 종을 쳐 시각을 알렸다. • 임진왜란 때 화재로 소실되었으며, 1609년에 복원되어 현재까지 보존되고 있다. • 현존하는 궁궐의 정문 중 가장 오래된 건물로, 도로보다 정문의 월대가 낮은 것이 특징이다.

Gyeongbok-gung Starlight Night Trip	• **Gyeongbokgung Starlight Night Trip** is held separately during the night opening of Gyeongbokgung. • It is divided into the first half and the second half of each year and proceeds only for a certain period of time. • There is a limit to the number of visitors per day, and reservations can be made through the internet. • Starlight Night Trip is held in a place called *Soju Bang* in Gyeongbokgung Palace. • Participants have an opportunity to enjoy traditional Korean traditional music performance and taste the king's *surasang*. • Court food is served by workers in court uniforms. • After eating, a beautiful night tour begins with listening to presentations from an expert. • Participants can see the interior of the palaces and enjoy the beautiful view of Gyeonghoeru Pavilion.
Changdeok-gung Moonlight Trip	• **Changdeokgung Moonlight Trip** is a program where we can see various parts of the palace with a professional commentator at Changdeokgung Palace under the moonlight. • It is divided into the first half and the second half of each year and proceeds only for a certain period of time. • There is a limit to the number of visitors per day, and reservations can be made through the internet. • Participants can listen to various royal stories through expert commentaries. • Participants can taste traditional tea and watch a traditional art performance. • Starting from Donhwamun Gate, the main gate of Changdeokgung Palace, we can tour the rear garden of the palace. • The main viewing courses are Injeongjeon, Nakseonjae, Buyongji, Jondeokjeong, Yeongyeondang, and forest road of the rear garden.

경복궁 별빛 야행	• 경복궁 별빛 야행은 야간 개장 중 별도로 진행된다. • 매년 상반기와 하반기로 나누어 일정 기간만 진행된다. • 일일 관람 인원의 제한이 있으며, 인터넷을 통해서 예매가 가능하다. • 별빛 야행은 경복궁 안에 있는 소주방이란 곳에서 실시된다. • 전통국악 공연을 즐기며, 임금님의 수라상을 맛볼 수 있는 기회가 있다. • 궁중음식은 궁녀복을 입은 종사자에 의해 제공된다. • 식사 후에는 전문가의 해설을 들으며, 경복궁 후원으로 아름다운 야행이 시작된다. • 궁중의 실내를 관람할 수 있으며, 경회루의 아름다운 모습을 감상할 수 있다.
창덕궁 달빛 기행	• 창덕궁 달빛 기행은 달빛 아래 창덕궁에서 전문해설사와 함께 궁궐의 곳곳을 관람할 수 있는 프로그램이다. • 매년 상반기와 하반기로 나누어 일정 기간만 진행된다. • 일일 관람 인원의 제한이 있으며, 인터넷을 통해서 예매가 가능하다. • 다채로운 왕실 이야기를 전문가 해설로 들을 수 있다. • 전통차를 마시며, 전통예술공연을 관람할 수 있다. • 창덕궁 정문인 돈화문에서 출발하여 창덕궁 후원까지 둘러볼 수 있다. • 주요 관람코스는 인정전, 낙선재, 부용지, 존덕정, 연경당, 후원 숲길이다.

Cheomseongdae observatory	• The **Cheomseongdae observatory** is known to have measured 24 seasons by observing stars, with observation tools at the top. • It was established during the reign of Queen Seondeok (632-647) of Silla Kingdom. • It is a cylindrical shape about 9 meters high and is made by stacking 27 layers of 362 stones. • At the top of Cheomseongdae, astronomers may have observed and recorded the movement of the constellation. • It is believed that predicting the change of 24 seasons helped farmers to prepare for planting and harvesting crops as well. • The Cheomseongdae was designated as National Treasure No.31 in December 1962.
Dabotap pagoda and Seokgatap pagoda	• There are **Dabotap pagoda** on the left (east) and **Seokgatap pagoda** on the right (west) based on Daeungjeon Hall of Bulguksa Temple in Gyeongju, North Gyeongsang Province. • The two pagodas are presumed to have been built around the 10th year of King Gyeongdeok during the Unified Silla period (751). • In order to see the two pagodas, we must climb the stones stairs above Cheongwoongyo Bridge and Baekwoongyo Bridge and pass through the Jahamun Gate. • Dabotap pagoda is known as the pagoda of many treasures and Seokgatap pagoda is considered to represent Buddha. • The structure of Seokgatap pagoda is simple, but it shows balance, stability and symmetry. • On the other hand, Dabotap pagoda represents complexity that symbolizes the difference between celestial and terrestrial worlds. • The two pagodas were designated as National Treasure No.20 and No. 21 respectively, with Dabotap pagoda especially carved on the back of a 10-won coin.

첨성대	• 첨성대는 꼭대기에 관측기구를 놓고, 24절기를 별을 통해 측정한 것으로 알려져 있다. • 신라 선덕여왕 재위(632년부터 647년) 때 건립되었다. • 높이 약 9m의 원통형 모양으로, 돌 362개로 27단을 쌓아 만들었다. • 첨성대 꼭대기에서 천문학자들은 별자리의 움직임을 관측하여 기록했을 것으로 추정된다. • 24절기의 변화를 예측함으로써 농부들이 작물을 심거나 수확을 준비하는 데 도움을 주었을 것으로 생각된다. • 첨성대는 1962년 12월 국보 제31호로 지정되었다.
석가탑 다보탑	• 경주 불국사의 대웅전을 기준으로 왼쪽(동쪽)에 다보탑이, 오른쪽(서쪽)에 석가탑이 있다. • 두 탑은 통일신라시대 경덕왕 10년(751년) 전후에 건립된 것으로 추정된다. • 두 탑을 보기 위해서는 청운교와 백운교 위를 지나는 돌계단을 올라 자하문을 통과해야 한다. • 다보탑은 많은 보물을 지닌 탑의 의미를 갖고 있으며, 석가탑은 석가여래를 상징하는 것으로 여겨진다. • 석가탑의 구조는 단순하지만 균형과 안정 그리고 대칭을 보여 준다. • 반면에, 다보탑은 천상세계와 지상세계의 차이를 상징하는 복합성을 상징한다. • 두 탑은 각각 국보 제20호와 제21호로 지정되었으며, 특히 다보탑은 10원짜리 동전의 뒷면에 새겨져 있다.

자주 나오는 문제

- 유네스코 유산의 정의와 그 중요성을 설명해 보세요.
- 삼보사찰은 무엇인가요?
- 삼강오륜(三綱五倫)에 대해 설명해 보세요.
- 동북공정은 무엇인가요?
- UNESCO 유산의 종류 3가지를 골라서 설명해 보세요.
- 서울의 5대 궁을 설명해 보세요.
- 경복궁과 창덕궁의 차이는 무엇인가요?
- 경회루를 설명해 보세요.
- 종묘가 유네스코 문화유산이 된 이유는 무엇인가요?
- 조선왕릉 중 예시와 그 위치는 어디에 있는지 설명해 보세요.
- 해인사 장경판전을 설명해 보세요.
- 수원화성을 설명해 보세요.
- 남한산성을 설명해 보세요.
- 백제역사 유적지구를 설명해 보세요.
- 템플스테이(Templestay)에 대해 설명해 보세요.
- 우리나라 국보1호(남대문: 숭례문)에 대해 설명해 보세요.
- 우리나라 보물1호(동대문: 흥인지문)에 대해 설명해 보세요.

Chapter 5

유네스코 인류무형문화유산

UNESCO's Intangible Cultural Heritage of Humanity

Royal ancestral rituals in the Jongmyo shrine and its music	• **Royal ancestral rituals in the Jongmyo shrine** was a large and important ritual ceremony during the Joseon Dynasty. • Jongmyo is a shrine where sacred tablets of deceased kings and queens are preserved. • During the Jongmyo ritual ceremony, 'Jeongsije' was held on the first month of four seasons and 'Imsije' was held whenever good or bad things happened to the country. • It has been held on the first Sunday of May every year since 1969 by Jeonju Yi Clan. • ***Jongmyojeryeak*** refers to instrumental music, songs, and dances performed in the Jongmyo shrine. • 'Munmu' is performed with Botaepyeongjiak in honor of the virtues of the deceased kings while 'Mumu' is played with Jeongdaeupjiak to praise the military prowess of them.
Pansori epic chant	• ***Pansori* epic chant** is like a solo opera in which a singer expresses in sounds, stories, and gestures to the rhythm of drummer. • It is a combination of 'pan' and 'sori' : *Pan* means 'a place where many people gather' and *Sori* means 'sound'. • It is assume that Pansori occurred before King Sukjong of the Joseon Dynasty. • It was passed down from Jeolla-do to Chungcheong-do and Gyeonggi-do, forming a sound system based on regional characteristics. • Among many Pansori epic chants, only *Chunhyangga*, *Simcheongga*, *Sugungga*, *Heungboga*, and *Jeokbyeokga* were settled into five pansori. • Pansori epic chant expressed hope for a new society and era while representing the voices of ordinary people by portraying the lives of ordinary people in a realistic way.
Gangneung Danoje Festival	• **The Gangneung Danoje Festival** is held around Dano, the fifth day of May based on a Lunar calendar. • It is a traditional ritual ceremony passed down in Gangneung region. • It starts with brewing rice wine for local guardians and lasts for about a month. • During the festival, people gather together regardless of their social status and pray for unity, good harvest and health. • They pursue harmony and balance based on Buddhism, Confucianism, and Shamanism. • During the festival, the nations' largest open air market is also held.

종묘제례 및 종묘제례악 (2001)	• 종묘제례는 조선시대의 규모가 크고 중요한 제사였다 • 종묘는 죽은 왕과 왕비의 위폐를 모신 곳이다. • 종묘제례 중 정시제(正時祭)는 사계절의 첫 달에, 임시제(臨時祭)는 나라에 좋은 일이 있거나 나쁜 일이 있을 때마다 지냈다. • 1969년부터 매년 5월 첫째 주 일요일에 전주 이씨 문중이 주최하고 있다. • 종묘제례악은 종묘에서 행해지는 기악(樂)과 노래(歌)·춤(舞)을 말한다. • 문무(文舞)는 죽은 왕의 공덕을 기리기 위해 보태평지악(保太平之樂)과 함께 행해지고, 무무(武舞)는 정대업지악(定大業之樂)과 함께 행하여 그들의 무공을 찬양한다.
판소리 (2003)	• 판소리는 한 명의 소리꾼이 고수(북치는 사람)의 장단에 맞추어 소리와 이야기, 그리고 몸짓으로 표현하는 일종의 솔로 오페라다. • '판'과 '소리'의 합성어로 '판'은 '여러 사람이 모인 곳'을 뜻하고, '소리'는 '음악'을 말한다. • 판소리는 조선시대 숙종 이전에 발생하였을 것으로 추측한다. • 전라도를 중심으로 충청도, 경기도에 이르는 넓은 지역에서 전승되어 지역적 특징에 따른 소리제를 형성하고 있다. • 「춘향가」, 「심청가」, 「수궁가」, 「흥보가」, 「적벽가」만이 보다 예술적인 음악으로 가다듬어져 판소리 다섯 마당으로 정착되었다. • 서민들의 삶을 사실적으로 그려 내어 서민들의 목소리를 대변하면서 새로운 사회와 시대에 대한 희망을 표현하기도 하였다.
강릉단오제 (2005)	• 강릉단오제는 음력을 기준으로 5월 5일 단오에 열린다. • 강릉지역에서 전해 내려오는 전통의식이다. • 지역 수호신들을 위한 제주(祭酒)를 빚는 데서 시작하여 한 달 정도 지속된다. • 축제 기간 동안 사람들은 사회적 신분에 관계없이 함께 어울렸으며, 단결, 풍년, 건강을 기원한다. • 불교, 유교, 샤머니즘을 바탕으로 화합과 균형을 추구한다. • 축제 기간 국내 최대 규모의 노천 시장도 열린다.

Cheoyongmu	• ***Cheoyongmu*** is a royal court dance. • It was formerly used to promote fortune by dispelling evil spirit and praying for royal family. • Cheoyongmu is based on the legendary tale of Cheoyong from Silla Dynasty. • People believed that putting up drawings of Cheoyong outside of their main gate would exorcise evil spirits. • Later, the simple ritual transformed into a formal royal court dance. • The dance is performed by five men clad in white, blue, black, red, and yellow to represent the four cardinal directions and the center.
Weaving of Mosi (fine ramie) in the Hansan region	• ***Hansan Mosi*** is a ramie made in Hansan, Seocheon-gun, South Chungcheong Province. • It is known to be superior quality, delicate and elegant compared to other areas. • The reason why weaving ramie was popular in Hansan is that this region is suitable for the growth conditions of ramie grass. • The manufacturing process is to grow ramie and then remove the outer shell and soak it in water for about a day. • Then, wet it again to make thread by breaking the threads one by one. • Hansan Mosi (fine ramie) is a representative of summer traditional cloth that symbolizes the beauty of Korea.
Kimjang, making and sharing kimchi	• ***Kimjang*** is a must-have winter preparation for Koreans who have to go through a long and harsh winter. • In late fall, families and relatives gather together to make kimchi and share it with their families or neighbors in need. • Kimjang has various purposes such as social sharing, promoting cooperation among members, and passing on the kimjang culture. • Over a long time, Koreans have creatively developed kimjang methods that best fit the surrounding natural environment. • In addition, the specific methods and ingredients of kimjang have been passed down from generation to generation. • Kimjang is a one-year process that requires seasonal work. • Kimjang was listed as a UNESCO Intangible Cultural Heritage of Humanity in 2013.

처용무 (2009)	• 처용무(處容舞)는 궁중무용이다. • 이전에는 악령을 물리치고 왕족을 위해 기도하여 복을 기원하는 데 사용되었다. • 처용무는 신라시대 처용 설화에 바탕을 두고 있다. • 사람들은 처용의 그림을 문밖에 걸어 두면 악귀를 쫓아낼 수 있다고 믿었다. • 이후 간단한 의식은 형식적인 궁중무용으로 변모했다. • 무용은 흰색, 파란색, 검은색, 빨간색, 노란색 옷을 입은 다섯 명의 남자가 추는 춤으로 오방(동서남북과 중앙)을 표현한다.
한산 모시짜기 (2011)	• 한산(韓山) 모시는 충청남도 서천군 한산 지역에서 만드는 모시이다. • 다른 지역에 비해서 품질이 우수하며 섬세하고 단아하다. • 한산 지역에서 모시짜기가 성행한 이유는 이 지역이 모시풀의 생장조건에 적합하기 때문이다. • 제작 과정은 모시를 재배하여 수확한 모시를 훑고 겉껍질을 벗겨 하루쯤 물에 담가 말린다. • 그리고, 이를 다시 물에 적셔 실의 올을 하나하나 쪼개어 실을 만든다. • 한산모시는 우리나라의 미를 상징하는 여름 전통옷감의 대표적인 것이다.
김장, 김치를 담그고 나누는 문화 (2013)	• 김장은 길고 혹독한 겨울을 나야 하는 한국인들에게 반드시 필요한 월동 준비이다. • 늦가을이 되면 가족이나 친족을 중심으로 다 함께 모여 김장을 하고 가족끼리 또는 어려운 이웃과도 서로 나눈다. • 김장은 사회적 나눔, 구성원 간 협력 증진, 김장문화 전승 등의 다양한 목적을 갖고 있다. • 오랜 시간에 걸쳐 한국 사람들은 주변의 자연환경에 가장 잘 맞는 김장 방식을 창조적으로 발전시켜 왔다. • 또한, 김장의 구체적인 방식과 재료는 여러 세대에 걸쳐 전승되고 있다. • 김장은 계절별로 해야 할 일이 있는, 1년이 걸리는 과정이다. • 김장은 2013년에 유네스코 인류무형문화유산에 등재되었다.

Ganggang-sullae	• ***Ganggangsullae*** is a primitive comprehensive art consisting of songs, dance, and music in the form of trinity. • Traditionally, Ganggangsullae was held at night such as Lunar New Year, Daeboreum, Dano, and Chuseok. • In particular, a massive Ganggangsullae was held on the night of Chuseok in August on lunar calendar. • Ganggangsullae has a long history but its origin is obscure. • One is that it is a folk game to celebrate the bright full moon and wish for a good harvest. • When a good singer sings first, others follow in union. • In addition, many women dance in circles holding hands to the sound of the song. • Ganggangsullae is UNESCO's Intangible Cultural Heritage of Humanity.
Namsadang Nori	• ***Namsadang Nori*** is a wandering entertainer composed of at least 40 men. • Namsadangpae traveled around farming and fishing villages, mainly for the ordinary people since the late Joseon Dynasty. • They continued the traditions of clowns such as pungmul nori, bowl-spining, ground tricks, tightrope walking, mask dance, and puppet play. • Namsadang Nori contains satire criticism of the tyranny of corrupt officials and incompetent aristocrats. • Namsadangpae, a professional wandering group, pray for the fortune and prosperity of each village. • They go from place to place and show various performances, including music, dance, literature, theater, mime, and craftmanship. • Namsadang Nori is UNESCO's Intangible Cultural Heritage of Humanity.
Yeongsanjae	• ***Yeongsanjae*** is a ritual that allows the soul to live in paradise by believing in and relying on Buddhism. • It has a symbolic meaning of recreating the spirit of Yeongsan, a ritual of preaching performed by Sakyamuni Buddha in Yeongsan Mountain. • Yeongsanjae starts by hanging Yeongsanhoesangdo outdoors. • After bringing the object of ritual from outside to the temple, a ceremony is held to pray for wishes. • Lastly, a service to return the object of ritual is held. • It used to take place three days and nights, but recently it has been reduced to one day. • Yeongsanjae is a traditional culture and is valuable as a majestic Buddhist ritual with the public.

강강술래 (2009)	• 강강술래는 노래, 무용, 음악이 삼위일체의 형태로 이루어진 원시종합예술이다. • 전통적으로 강강술래는 설, 대보름, 단오, 추석 등 밤에 연행되었다. • 특히 팔월 추석날 밤에 대규모 강강술래 판이 벌어졌다. • 강강술래는 오랜 역사를 갖고 있지만 그 기원은 불분명하다. • 그 하나는 밝은 보름달을 축하하고 풍년을 기원하는 민속놀이다. • 노래 잘하는 한 사람이 선창을 하면 모든 사람들이 뒷소리를 받는 형태로 후창을 한다. • 또한, 노랫소리에 맞춰 많은 여성들이 손에 손을 잡고 둥글게 원을 그리며 춤을 춘다. • 강강술래는 유네스코 인류무형문화유산이다.
남사당 놀이 (2009)	• 남사당놀이는 최소 40명에 이르는 남자들로 구성된 유랑연예인이다. • 남사당패가 농어촌을 돌며, 주로 서민층을 대상으로 조선 후기부터 연행했던 놀이이다. • 그들은 광대의 전통인 풍물놀이, 대접 돌리기, 땅재주, 줄타기, 탈놀이, 꼭두각시놀음 등을 이어 왔다. • 남사당놀이는 부패한 관리 및 무능한 양반 등의 횡포에 대해 풍자를 통한 현실 비판성을 담고 있다. • 남사당패는 전문적 유랑 집단으로서, 각 마을의 안녕과 풍요를 기원해 준다. • 이들은 각지를 다니며 다양한 연희를 보여 주며, 이들은 음악, 무용, 문학, 연극, 마임, 기예 등을 기능을 가지고 있다. • 남사당놀이는 유네스코 인류무형문화유산이다.
영산재 (2009)	• 영산재(靈山齋)는 영혼이 불교를 믿고 의지함으로써 극락왕생하게 하는 의식이다. • 석가가 영취산에서 행한 설법회상인 영산회상을 오늘날에 재현한다는 상징적인 의미를 지니고 있다. • 영산재는 야외에 영산회상도를 내다 거는 것으로 시작한다. • 신앙의 대상을 절 밖에서 모셔 오는 행렬의식을 한 후 소망을 기원하며 영혼에게 제사를 지낸다. • 마지막으로 신앙의 대상을 돌려보내는 봉송의례를 행한다. • 예전에는 사흘 낮과 밤에 걸쳐 이루어졌으나 근래에는 규모가 축소되어 하루 동안 이루어진다. • 영산재는 전통문화의 하나로, 대중과 함께하는 장엄한 불교의식으로서 가치가 있다.

Jeju Chilmoridang Yeongdeunggut	• ***Jeju Chilmoridang Yeongdeunggut*** is a ritual held in Chilmoridang in Geonip-dong, Jeju. • Geonip-dong is a small fishing village where people pray for peace and prosperity of the village to their guardian. • Above all, Yeongdeunggut has a special meaning for fishermen in Jeju who sustain their lives relying on the sea. • When Yeongdeung period comes, many parts of Jeju island hold Yeongdeunggut and pray for peace and good luck in the sea. • Jeju Chilmoridang Yeongdeunggut contains Jeju island's unique women divers and folk beliefs about Yeongdeung-sin. • It has an academic value and uniqueness in that it is the only ritual of women divers in Korea.
Gagok, lyric song cycles accompanied by an orchestra	• ***Gagok*** is a traditional Korean music that is sung to the orchestral music by attaching a song to a *Sijo* poem (a traditional Korean poem). • It's a well-organized performance consisting of stringed zither and percussion instruments. • Previously, the song was enjoyed by the upper class, but today it has become a widely known song nationwide. • The song has lyrics and balance, and is praised for its sophisticated melody and progressive music. • It takes a long time and effort to acquire the skills to sing a song. • So, Gagok is protected and handed down by practitioners at local training centers, with communities and related institutions.
Daemokjang, traditional wooden architecture	• In South Korea, woodworkers were traditionally referred to as carpenters and wood craft men. • Among these people, a craft man who built palaces, temples, or houses and works related to construction was called ***Daemokjang.*** • This person was responsible for the entire process of building a house based on wood materials such as design, construction and supervision. • The acquisition of its functions could be achieved through decades of field experience and learning from teachers. • The Korean government designated its function and knowledge as intangible national cultural assets to protect.

제주칠머리당 영등굿 (2009)	• 제주 칠머리당영등굿은 제주시 건입동의 칠머리당에서 하는 굿이다. • 건입동은 작은 어촌으로 마을 수호신에게 마을의 평안과 풍요를 비는 굿을 했다. • 무엇보다 바다를 통해 삶을 영위하는 제주의 어민에게 있어 영등굿은 특별한 의미를 지니고 있다. • 영등 시기가 돌아오면 제주도의 곳곳에서는 영등굿을 행하며, 바다의 평화와 풍어를 기원한다. • 제주칠머리당영등굿은 영등신에 대한 제주도 특유의 해녀신앙과 민속신앙이 담겨져 있는 굿이다. • 우리나라 유일의 해녀의 굿이라는 점에서 그 특이성과 학술적 가치가 있다.
가곡, 국악 관현반주로 부르는 서정적 노래 (2010)	• 가곡은 시조시(우리나라 고유의 정형시)에 곡을 붙여서 관현악 반주에 맞추어 부르는 우리나라 전통음악이다. • 현악기와 타악기로 구성된 잘 짜여진 연주이다. • 예전에 가곡은 상류 계층이 즐기던 음악이었으나 오늘날에는 전국적으로 널리 알려진 성악곡이 되었다. • 가곡은 서정성과 균형을 지니고 있으며, 세련된 멜로디와 진보적 악곡이라는 점에서 찬사를 받는다. • 가곡을 부를 만한 기량을 습득하려면 오랜 시간과 노력이 필요하다. • 가곡은 전수자들과 그들의 공동체 및 관련 기관을 중심으로 지역 전수관에서 보호 및 전수하고 있다.
대목장, 한국의 전통 목조건축 (2010)	• 한국에서는 나무를 다루는 사람을 전통적으로 목장, 목공, 목수라 불렀다. • 이 목장 가운데 궁궐이나 사찰 또는 가옥을 짓고 건축과 관계된 일을 하는 장인을 대목장(大木匠)이라 불렀다. • 설계, 시공, 감리 등 목재를 이용한 집을 짓는 전 과정의 책임을 지는 자이다. • 대목장 기능의 습득은 수십 년에 걸친 현장 경험과 스승으로부터의 가르침을 통하여 갖추어지게 된다. • 한국 정부는 대목장의 전통을 보호하기 위해 그 기능과 지식을 국가무형 문화재로 지정하고 있다.

Falconry, a living human hetritage	• **Falconry** is the art of catching prey in the wild after training hawks and it has continued for more than 4,000 years. • It is done in teams, not individuals. • The proverb "detach the Sichimi" comes from falconry and '*Sichimi*' is a name-tag that each owner attaches it to show his/her hawk. • The falconry of 13 countries was co-registered in 2010 and 2012 in all. • Application for joint registration of falconry is the result of cooperation by various countries as well as the faithfulness of contents.
Jultagi, tightrope walking	• ***Jultagi*, tightrope walking**, is a traditional Korean acrobatic performance, normally accompanied by music and funny stories. • It is performed on the 15th of April lunar month, Dano day, and Chuseok. • The tightrope walker executes a variety of acrobatic acts on the rope. • Korean tightrope walking is characterized so that tightrope walkers and spectators can enjoy together with songs and jokes.
Takkyeon, a traditional Korean martial art	• ***Taekkyeon*** is one of the traditional Korean martial arts. • It is a martial art that supresses the opponent and defends the body with flexible movement of hands and feet. • The characteristic of Taekkyeon is its artistic style, with musical and dance rhythms. • Takkyeon focuses on defense rather than attack and moves his/her feet a lot. • Takkyeon is different from other martial arts in that it saves people, doesn't knock down competitors, and emphasizes mental discipline. • It continues to inherit and develop, centering on the Korean Taekkyeon Association.

매사냥, 살아 있는 인류 유산 (2010)	• 매사냥은 매를 훈련하여 야생 상태에 있는 먹이를 잡는 방식으로 4,000년 이상 지속되고 있다. • 매사냥은 개인이 아니라 팀을 이루어서 한다. • '시치미 떼다'라는 속담도 매사냥에서 나왔는데, 매 주인이 자신의 매임을 표시하기 위해 붙이는 이름표를 '시치미'라고 한다. • 매사냥은 2010년과 2012년을 합쳐 13개국이 공동 등재되었다. • 매사냥 공동등재 신청서는 내용의 충실성뿐만 아니라 여러 국가의 공동 노력으로 이루어 낸 결실이다.
줄타기 (2011)	• 줄타기는 한국 전통 곡예공연으로 보통 음악과 재미있는 이야기가 곁들여진다. • 주로 음력 4월 15일이나 단옷날, 추석 등 명절날에 공연이 이루어졌다. • 줄타기는 밧줄 위에서 다양한 곡예를 한다. • 우리나라의 줄타기는 줄 타는 사람과 구경꾼이 함께 노래와 농담을 즐길 수 있는 것이 특징이다.
택견, 한국의 전통무술 (2011)	• 택견은 우리나라 전통무술의 하나이다. • 택견은 유연한 동작으로 손과 발의 유연한 동작으로 상대방을 제압하고 자기 몸을 방어하는 무술이다. • 택견의 특징은 음악적이며 무용적인 리듬을 갖고 있어 예술성 짙은 무예이다. • 택견은 공격보다는 수비에 치중하고 발을 많이 움직인다. • 이 무술은 경쟁자를 쓰러뜨리는 무술이 아닌 사람을 살리는 무술이며, 정신 수양을 강조한다는 점에서 다른 격투기와는 다르다. • 택견은 대한택견회를 중심으로 지속적으로 계승·발전되고 있다.

Arirang, lyrical folk song in the Republic of Korea	• ***Arirang*** is a representative Korean folk song in which anyone can sing freely because the lyrics are not fixed and the theme is also open. • It gradually spread around Jeongseon area in Gangwon province and became a folk song for the Korean people. • It has become a song in the hearts of many people who have left their country and hometowns in Japanese colonial era and has spread abroad. • Arirang has been widely passed down across regions and generations, and listed as a UNESCO Intangible Cultural Heritage in recognition of its ease of singing.
Nongak, community band music dance and rituals in the Republic of Korea	• ***Nongak*** is performed in Korean society to pray for the harmony of the village community and the well-being of the villagers. • It is a comprehensive art accompanied by many traditional percussion and wind instruments along with a street parade, dance and acrobatic moves. • It was always together in the lives of Koreans, such as ancestrial rites for village gods and farming gods, and a praying for good harvest. • It is played at various events in the community and plays a role in unity. • It is different from village to village and has distinct regional characteristics because each community has developed its own culture. • Currently, Jinju and Samchenpo-Nongak, Pyeongtaek-Nongak, Iri-Nongak, Gangneung- Nongak, and Imsil-Nongak are designated as National Intangible Cultural asset in Korea.
Tugging Rituals and Games	• **Tugging Rituals and Games** are held to pray for a good harvest, harmony and solidarity among community members. • It's a game where two teams pull the rope in the opposite direction. • Community members promote social solidarity and unity by pulling rope.

아리랑, 한국의 서정민요 (2012)	• 아리랑은 한국의 대표적인 민요로 가사가 정해져 있지 않고 주제 또한 개방되어 있어 누구든지 자유롭게 노래할 수 있다. • 아리랑은 강원도 정선지역을 중심으로 점차 확산되어 한민족의 민요가 되었다. • 아리랑은 일제 강점기에 국내는 물론, 나라와 고향을 떠나간 많은 이들의 가슴속 노래가 되어 국외로까지 확산되어 갔다. • 아리랑은 지역과 세대를 넘어 광범위하게 전승되고, 누구나 쉽게 부를 수 있다는 점 등이 인정받아 유네스코 인류무형문화유산에 등재되었다.
농악 (2014)	• 농악은 한국사회에서 마을 공동체의 화합과 마을 주민의 안녕을 기원하기 위해 행해진다. • 농악은 거리 행렬, 춤, 곡예동작과 함께 전통 타악기와 관악기가 어우러진 종합 예술이다. • 농악은 마을신이나 농사신을 위한 제사, 풍농 기원 등 한국인의 삶 속에서 늘 함께했다. • 공동체의 여러 행사에서 연주되며, 화합하고 단결하게 하는 역할을 하고 있다. • 농악은 각 공동체가 스스로의 문화로 발전시켜 왔기 때문에 마을마다 다르고, 지역적 특징이 뚜렷하다. • 진주·삼천포 농악, 평택농악, 이리농악, 강릉농악, 임실필봉농악은 현재 국가무형문화재로 지정되어 있다.
줄다리기 (2015)	• 줄다리기는 풍농을 기원하고 공동체 구성원 간의 화합과 단결을 위하여 행해진다. • 두 팀으로 나누어 줄을 반대 방향으로 당기는 놀이이다. • 공동체 구성원들은 줄다리기를 함으로써 사회적 결속과 연대감을 도모한다.

Culture of Jeju Haenyeo (Women Drivers)	• **Culture of Jeju Haenyeo (Women Drivers)** includes divers called *Haeyeo,* diving techniques that are continually handed down between generations in the Jeju Haenyeo community, and Haenyeo songs. • Jeju Heanyeo dive into the sea about 10 meters deep for about a minute without oxygen-providers to collect seafood. • According to the diving technology, the Jeju Haenyeo community is divided into three groups : *Sanggun* (high-level group), *Junggun* (middle-level group), and *Hagun* (low-level group). • Culture of Jeju Haenyeo contributes to the improvement of women's status in Korea. • It has value as a sustainable development model that human society should pursue.
Traditional Korean wrestling (*Ssireum*)	• **Traditional Korean wrestling** is a popular game widely enjoyed in South Korea. • It began in the tribal era, and is also found in Goguryeo murals. • It is a game in which two players hold the opponent's thigh band around their waist, and use various techniques to knock down the opponent. • Traditional Korean wrestling are held anywhere in the village with sand, and community members of all ages from children to the elderly can participate. • It takes place in various events such as holidays like Dano or Chuseok, and festivals.
Yeondeung-hoe, lantern lighting festival in the Republic of Korea	• ***Yeondeunghoe*** is a ceremony and festival that celebrates Buddha's birthday and marches through the street in a magnificient procession. • Originally, Yeondeunghoe was a religious ceremony to commemorate Buddha's birthday, but it is now a national spring festival that can be participated regardless of race, generation, or religion. • There are colorful lanterns hanging on the streets, and people gather for the celebration procession with traditional lanterns made using bamboo, hanji, etc. • Yeondeunghoe begins with a sense of disobedience, followed by a march of people carrying lanterns. • Participants pray for the well-being and happiness of individuals, families, neighbours and the entire country by revealing their own lanterns. • In recognition of its value, it was listed on the UNESCO Intangible Cultural Heritage in 2020.

제주 해녀문화 (2016)	• 제주해녀문화는 잠수라고 불리는 해녀, 제주해녀 공동체 안에서 끊임없이 세대 간 전승되는 잠수 기술, 그리고 해녀노래 등을 포함하고 있다. • 제주해녀들은 산소공급 장치 없이 10m 정도 깊이의 바닷속으로 약 1분간 잠수하여 해산물을 채취한다. • 잠수 기술에 따라 제주해녀 공동체는 상군, 중군, 하군 등 세 가지 집단으로 나뉜다. • 제주해녀문화는 남성 중심의 유교사회인 한국에서 여성의 지위 향상에 이바지하고 있다. • 제주해녀문화는 인류사회가 지향해야 할 지속 가능한 발전 모델로서의 가치를 지니고 있다.
씨름, 한국의 전통 레슬링 (2018)	• 씨름은 대한민국에서 널리 즐기는 대중적인 놀이이다. • 씨름은 부족국가시대부터 시작되어, 고구려 벽화에서도 발자취를 찾아볼 수 있다. • 두 선수가 허리와 한쪽 허벅지에 샅바를 두른 채 상대의 샅바를 잡고 여러 기술을 이용해 반대편 선수를 쓰러뜨리는 경기이다. • 마을 어느 곳이든 모래판이 있는 곳에서 씨름 경기가 열리며, 어린이부터 노인까지 모든 연령의 공동체 구성원이 참여할 수 있다. • 단오 또는 추석 명절, 그리고 축제 등 다양한 행사에서 씨름 경기가 벌어진다.
연등회, 한국의 등축제 (2020)	• 연등회(燃燈會)는 부처님 오신 날을 기념하여 소망을 담아 만든 등을 밝히고 장대한 행렬을 이루어 거리를 행진하는 의식이자 축제이다. • 본래 부처님 오신 날을 기념하기 위한 종교의식이었으나 현재 인종, 세대, 종교 상관없이 참여할 수 있는 국가적인 봄철 축제이다. • 거리에는 다채로운 연등이 내걸리고, 사람들은 대나무, 한지 등을 이용한 전통 방식으로 만든 연등을 들고 축하 행렬을 위해 모여든다. • 연등회는 관불의식으로 시작하여, 연등을 든 사람들의 행진이 이어진다. • 참여자들은 스스로 만든 연등을 밝혀 개인과 가족, 그리고 이웃과 나라 전체의 안녕과 행복을 기원한다. • 연등회는 이러한 가치를 인정받아 2020년에 유네스코 인류무형유산 대표목록에 등재되었다.

자주 나오는 문제

- 유네스코 인류문화무형유산 예시 3가지를 들고 설명해 보세요.
- 종묘제례와 종묘제례악에 대해 설명해 보세요.
- 판소리를 설명해 보세요.
- 강릉단오제를 설명해 보세요.
- 우리나라 김장문화를 설명해 보세요.
- 연등회에 대해 설명해 보세요.

Chapter 6

유네스코 세계기록유산

UNESCO's Memory of the World

Hunminjeong-eum Manuscript	• ***Hunminjeongeum*** means the proper sound to instruct people. • King Sejong invented 28 letters reflecting the phonetic system of Korean in 1443, and proclaimed them in 1446. • The Haerye Edition of Hunminjeongeum is a book that describes the purpose of creating Hangul, the principle of creating Hangul, and how it can be made by combining consonants and vowels. • Hangeul, Korean alphabet, is a compounder word of ***Han***, which means "Korean or "great", and ***Geul*** having a meaning of "letters". • With the creation of Hangeul, illiteracy rate of Koreans today is low because anyone can learn letters easily. • This is in line with UNESCO's fight movement against illiteracy. • The Korean government has been celebrating since 1946 after designating October 9, the date of the publication of the Hunminjeongeum Manuscript as Hangul Day.
Printing woodblocks of the Tripitaka Koreana and miscellaneous Buddhist scriptures	• **The Tripitaka Koreana** was made during the Goryeo Dynasty to fight against the Mongolian invasions with the mercy of Buddhist's blessing. • The Buddhist Tripitaka Koreana is carved onto a total of 81,258 woodenblocks. • It is currently stored in Haeinsa Temple of Gayasan Mountain in Hapcheon, South Gyeongsang Province, Korea. • The Tripitaka Koreana means the Buddhist scriptures and it is comprised of Sutra Pitaka (Discourse between Buddha and disciples), Vinaya Pitaka (Regulations of monastic life), and Abhidhamma Pitaka (Comments on sutra by famous scholars and monks). • A total of 5,987 woodblocks were made by Haeinsa Temple to supplement the Tripitaka Koreana.
Donguibogam, Principles and Practice of Eastern Medicine	• ***Donguibogam***, Principles and Practice of Eastern Medicine, refers to the theory and practice of oriental medicine and is an encyclopedia of medical knowledge and treatment published in 1613. • It was compiled by Heo Jun in cooperation with medical experts and officials by the royal order. • Donguibogam is the first comprehensive book on medical principles and practices, reflecting national ideals of public health and preventive medicine. • It is based on a curing principle that focuses on preventing people from getting sick before they get sick. • This book contains ingredients of medicine, treatment methods, and prescription for certain diseases.

훈민정음 (해례본) (1997)	• 훈민정음(訓民正音)은 '사람들을 가르치는 올바른 소리'라는 뜻이다. • 세종대왕이 1443년에 한국말의 음운체계를 반영하는 28문자를 창제하여 1446년에 반포하였다. • 훈민정음 해례본은 한글 창제의 목적, 한글 창제원리, 그리고 자음과 모음의 조합 방법 등을 서술한 책이다. • 한글은 '한국인' 또는 '위대한'의 뜻인 '한'과 문자의 뜻인 '글'의 합성어이다. • 한글이 창제되면서 오늘날 한국인의 문맹률이 낮은데, 이는 누구나 쉽게 글자를 배울 수 있기 때문이다. • 이것은 바로 유네스코의 문맹 퇴치 운동과도 맥을 같이하는 것이다. • 한국 정부는 훈민정음해례본의 발간일인 양력 10월 9일을 한글날로 지정하여 1946년부터 기념하고 있다.
해인사 대장경판 및 제경판 (2007)	• 고려대장경은 불력으로 몽골의 침략에 맞서기 위해 고려 왕조가 제작한 것이다. • 이 고려대장경은 총 81,258판의 목판에 새긴 것이다. • 현재 대한민국 경상남도 합천 가야산에 있는 해인사라는 고찰에 보관되어 있다. • 대장경은 불교 경전을 뜻하며, 부처의 가르침을 실은 경장(經藏), 승단의 계율인 율장(律藏), 고승과 불교 학자들인 남긴 논장(論藏)으로 구성된다. • 대장경을 보완하기 위하여 해인사에서 직접 후원하여 제작한 제경판은 총 5,987판의 목각이다.
『동의보감』 (2009)	• 『동의보감』은 동양 의학의 이론과 실제를 뜻하며, 1613년 편찬된 의학지식과 치료법에 관한 백과사전적 의서이다. • 왕명에 따라 의학 전문가들과 문인들의 협력하에 허준이 편찬하였다. • 『동의보감』은 의학 원리와 실천에 관한 최초의 종합서적으로, 공공의료와 예방의학의 국가적 이상이 반영되어 있다. • 『동의보감』은 사람들이 질병에 걸리기 전에 이를 예방하는 데 중점을 두는 양생 원칙에 바탕을 두고 있다. • 이 책은 약제, 치료법, 질병에 대한 처방 등을 담고 있다.

Baegun hwasang chrok buljo Jikji Simche yojeol	• ***Jikji Simche yojeol*** was written in 1372 when Baekwoon hwasang was 75 years old. • It was printed in metal type at Heungdeoksa Temple in Cheongju by Baekwoon hwasang's disciple. • Jikji Simche means that we will realize the heart of Buddha if we look directly at a person's heart through meditation. • Jikji Simche yojeol is the oldest existing book 70 years ahead of Gutenberg print in Germany.
Confucian Printing Woodblocks in Korea	• **Confucian Printing Woodblocks in Korea** were made to print the books of Confucian scholars of the Joseon Dynasty. • Over 60,000 hand-carved blocks were used to print 718 titles of works. • They have been donated from 305 families and Confucian academies. • Confucian Printing Woodblocks were created by intellectual groups in different regions, not the state. • The contents cover a wide range of areas, including literature, politics, economics, society, and interpersonal relationship. • Confucian Printing Woodblocks are records of the authors' immediate descendants preserving it for as long as 550 years and as short as 60 years.
Seungjeongwon Ilgi, the Diary of the Royal Secretariat	• The Seungjeongwon is the Royal Secretariat, which used to deal with all secrets of the court during the Joseon Dynasty. • **The *Seungjeongwon Ilgi*** is a total of 3,243 books on the history and state affairs of the Joseon Dynasty from 1623 to 1910. • It contains the detailed records of the daily events and official schedules of the court during the Joseon Dynasty. • We can recognize the important historic events and the change of Joseon's Confucian society.

『백운화상초록불조 직지심체요절』 (2001)	• 『직지심체요절』은 백운화상이 75세였던 1372년에 저술한 것이다. • 백운화상의 제자에 의해 청주 흥덕사에서 1377년 7월에 금속활자로 인쇄되었다. • 직지심체(直指心體)는 참선하여 사람의 마음을 직시하면, 곧 부처님의 마음임을 깨닫게 된다는 것이다. • 『직지심체요절』은 독일의 구텐베르크(Gutenberg)보다 70여 년이나 앞선 것으로 세계에서 가장 오래된 금속활자본이다.
한국의 유교책판 (2015)	• 유교책판은 조선시대 유학자들의 저작물을 간행하기 위해 판각한 책판이다. • 305개 문중·서원 등에서 기탁한 718종 약 60,000여 장이다. • 유교책판은 국가가 아닌 각 지역의 지식인 집단들이 시대를 달리하여 만든 것이다. • 수록 내용도 문학을 비롯하여 정치, 경제, 사회, 대인관계 등 다양한 분야를 다루고 있다. • 유교책판은 저자의 직계 후손들이 길게는 550년, 짧게는 60년 이상을 보존해 온 기록물이다.
『승정원일기』 (2001)	• 승정원은 조선시대 국가의 모든 기밀을 취급하던 왕실의 비서실이라 할 수 있는 곳이다. • 『승정원일기』는 조선시대 1623년부터 1910년까지의 역사적 기록과 국정에 대한 총 3,243권의 기록이다. • 『승정원일기』는 조선 왕궁의 세부적인 일상과 공식적인 일정 등을 담고 있다. • 조선 유교 사회의 중요한 역사적 사건과 변화 등을 알아볼 수 있다.

The Annals of Joseon Dynasty	• **The Annals of Joseon Dynasty** recorded the history of 472 years (1392 to 1863) from King Taejo to King Cheoljong in chronological order. • The Annal contains historical facts in various fields, including politics, diplomacy, military, institutions, laws, economy, industry, transportation, communication, society, customs, art, craft, and religion. • When editing the Annals, materials such as the Chunchugwan's records, the historical records of kings, the diary of Seungjeongwon, the registration of Uijeongbu, and Ilseongrok records were used. • Before the Japanese invasion of Korea, there were archives of the Joseon Dynasty in Chunchugwan, Jeonju, Sangju, and Chungju. • During the Japanese invasion, all Annals except those in Jeonju archives were burnt down and moved to Myohyangsan Mountain, Manisan Mountain, and Taebacksan Mountain. • Currently, the Annals are well preserved in the Gyujanggak Library of Seoul University.
Uigwe, the Royal protocols of the Joseon Dynasty	• ***Uigwe***, the Royal protocols of the Joseon Dynasty, is a record by organizing and editing documents used at that time based on the state rituals conducted during the Joseon Dynasty. • Uigwe contains records of the construction and cultural activities of building and royal tombs, as well as major royal events such as wedding, funerals, banquets, and envoy meetings, over 600 years of the Joseon Dynasty. • In particular, virtual contents such as 'Banchado' and 'Doseol' depicting events show three-dimensional and lively images of the time as today's video materials. • In other words, Uigwe systematically contains a large amount of paintings and writings of the main ceremonies of the Joseon Dynasty over a long period of time.
Royal Seal and Investiture Book Collection of the Joseon Dynasty	• **Royal Seals and Investiture Books** were made as gifts if their sons or grandchildren, who would succeed the king, were sealed to the crown prince or crown prince. • When the crown prince ascended to the throne, the queen was also given seals, books, and orders. • After the death of the king and queen, when the *Myoho* and *Siho* were chosen, they were given seals and books. • The books were intended for ceremonial use, but it reflects the changes of the times such as politics, economy, society, culture, and art. • In this respect, the books contributed greatly to establishing the political stability of the royal family.

『조선왕조실록』 (1997)	• 『조선왕조실록』은 태조부터 철종까지 472년간(1392~1863)의 역사를 연월일 순서에 따라 편년체로 기록한 책이다. • 『조선왕조실록』은 조선시대의 정치, 외교, 군사, 제도, 법률, 경제, 산업, 교통, 통신, 사회, 풍속, 미술, 공예, 종교 등 각 방면의 역사적 사실을 망라하고 있다. • 실록을 편찬할 때는 정부 기관에서의 보고 문서 등을 정리해 둔 춘추관 시정기, 왕들에 관한 기록물인 사초(史草), 『승정원일기』, 의정부등재, 『일성록』 등 자료를 이용하였다. • 임진왜란 전에는 춘추관, 전주, 상주, 충주에 『조선왕조실록』의 사고(史庫)가 있었다. • 임진왜란 때 실록은 전주 사고(史庫)를 제외하고 모두 불에 타 묘향산, 마니산, 태백산, 오대산으로 옮겨졌다. • 현재 『조선왕조실록』은 서울대학교 규장각에 보존되어 있다.
조선왕조 『의궤』 (2007)	• 『의궤』는 조선왕조에서 행한 국가 의례를 중심으로 당시 사용된 문서를 정해진 격식에 의해 정리하여 작성한 기록물이다. • 『의궤』는 조선시대 600여 년에 걸쳐 왕실의 주요 행사, 즉 결혼식, 장례식, 연회, 사신영접 등뿐 아니라, 건축물·왕릉의 조성과 왕실 문화 활동 등에 대한 기록이 그림으로 남아 있다. • 특히 반차도, 도설 등 행사 모습을 묘사한 시각 콘텐츠는 오늘날의 영상자료처럼 당시의 모습을 입체적으로 생동감 있게 보여 준다. • 한마디로 『의궤』는 장기간에 걸쳐 조선왕조의 주요 의식을 방대한 양의 그림과 글로 체계적으로 담고 있다.
조선왕실 어보와 어책 (2017)	• 어보와 어책은 국왕의 자리를 이을 아들이나 손자 등이 왕세자나 왕세존에 봉해지는 경우 예물로 제작했다. • 왕세자나 왕세손이 국왕에 즉위하면 즉위식에서 왕비도 금보(金寶), 옥책(玉冊), 교명(教命)을 받았다. • 왕과 왕비가 죽은 뒤에는 묘호(廟號)와 시호(諡號)가 정해지면 시보(諡寶)와 시책(諡冊)을 받았다. • 책보는 그 용도가 의례용으로 제작되었지만 당대의 정치, 경제, 사회, 문화, 예술 등의 시대적 변천상을 반영하고 있다. • 이런 면에서 볼 때 책보는 왕실의 정치적 안정성을 확립하는 데 크게 기여하였음을 알 수 있다.

Ilseongrok Records of Diary Reflections	• ***Ilseongrok*** **Records of Diary Reflections** are diaries of state affairs for 151 years from 1760 to 1910. • They are in the form of a diary published from the perspective of king, but are in fact official records of the government. • King Jeongjo ordered the officials of Gyujanggak to write a diary and obtain approval from the king. • King Jeongjo wanted Ilseongrok to be the basis for identifying and reflecting on the political and social situations of his time. • As a result, Ilseongrok was compiled for people to easily find information to refer to the administration of state affairs.
Nanjung Ilgi : War Diary of Admiral Yi Sun-sin	• ***Nanjung Ilgi*** is a hand-written diary in which Admiral Yi Sun-sin recorded from January 1592 to November 1598. • It recorded the details until Yi Sun-sin's death in Noryang naval battle since the outbreak of the Japanese Invasion of Korea in 1592. • Admiral Yi Sun-sin dealt with daily combat situations, his personal views and feelings during the war period with a sense of realism. • Nanjung Ilgi also conveys records of the climate, topography, and the lives of ordinary people at the time.
Documents on Joseon Tongsinsa (Korean Embassies)	• **Documents on Joseon *Tongsinsa*** (Korean Embassies) is about a diplomatic mission that was dispatched from Joseon to Japan over 12 times from 1607 to 1811. • After the Japanese Invasion of Korea, Joseon Tongsinsa restored the severed diplomatic relations between Joseon and Japan, and contributed to the establishment and maintenance of peaceful relations. • Tongsin means sharing faith and Tongsinsa visited Japan when there was a new succession to the throne and delivered the king's credentials. • Documents on Joseon Tongsinsa consist of diplomatic records, travel records, and cultural exchange records. • The two countries were able to achieve active exchanges in various fields, including diplomacy, as well as academic, artistic, industrial, and cultural.

『일성록』 (2011)	• 이 책은 1760년에서 1910년까지 151년 동안의 국정 운영 내용을 매일매일 일기체로 정리한 국왕의 일기이다. • 임금의 입장에서 펴낸 일기의 형식을 갖추고 있으나 실질적으로는 정부의 공식적인 기록물이다. • 정조 임금은 규장각 관원들이 매일매일 일기를 작성하여 국왕의 결재를 받도록 하였다. • 정조는 『일성록』이 자기 시대의 정치 사회적 상황을 확인하고 반성하는 근거 자료가 되기를 원했다. • 이에 따라 『일성록』은 국정 운영에 참고할 내용들을 쉽게 찾을 수 있도록 편찬되었다.
『난중일기』 (2013)	• 『난중일기』는 이순신 해군사령관이 1592년 1월부터 1598년 11월까지 7년간의 군중 생활을 기록한 친필일기이다. • 『난중일기』는 임진왜란 발발 이후부터 이순신이 노량해전에서 전사하기 직전까지 내용을 기록하고 있다. • 이순신 해군사령관은 전쟁 기간 중 매일매일의 전투 상황과 개인적 소회를 현장감 있게 다루었다. • 또한, 당시의 기후나 지형, 일반 서민들의 삶에 대한 기록도 전하고 있다.
조선통신사 기록물 (2017)	• 조선통신사에 관한 기록은 1607년부터 1811년까지 12회에 걸쳐, 조선국에서 일본국으로 파견되었던 외교사절단에 관한 것이다. • 조선통신사는 임진왜란 이후 조선과 일본 간 단절된 국교를 회복하고, 평화적인 관계 구축 및 유지에 공헌했다. • 통신은 신의를 나눈다는 의미이며, 통신사는 새로운 왕권의 승계가 있거나 임금의 신임장을 전달할 때 일본을 방문하였다. • 조선통신사에 관한 기록은 외교기록, 여정기록, 문화교류의 기록으로 구성되어 있다. • 조선통신사의 왕래로 두 나라는 외교뿐만 아니라 학술, 예술, 산업, 문화 등의 다양한 분야에 있어서 활발한 교류의 성과를 낼 수 있었다.

Archives for the May 18th Democratic Uprising against Military Regim, in Gwangju	• **Archives for the May 18th Democratic Uprising against Military Regim, in Gwangju** are a series of activities related to citizens calling for democratization centered around Gwangju, Republic of Korea, in May 1980. • They are documents, photographs and videos recorded and produced after the May 18 Democratic Uprising in connection with the punishment of the person in charge of the incident and compensation for victims. • Gwangju citizens protested against the military regime and martial law. • Many tragedies occurred during the May 18 Democratic Uprising, but their sacrifice greatly contributed to the democratization of Korea.
Archives of Saemaul Undong (New Community Movement)	• **Archives of *Saemaul Undong* (New Community Movement)** contain about 22,000 stuff produced during the Saemaeul Undong, which the Korean government and the people promoted from 1970 to 1979. • They are presidential speeches, official documents of the Saemaeul project by the administration, business documents by the village unit, letters from citizens, related textbooks, and related photos and videos. • The New Community Movement played an important role in Korea's growth into a major economic and industrial country. • It was also exported as a benchmarking model to many developing countries.
The Archives of the KBS Special Live Broadcast "Finding Dispersed Families"	• **Archives of the KBS Special Live Broadcast "Finding Dispersed Families"** are records by KBS from June 30 to November 14, 1983. • They include more than 20,000 recordings such as original videotapes, producer's notebook, applications by separated families, commemorative albums and photographs. • This program shows how terrible war is and how human lives are destroyed. • The program was very touching not only in Korea but also abroad because of its focus on the sadness felt by dispersed families.

1980년 인권기록유산 5.18 광주민주화운동 기록물 (2011)	• 5.18 민주화운동 관련 기록물은 1980년 5월, 대한민국 광주를 중심으로 전개된 민주화를 요구하는 시민들의 일련의 활동 관련 자료이다. • 또한, 5.18 민주화운동 이후에 이 사건의 책임자 처벌, 피해자 보상과 관련하여 기록되고 생산된 문건, 사진, 영상 등의 자료이다. • 광주 시민들은 군사 정부와 계엄령 발동에 반발했다. • 5.18 민주화운동 기간 많은 비극이 일어났지만 그들의 희생은 한국의 민주화에 크게 기여하였다.
새마을운동 기록물 (2013)	• 새마을운동 기록물은 대한민국 정부와 국민들이 1970년부터 1979년까지 추진한 새마을운동 과정에서 생산된 약 22,000여 건의 자료이다. • 대통령의 연설문, 행정부처의 새마을 사업 공문, 마을 단위의 사업 서류, 시민들의 편지, 새마을교재, 관련 사진과 영상 등이다. • 새마을 운동은 대한민국이 주요 경제산업 국가로 성장하는 데 중요한 역할을 하였다. • 새마을운동은 많은 개발도상국에 벤치마킹 모델로서 수출되기도 하였다.
KBS 특별생방송 「이산가족을 찾습니다」 기록물 (2015)	• KBS 특별생방송 「이산가족을 찾습니다」 기록물은 KBS가 1983년 6월 30일부터 11월 14일까지 생방송한 기록물이다. • 기록물은 비디오 녹화 원본 테이프, 프로듀서 업무 수첩, 이산가족의 신청서, 기념 음반, 사진 등 2만 개 이상의 자료이다. • 이 프로그램은 전쟁이 얼마나 끔찍하고 인간의 삶이 어떻게 파괴되는지를 보여 준다. • 프로그램은 이산가족들이 느끼는 슬픔에 초점을 맞췄기 때문에 대한민국에서뿐만 아니라 해외에서도 큰 감동을 선사하였다.

The Archives of the National Debt Redemption Movement	• The **Archives of the National Debt Redemption Movement** show the entire process of the National Debt Redemption Movement from 1907 to 1910. • In those times, Japan offered a large amount of loans to Korean Government as a part of their colonization policy. • In response, the Korean people started the national debt redemption movement to overcome the crisis caused by foreign debts. • In the movement started in Daegu, men held an anti-smoking campaign and women donated their rings. • When the foreign exchange crisis broke out in 1997, the second national debt redemption movement, so called the gold collection movement took place.

국채보상운동 기록물 (2017)	• 한국의 국채보상운동 기록물은 1907년부터 1910년까지 일어난 국채보상운동의 전 과정을 보여 주는 기록물이다. • 당시 일본은 식민지화 정책의 일환으로 한국 정부에 거액의 차관을 제공했다. • 이에 한국 국민은 외채 위기를 타개하기 위해 국채보상운동을 시작했다. • 대구에서 시작된 이 운동에서 남성들은 금연 캠페인을 벌였으며, 여성들은 반지를 내어 놓는 등 사회적 기부 운동이 일어났다. • 1997년에 외환위기가 발생했을 때, 제2의 국채보상운동, 이른바 '금 모으기 운동'이 일어났다.

자주 나오는 문제

• 훈민정음에 대해 설명해 보세요.

• 『조선왕조실록』에 대해 설명해 보세요.

• 팔만대장경에 대해 설명해 보세요.

• 『동의보감』에 대해 설명해 보세요.

Chapter 7

상황별 대처

Situations

Welcoming Service (From airport to Hotel)	• Arrive at the airport 30 minutes or an hour before arrival of the plane then check the arrival time of airplane, the list of tourists, and etc. • When tourists arrive, give your customers a warm welcome to Korea first. • After introduction a guide, check the number of tourists on the list and for any lost items. • After notifying the driver to have the vehicle ready, inform customers of boarding the vehicle. • Give customers important information such as local time, weather forecast, emergency contact information, etc. • Briefly explain the precautions during tour and introduce a few Korean greetings.
Check-in Hotel	• Before arriving at the hotel, tell customers the name and location of the hotel. • Before arrival, check the room type and room number from the hotel and discuss with the leader of the customers to assign the hotel room. • When customers arrive at the hotel. let the customers take a break in the lobby and check in at the hotel front desk. • When all customers are checked in, check the room status, various equipment, and facilities in the room with the leader of the customers. • After checking the room, ask the front desk of the hotel for a wake-up call the next day and let customers know the breakfast time and departure time for tour.
Tourist Attraction Guiding	• Acquire basic knowledge and information about tourist attractions in advance. • Before departing for a tourist destination, check whether the tourist destination is operating normally. • Provide customers with customized services by identifying the personal characteristics of customers. • Guide tourist attractions using accurate language expressions based on clear national and historical views. • Tell customers boarding place and boarding time of the vehicle before customers get off the vehicle. • Pay attention to possible accidents at tourist attractions, and explain the location and time of use of toilets. • After the tour, check the number of customers and customers' condition.

공항 영접 (공항에서 호텔까지)	• 비행기 도착 30분 전 내지 1시간 전에 공항에 도착하여 항공기의 도착 시간 등을 확인하고, 관광객의 명단 등을 점검한다. • 관광객 도착 시 먼저 한국에 오신 것을 진심으로 환영하는 인사를 한다. • 다음으로 자신을 소개한 후, 명단과 대조하여 정확한 인원 및 분실물을 파악한다. • 기사님께 차량 준비를 알린 후, 고객들에게 차량 탑승을 안내한다. • 차량 탑승 후 대한민국 체류 중 중요 정보(대한민국 현지 시간, 일기예보, 환율, 여행 일정, 비상 연락처 등)를 안내한다. • 투어할 때 발생할 수 있는 주의사항과 대한민국을 간략히 설명하고, 간단한 한국어 인사말 등을 소개한다.
호텔 투숙	• 호텔에 도착하기 전에 고객들에게 호텔의 이름과 위치를 알려 준다. • 도착하기 전에 호텔로부터 객실 타입과 객실 번호를 확인하여 인솔자와 상의하여 호텔 객실을 배정한다. • 호텔에 도착하면 고객들을 로비에서 잠시 휴식을 취하게 하고, 호텔 프런트에 가서 체크인을 한다. • 고객에게 객실 키와 조식쿠폰 등을 배분하고, 호텔 내 이용 방법과 주의사항에 대해서 설명한 뒤 입실시킨다. • 고객들이 모두 입실을 마치면 인솔자와 함께 객실 상태를 확인하고, 각종 비품 상태와 객실 내 이용 시설 등을 점검한다. • 객실 점검이 끝나면 호텔 프런트에 다음 날 모닝콜을 부탁하고, 조식시간과 투어 출발 시각을 알려 준다.
관광지 안내	• 관광지에 대한 기본 지식 습득 및 정보를 사전에 파악한다. • 관광지로 출발하기 전에 관광지가 정상 운영하는지 등을 확인한다. • 고객 개인별 특성을 어느 정도 파악하여 관광 안내 시 맞춤형 서비스를 제공한다. • 확실한 국가관과 역사관을 토대로 논리적이고 정확한 언어로 관광지를 안내한다. • 관광지에서 고객들이 내리기 전에 버스를 타는 장소와 출발 시각에 대해 알려 준다. • 관광지에서 발생할 수 있는 안전사고에 유의하며, 화장실 위치 및 이용 시각 등을 안내한다. • 관광을 마치고 인원 점검 및 고객의 상태를 확인한다.

Restaurant	• Check if any of the customers are Muslim, Hindu, or vegetarian and book a suitable restaurant in advance. • Contact the restaurant to check the food menu and let them know the estimated time of arrival. • Explain Korean food culture to customers before arriving to help customers understand. • Give customers safety information when receiving hot water from a water purifier or eating hot soup.
Shopping	• Shopping usually is proceeded when it is included in the itinerary or in case the customer requests it. • A guide can give brief information on duty-free goods, products, souvenirs of Korea, but the final choice shall be made by customers. • It is necessary to guide customers to a reliable shopping center to avoid being overcharged or unreasonable shopping. • If a rip-off charge occurs, have the shopping center check the facts and seek a solution. • Do always best to solve any problems occurred during shopping. • Make all efforts not to give any bad images to customers regarding shopping.
Check-out Hotel	• Arrive at the hotel early and check if the customers are having breakfast, and pay after the meal. • When customers leave the room, a guide needs to collect the room keys and return it to the front desk of the hotel. • Check the room key to identify late customers and inform them not to be late for checking out the hotel. • Request the vehicle to arrive 30 minutes before departure, and have customers wait in the lobby. • Customers must verify their passports and have a separate receipt for tax refund on items purchased at tax-free shops. • After getting in the vehicle, finally check the number of people, lost items and leave if there is no problem. • Notify customers to prepare in advance for the tax-free procedure and the procedure for delivering duty-free goods after arriving at the airport.

식당 안내	• 고객 중 무슬림이나 힌두교인, 채식주의자가 있는지 확인하고 적합한 식당을 미리 예약한다. • 미리 식당에 연락하여 식당 메뉴 확인 및 도착 예정 시각을 알려 준다. • 한국의 음식문화에 대해 식당 도착 전에 고객들에게 미리 설명하여 이해를 돕는다. • 정수기에서 온수를 받거나 뜨거운 국물을 먹을 때는 안전에 유의하도록 안내한다.
쇼핑 안내	• 여행 일정에 쇼핑이 포함되어 있거나 고객의 요구가 있을 때 쇼핑을 진행한다. • 우리나라의 면세품, 토산품, 기념품 등의 간략한 정보를 전달하되 최종 선택은 고객이 하도록 한다. • 공신력 있는 쇼핑센터에 안내함으로써 바가지요금을 당하거나 무리한 쇼핑이 되지 않도록 한다. • 만일 바가지요금 사례가 발생할 경우에는 해당 쇼핑센터에 사실을 확인하고, 해결책을 찾도록 한다. • 항상 쇼핑 중에 발생한 문제를 해결하기 위해 최선을 다한다. • 또한 쇼핑과 관련하여 고객에게 나쁜 이미지를 주지 않도록 최선을 다한다.
호텔 퇴실 및 공항 이동	• 일찍 호텔에 도착하여 고객들이 조식을 하는지 점검하고, 식사가 끝나면 계산을 한다. • 고객들이 객실에서 퇴청하면 객실 키를 받아 호텔 프런트에 반납한다. • 객실 키를 확인하면서 퇴실이 늦은 고객들을 파악하고 모이는 시간에 늦지 않도록 안내한다. • 차량이 출발 30분 전에 도착하도록 요청하고, 고객들을 로비에서 잠시 대기하도록 한다. • 고객들 본인의 여권을 확인시키고 면세점에서 구매한 물품에 대한 세금 환급 영수증은 별도로 소지하도록 한다. • 차량에 승차 후 최종적으로 인원, 분실물 등을 점검하고, 이상이 없으면 출발한다. • 공항 도착 후 텍스프리 절차와 면세물품 인도 절차에 대해 미리 준비하도록 안내한다.

Sending service	• Check for normal operation of flights. • Explain customers the process after arriving at the airport. • When customers arrive at the airport, have customers meet at a certain place and help those who want to get tax-free first. • At the end of the exemption process, collect passports from customers and go to the airline's check-in counter to get flight tickets. • Distribute passports and tickets to customers and ensure that the names on the passports and flight tickets are the same. • Consign customers' baggage at the group check-in counter. • When all procedures are completed, customers will be informed of location of the security check, tax return, duty-free delivery location, boarding gate, etc. • Express to customers like thank you for your cooperation in the guide work and say good bye.
In case of traffic jam	• I think traffic congestion can occur at any time if the vehicle is heavily moved. • Most important thing is to forecast the traffic situation and prevent the situation from occurring. • Nevertheless, in the event of a traffic jam, first apologize to customers politely and explain the situation. • Before the traffic jam is lifted, a guide provides customers with interesting Korean traditions, culture, Hallyu, and tourism information. • Tourist guide needs to do his/her best not to feel uncomfortable or bored from the customer's point of view.
In case of late arrival at the airport	• A car accident or unexpected event may result in a failure to arrive at the airport on time. • First of all, contact the relevant airline to notify them of the situation and ask a cooperation until arrival. • Call the travel agency and ask it to call the airline check-in counter for help. • Explain the situation to customers and ask them to cooperate to board the plane as soon as possible when arriving at the airport.

공항 환송	• 출국 항공편의 정상운항 여부를 확인한다. • 고객들에게 공항에 도착한 이후 진행사항에 대해 설명한다. • 공항에 도착하면 고객들을 일정한 장소에 모이도록 하고, 먼저 면세를 받으려는 고객들을 돕는다. • 면제 절차가 끝나면 고객들의 여권을 모아 항공사 단체 수속 카운터에 가서 비행기 표를 발행받는다. • 고객들에게 여권과 항공권을 배분하고 여권과 비행기 표에 기재된 이름이 같은지 확인시킨다. • 단체 수속 카운터에서 고객들의 수화물을 탁송한다. • 모든 절차가 완료되면 고객들에게 보안 검사 위치, 세금 환급 장소, 면세물품 인도 장소, 탑승 게이트 등을 설명한다. • 가이드 업무에 협조해 준 데 대해 감사를 표하고, 환송 인사를 건넨다.
교통 체증 시	• 차량의 이동량이 많을 경우, 교통 체증은 언제든지 일어날 수 있다고 생각한다. • 그러나 무엇보다도 중요한 것은 교통 상황을 미리 예측하여 이런 상황이 발생되지 않도록 해야 한다. • 그럼에도 불구하고, 교통 체증이 발생될 경우에는 우선 고객들에게 정중하게 사과를 하고, 상황을 설명한다. • 교통 체증이 풀리기 전까지 고객들에게 한국의 재미있는 전통이나 문화, 한류, 관광 정보 등을 제공한다. • 항상 고객의 입장에서 고객이 불편함이나 지루함을 느끼지 않도록 최선을 다한다.
공항 도착이 늦어질 경우	• 차량의 사고나 예상치 못한 일로 제때 공항에 도착하지 못하는 경우가 발생될 수 있다. • 우선 먼저, 해당 항공사에 연락하여 상황을 알리고 도착할 때까지 최대한 협조를 구한다. • 회사에 연락하여 항공사 체크인 카운터에 도움을 요청하도록 한다. • 고객들에게 상황을 설명하고, 공항 도착 시 최대한 빨리 비행기에 탑승할 수 있도록 협조를 당부한다.

In case of flat tire during tour	• In case of a flat-tire during a tour, the first thing to do is to calm down customers. • Have the driver check if something is wrong and pull over the vehicle on the shoulder of the road. • Ask the driver to call the insurance company for its help. • Inform the travel agency of the situation and ask for help in the event of a delay in the tour. • Ask customers to safely wait in the vehicle until the insurance company's vehicle arrives.
In case of tour delay	• Tourist guide always needs to check if there is a possibility of delay before starting the tour. • Nevertheless, if the tour schedule is delayed, first apologize to customers politely and explain the situation. • For the customer, the delay is very unpleasant and unsatisfactory. • Therefore, provide customers interesting stories or useful information about Korea so that customers will not be bored. • As the schedule has been delayed, touist guide should do his/her best to satisfy customers by looking for ways to make up for it.
When customers' complains	• From the customer's point of view, they can complain about hotel rooms or food, etc. • First of all, listen carefully to the customer's complaints and make effort to resolve the problem if it is resolvable, otherwise explain the situation to the customers then ask for his/her understanding. • I think that cordial communication with customers and an active attitude to solve problems are the virtues of a guide. • Also, the most important thing is to check and confirm hotel rooms, restaurants, and tour schedules in advance to avoid customer complaints.

투어 도중 차량 타이어 펑크 시	• 투어 도중 타이어가 펑크 날 경우, 가장 먼저 고객들을 안심시킨다. • 운전자에게 이상 발생 여부를 확인토록 하고, 도로 갓길에 차량을 세우도록 한다. • 운전자가 보험회사에 전화를 걸어 도움을 받도록 요청한다. • 여행사에 상황을 알리고 투어가 지체될 경우, 도움을 요청한다. • 보험회사 차량이 도착할 때까지 고객들이 차량에서 안전하게 대기할 수 있도록 한다.
투어 중 일정 지연 시	• 투어를 시작하기에 앞서 일정 지연 개연성이 있는지 늘 점검한다. • 그럼에도 불구하고 투어 일정이 지연된다면 우선 먼저 고객들에게 정중하게 사과하고 상황을 설명한다. • 고객의 입장에서, 일정 지연은 매우 불쾌하고 불만족스러운 일이다. • 따라서, 고객들이 지루하지 않도록 한국과 관련한 재미있는 이야기나 유용한 정보 등을 제공한다. • 일정이 지연된 만큼 고객의 눈높이에서 보충할 수 있는 방안을 모색하는 등 고객만족을 위해 최선을 다한다.
관광객이 불평을 할 경우	• 고객의 입장에서는 호텔 객실에 대한 불만이나 음식에 관한 불평 등 여러 가지 불평을 제기할 수 있다. • 우선 먼저 고객의 불평에 대해 주의 깊게 들어 주며, 그 문제가 해결 가능하다면 최선을 다해 해결하고, 그렇지 않다면 고객에게 상황을 설명하여 고객의 이해를 돕도록 한다. • 고객과의 진정한 소통과 문제를 해결하려는 능동적인 태도야말로 가이드가 갖춰야 할 덕목이라고 생각한다. • 또한, 무엇보다 중요한 것은 고객의 불평이 발생되지 않도록 사전에 호텔 객실이나 식당, 투어 일정 등에 대해 점검하고 확인하는 것이다.

When a customer gets injured	• During the tour, tourists may experience an unexpected accident or complain of suffering from illness. • For example, a tourist can fall, get bitten by a snake, or stung by a bee on the move. • In case of such an accident, a guide needs to have a minimum of emergency medicines or first-aid kit. • First of all, contact 119 and travel agency for administering help after first aid to customers who have been in an accident. • Other customers' tour schedules are also important, so ask help from the company or continue with the tour. • Customer safety is the most important thing in the tour, so tourist guide always needs to be alert and do his/her best to prevent accidents.
When a fire break out	• If a fire breaks out during a tour at museums or art galleries, first check if any staff member can give his/her hand. • Inform customers to cover their nose and mouth with a wet cloth then look for the exit. • Ask customers to evacuate through the exit in a low position. • If the direction of exit is hard to find because it is dark around, inform customers to put their hands on the wall if possible and guide them outside. • In addition, have customers evacuate using stairs, not elevators.
When an earthquake occurs	• If an earthquake occurs during a tour, such as a museum or art museum, first have customers leave the building immediately. • If customers stay in the building, they may be injured by debris from the earthquake or buried in the collapse of the building. • Inform customers to protect their heads with bags and shoes on during evacuation. • When the customers are evacuated, have them wait in a safe place until the situation calms down. • As a tour guide, it is very important to check the structure, layout and shelter of the building before the tour.

관광객이 부상을 당할 경우	• 투어 중에는 관광객이 갑자기 사고를 당하거나 질병으로 인한 고통을 호소할 수 있을 것이다. • 예를 들어, 이동 중에 넘어지거나 뱀에 물릴 수도 있고, 벌에 쏘일 수도 있다. • 이런 사고가 발생될 경우에 대비하여 가이드는 최소한의 응급약품이나 비상 구조 물품 등을 소지할 필요가 있을 것이다. • 우선 현장에서 사고를 당한 고객의 응급처치를 한 후, 119 소방대와 회사에 연락하여 도움을 받도록 한다. • 다른 고객들의 투어 일정 또한 중요하므로 회사의 도움을 받거나 아니면 직접 투어를 진행한다. • 투어에 있어 고객의 안전이 가장 중요하므로 늘 경각심을 갖고 사고 예방에 최선을 다한다.
투어 중 화재가 발생할 때	• 박물관이나 미술관 등 투어 도중에 화재가 발생한다면 우선 해당 직원의 도움이 가능한지를 확인한다. • 우선 고객들에게 젖은 천으로 코와 입을 막도록 알려 주고, 출구를 찾아본다. • 고객들이 낮은 자세로 출구를 통해 대피하도록 인솔한다. • 주변이 어두워서 나가는 방향을 알 수 없을 경우에는 가급적 벽에 손을 대고 밖으로 나가도록 돕는다. • 엘리베이터가 아닌 계단을 이용하여 대피하도록 한다.
투어 중 지진이 발생할 때	• 박물관이나 미술관 등 투어 도중에 지진이 발생한다면, 우선 고객들을 즉시 건물 밖으로 나가도록 한다. • 고객들이 건물 내 머물 경우, 지진으로 인한 파편에 부상을 당할 수 있고, 건물 붕괴로 매몰될 수도 있기 때문이다. • 고객들이 대피 중에 가방으로 머리를 보호하도록 하고, 신발은 꼭 신도록 주의시킨다. • 고객들이 밖으로 대피하면, 안전한 장소에서 상황이 진정될 때까지 기다리도록 한다. • 참고로, 가이드는 투어를 하기 전 건물의 구조나 배치, 피난처 등을 미리 확인해 두는 것이 중요하다.

In case of pickpocket	• First, ask the customer who was pickpocketed in detail what the lost item was. • Check the time and place of pickpockets and ask the police for help. • If the customer loses his/her passport, contact the embassy in his/her country and request the issuance of the passport. • If the customer can remember where the pickpocket occurred or a lost place, call and check if there is any item. • Make preparations in case a lost item is found later, and secure contact information such as the customer's address.
In case of a customer's deviation during the tour	• First of all, check whether any customer is aware of a deviated customer or has any information about the deviation. • The customer who has deviated may have lost their direction, therefore inform the officials in the tourist area and ask for help. • Notifying nearby police stations and travel agency are essential because the customer may have been in an accident. • If it is a possible to contact a deviated customer, inform the customer of destination and ask the customer to join with the help of the company. • In case of expecting the customer's return in a short time, ask for other customers' understanding, then wait and proceed with the tour together.
Alternatives against foreign tourists who have different views during the tour	• For customers, they may have different knowledge or various information about Korean history or culture. • Therefore, foreign tourists may deny or raise a different interpretation of tourist guide's explanation about the tourist attractions. • In this case, first a guide needs to listen to why the customer thinks like that way, and then ask for the reason. • So, respecting customer's view, a guide needs to provide accurate information if the customer doesn't understand the history or culture of Korea well. • A tourist guide should always have a positive mind and attitude to listen to the customers' different opinions or complaints and to suggest the proper solutions.

고객이 소매치기를 당했을 경우	• 먼저 소매치기를 당한 고객에게 분실된 물품이 무엇인지를 자세하게 물어본다. • 소매치기를 당한 시간과 장소를 파악하여 경찰에 도움을 요청한다. • 여권을 분실하였다면 해당 국가의 대사관에 연락하여 여권 발급을 요청한다. • 만일 소매치기 또는 분실한 장소를 기억할 수 있다면 전화를 걸어 혹시 해당 물품이 있는지 체크한다. • 나중 분실된 물품이 찾아질 경우에 대비하여 고객의 주소지 등 연락처를 확보해 둔다.
투어 중 고객이 이탈을 할 경우	• 우선 고객 중에서 이탈한 고객을 알고 있거나, 이탈 사실을 알고 있는지 파악한다. • 이탈한 고객이 길을 잃은 것일 수도 있으므로 관광지 내 관계자에게 사실을 알리고 도움을 요청한다. • 사고를 당하여 고객이 이탈할 수도 있으므로 가까운 경찰서와 여행사에도 해당 사실을 알린다. • 이탈 고객에게 연락이 가능하다면 다음 목적지를 알려 주고, 여행사의 도움을 받아 합류할 수 있도록 한다. • 만일, 이탈 고객이 빠른 시간 내 복귀가 예측되면 다른 고객들에게 양해를 구하고 기다려서 함께 투어를 진행한다.
투어 도중 자신과 다른 견해를 갖고 있는 외국인 관광객 대응방안	• 고객의 경우, 한국의 역사나 문화에 대해 다른 배경지식이나 다양한 정보를 갖고 있을 수 있다. • 따라서, 관광지에 대한 가이드의 설명에 대해 이를 부정하거나 다른 해석을 제기할 수 있다. • 이럴 경우, 먼저 고객이 왜 그러한 생각을 하는지를 들어 보고, 그 이유를 물어본다. • 고객의 견해를 존중하되, 한국의 역사나 문화를 잘못 이해하고 있는 경우에는 정확한 정보를 제공한다. • 가이드는 늘 고객의 관점에서 다른 의견이나 불평에 대해 청취하고 해결하려는 능동적인 마음과 자세가 중요하다고 생각한다.

A place we can go when customers have to wait during a tour	• Due to the tour schedule, there are many situations for customers to wait until the next tour. • First of all, I will explain the situation to customers and ask their understanding. • I will guide customers during the waiting time so that there is no problem with the next tour schedule. • If the waiting time is short, I will ask customers to wait on the bus or stop by a nearby park for customers to take a walk or rest. • If the waiting time is long, I will stop by a nearby museum so that customers can experience Korea's history and culture.
A place customers can go when they want to shop	• Shopping may or may not be included in the tour schedule when conducting a tour. • So, I will explain the shopping included in the tour schedule. • Foreign customers are found to be interested in Korean traditional crafts, ginseng, cosmetics, clothing, bags, accessories, and so on. • In addition, it was found that foreigners mainly visit downtown duty-free shops or traditional markets for shopping. • Therefore, I think Insa-dong Traditional Culture Street, Department store, Dongdaemun market, and DDP are good places to shop.
When a customer loses a precious item	• First, explain the situations to other customers and ask for understanding and cooperation. • When a customer loses an item, ask about the time and place he/she remembers. • If the customer knows the place, contact any person in the place to check if the item is still there. • Guide a customer to a nearby police station so that he/she can report the loss of items. • Leave the customer's contact information so that lost item can be delivered when the item is found. • If there is a passport among the lost items, contact the relevant embassy and request the issuance of a passport.

투어 중 대기시간이 발생할 때 갈 만한 곳	• 투어 일정상 여러 가지 사정으로 고객에게 대기하는 시간이 발생될 수 있다. • 무엇보다 중요한 것은 고객들에게 상황을 설명하고, 이해를 구한다. • 다음 투어 일정에 차질이 없도록 대기시간을 고려하여 다음과 같이 안내한다. • 만일 대기 시간이 짧다면 버스에서 대기하거나 가까운 공원에 들려 가벼운 산책이나 휴식을 취하도록 한다. • 대기시간이 길 경우에는 가까운 박물관 등에 들려 우리나라의 역사나 문화를 체험할 수 있도록 한다.
고객이 물건을 사고 싶을 때 갈 만한 곳	• 투어를 진행할 때 쇼핑은 투어 일정에 포함되거나 그렇지 않을 수 있다. • 따라서 투어 일정에 포함되어 있는 쇼핑에 대해 설명하고자 한다. • 외국인 고객은 우리나라의 전통 공예품, 인삼, 화장품, 의류, 가방, 액세서리 등에 관심이 있는 것으로 파악된다. • 또한, 쇼핑 장소는 시내면세점이나 전통시장을 주로 찾는 것으로 나타났다. • 따라서, 인사동 전통문화거리, 명동의 면세점이나 백화점, 동대문시장, DDP 등은 쇼핑하기에 좋은 장소라고 생각한다.
고객이 소중한 물품을 분실할 경우	• 우선 다른 고객들에게 상황을 설명하고 이해와 협조를 구한다. • 물품을 분실한 고객에게 기억나는 분실 시간과 장소에 대해 물어본다. • 물품 분실 장소를 알고 있는 경우에는 해당 장소에 연락하여 해당 물품이 있는지를 확인한다. • 가까운 경찰서를 찾아 물품 분실신고를 하도록 안내한다. • 해당 물품이 찾아지면 인도될 수 있도록 고객의 연락처를 남기도록 한다. • 분실 물품 중 여권이 있을 경우에는 해당 대사관에 연락하여 여권 발급을 요청한다.

자주 나오는 문제

- 공항에서 관광객을 처음 만나서 가장 먼저 어떤 설명을 할 것인지 설명해 보세요.
- 여행객을 공항에서 처음 만났을 때 상황을 표현해 보세요.
- 위험상황이 발생하면 어떻게 대처할지 설명해 보세요.
- 고객이 투어 중 갑자기 아플 경우, 어떻게 할 것인지 설명해 보세요.
- 외국인이 음식이 입에 맞지 않을 경우, 어떻게 할 것인지 설명해 보세요.
- 항공이 지연되거나, 항공을 놓치거나, 결항 되었을 때 어떻게 할 것인지 설명해 보세요.
- 투어 중 화재가 발생하면 어떻게 할 것인지 설명해 보세요.
- 투어 중 지진이 발생하면 어떻게 할 것인지 설명해 보세요.
- 투어 중 고객이 이탈을 할 경우, 어떻게 할 것인지 설명해 보세요.
- 투어 중 자신과 다른 견해를 갖고 있는 외국인 관광객을 어떻게 할 것인지 설명해 보세요.
- 고객이 시간이 남을 때 갈 만한 곳, 물건을 사고 싶을 때 갈 만한 곳을 설명해 보세요.
- 고객의 소중한 물품을 분실하게 된 경우, 어떻게 대처할 것인지 설명해 보세요.

Chapter 8

대한민국 주요 관광지

Tourist Attractions in Korea

Peaceful Borders (Incheon - Paju - Suwon - Hwaseong)

Incheon	• **Incheon** is a city with the nearest beach, airport and port in the Seoul metropolitan area. • We can see the traces of Korea's first theater, Western-style houses, and Western-style parks that were introduced with the opening of Incheon Harbor. • Old towns such as China Town and Sinpo International Airport and new towns such as Yeongjongdo Island are contrasting and attractive. • Wolmido Island is an old tourist destination with hotels, beaches and Wolmi Theme Park.
Paju	• **Paju** makes us feel the reality of Korea as the only divided country in the world. • We can tour the Dora Observatory where people can see DMZ and Gaeseong Industrial Complex, Dorasan Station, Imjingak Pavilion, and Pyeonghwa Nuri Park. • Heyri Village and Paju Publishing Town filled with art and culture are in contrast. • The Imjingang River Ecological Trail, which is 8.9km from the South gate of Imjingak to Yulgok Wetland Park, is one of the best trekking courses.
Suwon	• **Suwon** is the location of Gyeonggi Province Government and the largest city in Gyeonggi-do. • It is the first new city in Joseon that King Jeongjo created, and the city is surrounded by fortress. • Suwon Hwaseong Fortress, Hwaseong museum, Suwon Tongdak street, and Gwanggyo Lake Park are tourist attractions. • The cultural street connected from Paldalmun Gate, Suwon *Galbi* (marinated meat) and *Tongdak* (Chicken) are the joys of travelling to Suwon,
Hwaseong	• **Hwaseong** is a city adjacent to Suwon and is an area where the population is rapidly increasing. • There are Jebudo Island, where the sea route opens twice a day, and Gungpyeong Port, a famous sunset spot. • Maehyangri used to be a bombing training ground for the USFK Air Force for 54 years from 1951, but is now transforming into a peace ecological park. • The Soda Museum of Art, the birthplace of composer Hong Nan-pa, Namyangho Lake, and Yunggeonneung Royal Tomb are main tourist attractions.

평화역사이야기행 (인천 - 파주 - 수원 - 화성)

인천	• 인천은 수도권에서 가장 가까운 해변과 공항, 항구가 있는 도시다. • 인천항 개항에 따라 들어온 한국 최초의 극장과 서양식 주택, 서구식 공원 등의 흔적을 살펴볼 수 있다. • 차이나타운, 신포국제공항 등의 구도심과 영종도 등의 신도심이 대조적이면서 매력적이다. • 월미도는 호텔, 해수욕장 및 월미테마파크가 조성된 오래된 관광지이다.
파주	• 파주는 세계 유일의 분단국가라는 대한민국의 현실을 느낄 수 있는 곳이다. • DMZ와 개성공단을 볼 수 있는 도라 전망대, 도라산역, 통일촌, 임진각과 평화누리공원을 둘러볼 수 있다. • 예술과 문화가 가득한 헤이리 마을, 파주출판도시는 대비를 이룬다. • 임진각 남문에서 율곡습지공원까지 8.9km에 이르는 임진강변 생태탐방로는 최고의 트레킹 코스이다.
수원	• 수원은 경기도청 소재지이자 경기도 최대도시이다. • 정조대왕이 만들었던 조선 최초의 신도시로 성으로 둘러싸여 있다. • 주요 관광지로 수원화성과 화성박물관, 수원통닭거리, 광교호수공원 등이 있다. • 팔달문부터 연결되어 있는 문화의 거리와 수원갈비와 통닭은 수원 여행의 즐거움이다.
화성	• 수원과 인접한 도시로 인구가 급증하는 지역이다. • 하루 두 차례 바닷길이 열리는 제부도와 일몰 명소인 궁평항이 있다. • 매향리는 1951년부터 54년간 주한미군 공군의 폭격훈련장이었으나 지금은 평화생태공원으로 탈바꿈하고 있다. • 소다미술관, 작곡가 홍난파의 생가, 남양호, 융건릉 등이 주요 관광지이다.

K-DRAMATIC Gwangwon (Gangneung - Pyeongchang - Sockcho - Jeongseon)

Gangneung	• **Gangneung** is the largest hub city among Gangwon coastal cities with good infrastructures. • Gyeongpodae with long history, Anmok Beach with coffee street, and Jeongdongjin, a sunset spot, are very famous tourist attractions. • **Anbandegi** in Gangneung, close to Pyeongchang, is good to visit when traveling to Daegwallyeong. • There are **Ojukheon**, the birthplace of Shinsaimdang and Yulgok Yiyi, Wolhwa Street, and Chodang *Sundubu* (soft bean curd) Street.
Pyeongchang	• **Pyeongchang** is the center of the Taebaek Mountain Range and is a plateau city located at an average altitude of 600m or higher. • Odaesan National Park, Woljeongsa Temple, Phoenix Snow Park, Daegwallyeong Sheep Ranch, and Herb Nara are famous tourist attractions. • 2018 Pyeongchang Winter Olympics was held in Pyeongchang, where about 3,000 athletes from 92 countries around the world participated. • Hyoseok Cultural Festival, Pyeongchang Trout Festival, and Daegwallyeong Snow Flower Festival offer another pleasure.
Sockcho	• Seolaksan National Park occupies most of Sockcho area. • There are Yeongrang Lake and Cheongcho Lake, and famous Dongmyeong Port and Daepo Port. • '**Abai Village**', the settlement of North Korean refugees during the Korean War, is a place where we can feel the pain and culture of displaced people. • Sockcho Beach is popular because it has a park, a flower road, and a pine forest trail.
Jeongseon	• **Jeongseon** is the birthplace of 'Arirang' and holds the Jeongseon Arirang Festival in early October every year. • We can enjoy activities such as Donggang River rafting, Observatory Byeongbangchi skywalk, and zip wire. • There is Gangwon Land where Koreans are allowed into casinos, and we can take a rest at High One Resort. • There are '**Auraji,** Jeongseon Arirang's hometown, '**Samtan Art Mine**', abandoned mine development site, **Hwaam Cave**, and the filming location for the drama '**Descendants of the Sun.**'

드라마틱강원여행 (강릉 - 평창 - 속초 - 정선)

강릉	• 강릉은 강원 해안도시 중 가장 큰 거점도시로 기반시설이 잘 갖춰져 있다. • 역사 깊은 경포대, 커피거리가 있는 안목해변, 일출 명소인 정동진은 관광명소이다. • 평창과 가까운 강릉의 '안반데기'는 대관령 여행 때 가 볼 만하다. • 신사임당과 율곡 이이의 생가인 오죽헌, 월화거리, 초당 순두부 거리가 있다.
평창	• 평창은 태백산맥의 중심지로 평균 고도 600m 이상에 위치하고 있는 고원도시이다. • 오대산 국립공원과 월정사, 휘닉스 스노우 파크, 대관령 양떼목장, 허브나라는 이름난 관광지이다. • 2018년 평창동계올림픽 개최지로 당시 세계 92개국 약 3,000여 명의 선수가 참가하였다. • 효석문화제, 평창송어축제, 대관령눈꽃축제는 또 다른 즐거움을 선사한다.
속초	• 속초는 설악산국립공원이 면적의 대부분을 차지하고 있다. • 영랑호, 청초호가 있고, 유명한 동명항과 대포항이 있다. • 한국전쟁 당시 북한 피난민들의 정착지인 '아바이마을'은 실향민들의 아픔과 문화를 느낄 수 있는 곳이다. • 속초해수욕장은 공원과 꽃길, 송림 산책로가 조성되어 있어 인기가 높다.
정선	• 정선은 아리랑의 발상지로서 매년 10월 초 '정선아리랑제'를 개최한다. • 동강 레프팅, 전망대 병방치 스카이워크, 짚와이어 등 액티비티를 즐길 수 있다. • 내국인들에게 카지노가 허용된 강원랜드가 있고, 하이원리조트에서 휴양이 가능하다. • 정선 아리랑의 고향 '아우라지', 폐광 개발지인 '삼탄아트마인', '화암동굴', 드라마 「태양의 후예」 촬영지가 있다.

CONFUCIAN Touches (Andong - Daegu - Yeongju - Mungeong)

Andong	• **Andong** is a treasure of Korea's historical culture and the center of Korean spiritual culture. • We can tour Toegye Yi Hwang's Dosanseowon Confucian Academy, '**Hahoe Village**', the clan village of Pungsan Ryu Clan, and Byeongsanseowon Confucian Academy. • Andong Bongjeongsa Temple is famous for '**Geuknakjeon Hall**', the oldest wooden building in existence. • Andong International Mask Dance Festival is held here, and the Andong's Mask Culture is spreading to people all over the world.
Daegu	• **Daegu** is a basin and is a city nicknamed "Daefrica" because it is warm in winter and hot in summer. • It is the place where the *Chimaek* (Chicken and Beer) Festival, Full Daegu Festival, and International Musical Festival are held. • Donghwasa Temple, Otgol Traditional Village, and singer Kim Gwang-seok Street are very famous spots to visit. • We can tour Seomun Traditional Market, and experience oriental medicine at the Oriental Medicine Experience Town in Yangnyeong-si, Daegu.
Yeongju	• **Yeongju** is formed on the plateau site of Sobaeksan National Park, with long north & south and narrow east & west. • We can get a glimpse of the scholar sprit in Sosusewon Confucian Academy and Seonbichon Village. • There are many things to see, including Muryangsujeon Hall of Buseoksa Temple which is a world cultural heritage site, Museom Village and Punggi Ginseng. • Punggi Ginseng Festival, where visitors can experience traditional ginseng carving and ginseng digging, is popular.
Mungyeong	• **Mungyeong** is surrounded by arch-typed mountain in the Yeongnam region. • Mungyeongsejae, which was used as a difficult path for scholars who dreamed of becoming officials in the past, has been transformed into a clean and healing attraction. • Dansan Mountain, which has the Coal Museum, Mungyeong Healing Recreation Village, Omija Theme Park, and the longest monorail in Korea, is the best tourist destination. • Mungyeong *Chasabal* (Tea Bowl), a traditional porcelain, was embodied by ancestors who had difficulty in continuing their reputation and can be found at the Mungyeong Chasabal Festival.

선비이야기여행 (안동 - 대구 - 영주 - 문경)

안동	• 안동은 대한민국의 역사문화의 보고(寶庫)이자 우리 민족 정신문화의 중심이다. • 퇴계 이황의 도산서원, 풍산 류씨의 집성촌인 하회마을, 병산서원 등을 둘러볼 수 있다. • 안동 봉정사는 현존하는 최고(最高)의 목조건물인 극락전으로 유명하다. • '안동국제탈춤페스티벌'이 열리는 곳으로, 세계인들에게 안동의 '탈문화'를 전파하고 있다.
대구	• 대구는 분지 지형으로 겨울에 따뜻하고 여름에 더워 '대프리카'란 별명이 붙은 도시다. • 치맥페스티벌, 풀대구페스티벌, 국제뮤지컬페스티벌이 열리는 곳이다. • 볼거리로는 동화사, 옻골 전통마을, 가수 김광석 거리 등이 유명하다. • 서문전통시장을 둘러보고 대구 약령시 한방의료체험타운에서 한방체험을 할 수 있다.
영주	• 영주는 소백산국립공원의 고원지대로 남북으로 길고 동서로 협소하다. • 조선시대 최초의 사액서원인 소수서원과 선비촌에서 선비 정신을 엿볼 수 있다. • 세계문화유산인 부석사 무량수전, 무섬마을과 풍기 인삼 등 볼거리가 많다. • 전통방식의 인삼 깎기, 인삼 캐기를 체험할 수 있는 풍기인삼축제는 인기가 많다.
문경	• 문경은 영남지역의 산세가 아치형으로 둘러싸여 있다. • 과거 입신양명을 꿈꾸던 선비들이 힘들게 오가던 '문경세재'는 청정과 힐링의 명소로 탈바꿈하였다. • 석탄박물관, 문경힐링휴양촌, 오미자테마공원, 국내 최장 모노레일이 있는 단산은 최고의 관광지이다. • '문경 찻사발'은 어렵게 명맥을 이어 온 선조 도공들에 의해 구현된 것으로 '문경 찻사발 축제'에서 만나 볼 수 있다.

Places of CREATIVITY (Busan - Geoje - Tongyeong - Namhae)

Busan	• **Busan** has a population of about 3.4 million and is the second largest city in Korea. • It is famous as a city of youth with beaches and a romantic city where the international film festival is held. • **Gijang** and **Haeundae** areas are lined with resorts, where we can enjoy a vacation. • Dalmaji Hill, Jagalchi Market, Gukje Market, Gamcheon Culture Village, and Songjeong Beach are places where we can feel the atmosphere of Busan. • **Yeongdo** is a place where creative cafes are concentrated, and is also called Cafe Island.
Geoje	• **Geoje** is the second largest island in Korea after Jeju Island and has a large shipyard. • It is home to various fish and has been designated and preserved as a clear and clean sea area. • Starting with **Geoje Bridge** in 1971, **Singeojedaegyo Bridge** was built in 1991 and **Geogadaegyo Bridge** in 2010. • **Oedo Botania**, where the entire island is filled with exotic trees and flowers, is also famous as the filming location for the drama 'Winter Sonata'.
Tongyeong	• Surrounded by 570 islands, **Tongyeong** is a beautiful tourist and recreation city. • It is the birthplace of famous artists such as novelist Park Kyung-ri and is also a UNESCO-designated "City of Music Creation." • Ganguan, Dongpirang Mural Village, Mireuksan Cable Car and Skyline Luge are attractive. • The Tongyeong International Music Festival is a music festival held in Tongyeong to commemorate composer Yun I-sang.
Namhae	• With its mild climate and clear & clean sea, **Namhae** boasts a wonderful view. • The exotic 'German Village' and the layered rice paddy 'Gacheon *Daraengi* Village' are one of the tourist attractions. • Boriam which is famous as a place of prayer and resorts such as Namhae Hilton and South Cape are located. • The vast rapeseed field of Dumo Village is harmonized with the sea to create a superb view.

남쪽빛감성여행 (부산 - 거제 - 통영 - 남해)

부산	• 부산은 인구 약 340만 명으로 대한민국 제2의 도시이다. • 해변이 있는 젊음의 도시, 국제영화제가 열리는 낭만의 도시로 유명하다. • 기장과 해운대 지역은 리조트가 즐비하여 휴양을 즐길 수 있다. • 달맞이고개, 자갈치시장, 국제시장, 감천문화마을, 광안리, 송정해변 등은 부산의 정취를 느낄 수 있는 곳이다. • 영도는 창의적인 카페들이 몰려 있는 곳으로 카페섬이라는 별칭으로도 불린다.
거제	• 제주도에 이어 대한민국에서 두 번째로 큰 섬으로 대규모 조선소가 입지해 있다. • 각종 어류의 서식처이며, 맑고 깨끗한 청정해역으로 지정, 보존되고 있다. • 1971년 거제대교를 시작으로, 1991년 신거제대교, 2010년 거가대교가 건설되었다. • 섬 전체가 이국적인 나무와 꽃들로 가득 찬 '외도 보타니아'는 드라마 「겨울소나타」의 촬영지로도 유명하다.
통영	• 570개의 섬들로 둘러싸인 통영은 아름다운 관광휴양도시다. • 소설가 박경리 등 유명한 예술가들이 탄생한 곳으로 유네스코 지정 '음악창의 도시'이기도 하다. • 강구안, 동피랑벽화마을, 미륵산 케이블카와 스카이라인 루지 등이 볼거리다. • 통영국제음악제는 작곡가 윤이상을 기리기 위해 통영시에서 열리는 음악제이다.
남해	• 온화한 기후와 맑고 깨끗한 바다가 있는 남해는 멋진 경치를 자랑한다. • 이국적인 '독일마을'과 층층이 쌓인 논 '가천다랭이마을'은 관광명소 중의 하나다. • 기도 도량으로 유명한 '보리암'과 남해힐튼 및 사우스케이프 등 리조트가 자리잡고 있다. • '두모마을'의 드넓은 유채꽃밭은 바다와 어우러져 절경을 이룬다.

Art & Culture in HISTORY (Gyeongju - Ulsan - Pohang)

Gyeongju	• **Gyeongju,** designated as the UNESCO Historic Site District, can be said to be a museum throughout the city. • Gyeongju, where the ancient and 21st centuries coexist, is a place where the history of Silla's millennium remains intact. • We can feel the footsteps of Silla history from the Daereungwon district located on the flat land, the Wolseong district, the royal palace site of the Silla period, and the Cheomseongdae, the oldest observatory in the East. • In addition, Donggung and Wolji, where princes lived in the Silla Dynasty, are places where both day and night scenery are beautiful.
Ulsan	• **Ulsan** has mild weather all year round and boasts beautiful natural environment of the East sea. • As the largest heavy and chemical industrial city in Korea, ports such as Ulsan Port, Mipo Port, and Jangseungpo Port are developed. • Ganjeolgot Cape, where the sun rises first on the Korean Peninsula, is famous as a sunrise spot. • There are many places to look around, such as Bangudae Petroglyphs, Jangseungpo Whale Museum, and Ulsan Grand Park, the largest scale in Korea.
Pohang	• **Pohang** is the area where Hyeongsan River estuary and the East sea meet, and PSOCO steel industry is located. • Songdo, Cheolpo, Wolpo, Hwajin, and Yeongilman Beach are known as beach tourist attractions due to the development of the sandy beaches. • Guryongpo, the filming location of the drama 'When the Camellia Blooms', is famous as a Japanese house street. • Homigot, famous for the shape of tiger tail in the tiger-shaped topography of the Korean Peninsula, is a sunrise spot.

해돋이역사기행 (경주 - 울산 - 포항)

경주	• '유네스코 역사유적지구'로 지정된 경주는 도시 전체가 하나의 박물관이라고 할 수 있다. • '고대'와 '21세기'가 공존하는 경주는 신라 천 년의 역사가 고스란히 곳곳에 남겨져 있는 곳이다. • 평지에 자리한 '대릉원 지구', 신라시대 왕궁터인 '월성지구', 동양에서 가장 오래된 천문대인 '첨성대' 등에서 신라 역사의 발자취를 느낄 수 있다. • 또한, 신라시대 왕자들이 기거했던 '동궁'과 '월지'는 낮과 밤의 경치가 아름다운 곳이다.
울산	• 울산은 1년 내내 온화한 날씨와 동해안의 아름다운 자연환경을 지닌 곳이다. • 대한민국에서 가장 큰 중화학 공업도시로서 울산항, 미포항, 장생포항 등 항만이 발달해 있다. • 한반도에서 가장 먼저 해가 뜨는 '간절곶'은 일출 명소로 유명하다. • 선사시대의 바위 그림인 '반구대 암각화', 장생포의 고래박물관, 국내 최대의 규모를 자랑하는 '울산대공원' 등 둘러볼 곳이 많다.
포항	• 포항은 형산강 하구와 동해안이 만나는 곳으로, 포항제철이 위치하고 있다. • 송도, 칠포, 월포, 화진, 영일만 해수욕장은 백사장이 발달해 해변 관광명소로 알려져 있다. • 드라마 「동백꽃 필 무렵」의 촬영지인 구룡포는 일본인 가옥 거리로 유명하다. • 호랑이 모양의 한반도 지형에서 호랑이 꼬리처럼 생겨 유명한 '호미곶'은 해돋이 명소이다.

Coastal NATURE (Yeosu - Suncheon - Boseong - Gwangyang)

Yeosu	• **Yeosu** is a place that connects Hallyeohaesang National Park and Dadohaehaesang National Park, and has plenty of food, attractions, and entertainment. • Hyangilam Hermitage, Odongdo Island which is famous for camellia, and Jangcheok Village are popular tourist destinations. • There are many places to look around, such as Dolsan Mountain, famous for its mustard Kimchi, and Yeongchwisan Mountain with beautiful azaleas. • In particular, the Mudflat Sunset Festival is famous for its magnificent mudflats and beautiful sunset of Yeojaman Bay located in the west of Yeosu.
Suncheon	• **Suncheon** is a treasure trove of the Korean ecosystem and is the number one ecotourism in Korea. • There are Seonamsa Temple and Songgwangsa Temple in Jogyesan Mountain, and Nakaneupseong Fortress, which consist of thatched houses, and Waon Beach, where the sunset is beautiful. • Suncheon Bay Wetland, which has a wide reed field and tidal flat like the sea, is a treasure trove of migratory birds and tidal flat creatures. • It is also fun to look around the Suncheon Drama Set, which reproduces the appearance of Seoul in the 1960s.
Boseong	• **Boseong** accounts for 40% of the nation's tea production, and is more famous for its green tea field scenery. • Beolgyo is the main producer of cockles, and Beolgyo cockles are known to be rich in minerals, protein and taurine. • Jeamsan Recreation Forest, Ganggol Village's traditional house, and Yulpo Beach are also worth visiting. • On Taebaeksan Literature Street, there is a literature museum by novelist Cho Jung-rae, so we can experience a tour of literature.
Gwangyang	• **Gwangyang** is a place where cultural exchanges are active between Yeongnam and Honam regions. • Plum blossoms in Gwangyang *Maehwa* (plum) Village, where plum blossoms bloom first in the country, are very famous. • The beautiful sand and fishing of sweetfish at the Seomjingang River are indispensable pleasure. • Gwangyang bulgogi is famous nationwide and Gwangyang plum grown under abundant sunlight is popular.

남도바닷길 (여수 - 순천 - 보성 - 광양)

여수	• 여수는 '한려해상국립공원'과 '다도해해상국립공원'을 동시에 잇는 곳으로 먹거리, 볼거리, 즐길 거리가 풍부하다. • 향일암, 동백섬인 오동도, 장척마을은 관광객이 많이 찾는 곳이다. • 갓김치로 유명한 돌산, 진달래가 아름다운 영취산 등 돌아볼 곳이 많다. • 특히, '갯벌노을축제'는 여수의 서쪽에 위치한 '여자만'의 웅장한 갯벌과 아름다운 노을로 유명하다.
순천	• 순천은 대한민국 생태계의 보고(寶庫)로, 대한민국 생태관광의 1번지이다. • 조계산에는 선암사와 송광사가 있고, 초가집들로 구성된 낙안읍성과 일몰이 아름다운 와온해변이 있다. • 바다처럼 넓은 갈대밭과 갯벌이 있는 순천만습지는 철새와 갯벌생물들의 보고(寶庫)이다. • 1960~1980년대의 서울 모습을 재현한 '순천드라마 세트장'을 둘러보는 재미도 있다.
보성	• 보성은 전국 차 생산의 40%를 차지하는 곳으로, 녹색 빛의 녹차밭 풍경으로 더 유명하다. • 벌교는 꼬막의 주산지로, 벌교꼬막은 미네랄이 풍부하고 단백질과 타우린 성분이 풍부한 것으로 알려져 있다. • 제암산 휴양림, 강골마을의 전통가옥, 율포해수욕장 역시 둘러볼 만하다. • 태백산문학거리에는 조정래 작가의 문학관이 있어 문학기행을 할 수 있다.
광양	• 광양은 영남과 호남 양 지역과 문화적 교류가 활발한 곳이다. • 전국에서 가장 먼저 피는 광양매화마을의 매화는 매우 유명하다. • 섬진강의 아름다운 모래밭과 은어낚시는 빼놓을 수 없는 즐거움이다. • 광양불고기는 전국적으로 유명하고, 풍부한 일조량에서 자란 광양매실은 인기가 높다.

Meeting TRADITION (Jeonju - Gunsan - Buan - Gochang)

Jeonju	• **Jeonju** was the capital of Hubaekje and was also the hometown of King Taejo of Joseon Dynasty. • As the center of administration and culture, traditional cultures and crafts such as Pansori, Hanji, and fans are famous. • Jeonju Hanok Village was created by building 700 hanoks during the Japanese colonial period, and is a representative tourist destination in Jeonju. • It is fun to tour Gyeonggijeon Hall, Jeongdong Cathedral, and Pungnapmun Gate, and taste Jeonju bibimbap and Jeonju bean sprout soup.
Gunsan	• **Gunsan** is close to the wide Honam Plain and is home to the sea and islands. • When the port opened in 1899, the city grew due to rice export, but it has a painful history of rice exploitation during Japanese colonial period. • We can see the old Gunsan at the Gunsan Modern History Museum, and the Japanese-style house in Shinheung-dong is famous as a filming location for the movie 'Tazza'. • There are many places to visit, such as the Chowon Photo Studio, Gyeongam-dong Railway Village, and Seonyudo Beach.
Buan	• **Buan**, the shape of the peninsula, is surrounded by Byeonsan Mountain, and the northeast forms a fertile plain. • Chaeseokgang, Jeokbyeokgang, Naesosa Temple, and Jikso Falls are famous tourist destinations. • Saemangeum Embankment and Gomso Salt Farm which produces high-quality sea salt, are also places to look around. • In Buan-eup, the center of celadon production in the mid-Goryeo Period, there is the Celadon Museum.
Gochang	• **Gochang** is a UNESCO-designated biosphere conservation area and the largest dolmen-intensive area in Korea. • Gochang Mudflat, Seonunsa Temple with beautiful camellia arrangements, and Gusipo Beach are the pride of Gochang. • Green barley fields and white buckwheat fields catch tourists' footsteps. • Stepping on the castle of Gochang-eupseong Fortress, with a legend that "people live long without illness if they step on the castle with a stone on their head", is very popular.

시간여행 (전주 - 군산 - 부안 - 고창)

전주	• 전주는 후백제의 수도였으며, 조선의 태조 이성계의 본향이기도 하다. • 행정과 문화의 중심지로서 판소리, 한지, 부채 등의 전통문화와 공예품이 유명하다. • 전주한옥마을은 일제 강점기 때 700여 채의 한옥을 세워 만들어진 곳으로, 전주를 대표하는 관광지이다. • 경기전과 전동성당, 풍납문 등을 둘러보고, 전주비빔밥과 전주콩나물국밥을 맛보는 재미도 있다.
군산	• 군산은 넓은 호남평야와 가깝고 바다와 섬들이 있는 곳이다. • 1899년 개항되면서 쌀 수출로 도시가 성장했으나, 일제 강점기 쌀 수탈의 아픈 역사를 간직하고 있다. • 군산근대역사박물관에서 옛 군산의 모습을 볼 수 있으며, 군산 신흥동 일본식 가옥은 영화 「타짜」의 촬영장소로 유명하다. • 영화 「8월의 크리스마스」 배경인 초원사진관, 경암동 철길마을, 선유도 해수욕장 등 돌아볼 곳이 많다.
부안	• 반도(半島) 모습인 부안은 변산이 싸고 있고, 북동부는 비옥한 평야를 이루고 있다. • 채석강과 적벽강, 천년고찰 내소사와 직소폭포는 유명한 관광지이다. • '새만금방조제'와 고품질의 천일염을 생산하는 '곰소염전' 역시 둘러봐야 할 장소이다. • 고려중기 청자 생산의 중심지였던 부안읍에는 청자박물관이 있다.
고창	• 고창은 유네스코 지정 생물권보전지역이자 국내 최대의 고인돌 밀집지역이다. • 고창 갯벌, 동백꽃이 아름다운 선운사, 구시포해수욕장은 고창의 자랑거리이다. • 초록빛 청보리밭, 흰색 메밀 꽃밭은 관광객들의 발길을 사로잡는다. • '돌을 머리에 이고 성을 밟으면 병이 없이 오래 산다'는 전설이 있는 '고창읍성의 성밟기'는 인기가 높다.

FOODIE Paradise (Gwangju - Damyang - Mokpo - Naju)

Gwangju	• **Gwangju** is a key location of aviation, railroad, and road traffic and it is well known as a city of courtesy and gourmet. • Historically, it is home to the Gwangju Student Anti-Japanese Movement and the 5.18 Gwangju Democratization Movement. • Gwangju Biennale, Yangnim-dong Modern Culture Street, Dongmyeong-dong Cafe Street, and Daein Market, are especially popular with young people. • Seoseokdae Cliff and Ipseokdae Cliff, columnar joints of Mudeungsan Mountain forms unique topography and a geological landscape.
Damyang	• **Damyang** is a place where nature, history, culture and tradition are well preserved, and whole areas can be described as a garden. • Since ancient times, it has been the main producing area of bamboo and has developed pavilion culture. • The green Juknokwon, Gwanbangjerim where we can feel the years, and Metasequoia Road are must-visit places. • Various cultural properties such as Soswaewon, Sikyeongjeon, and Songyeongjeon are also perfect as healing spaces.
Mokpo	• **Mokpo**, located at the mouth of the Yeongsangang River, is the end and beginning of the Honam Line Train. • Yudalsan Mountain, which seems to be surrounded by folding screens, has Nojeokbong Peak, which hid military food during the Japanese invasion of Korea in 1592. • Like the phrase Mokpo is a port, we can feel the atmosphere of the sea, and Samhakdo Island is especially famous for its lyrics of 'Mokpo's Tears.' • Including Mokpo Station, which opened in 1913, the entire city retains its old appearance.
Naju	• **Naju**, represented by the Yeongsangang River and Naju Plain, is famous for its specialty Naju Pear. • Yeongsanpo is a place where thornback of Heuksando Island is fermented, and there are many thornback restaurants. • Naju Pear, which has grown in high-quality soil and good climate condition, is known to have high sugar content and excellent taste. • Naju *Gomtang* (Beef-bone soup) is famous for its unique taste and can be enjoyed at Naju Gomtang Street.

남도맛기행 (광주 - 담양 - 목포 - 나주)

광주	• 광주는 항공, 철도, 도로 교통의 요충지로 예향의 도시, 미식의 도시로도 잘 알려져 있다. • 역사적으로는 광주학생항일운동과 5.18 광주 민주화운동의 본거지이다. • 광주비엔날레, 양림동 근대문화거리, 동명동카페거리, 대인시장 등은 특히 젊은 층에게 인기다. • 유네스코 세계지질공원인 무등산의 주상절리인 서석대와 입석대는 독특한 지형과 지질경관을 이루고 있다.
담양	• 담양은 전체가 하나의 정원으로, 자연과 역사, 문화와 전통이 잘 보존되어 있는 곳이다. • 예로부터 대나무의 주산지이며 일찍부터 정자문화가 발달한 곳이다. • 푸른 '죽녹원'과 세월이 느껴지는 '관방제림', 그리고 '메타세콰이어길'은 꼭 둘러봐야 할 곳이다. • 소쇄원, 식영정, 송영정 등 다양한 문화재는 힐링 공간으로 안성맞춤이다.
목포	• 영산강 하구에 위치한 목포는 호남선 열차의 종착이자 시작인 곳이다. • 병풍을 둘러놓은 듯한 유달산은 임진왜란 때 군량미로 위장했다는 '노적봉'이 있다. • '목포는 항구다'라는 말처럼 바다의 정취가 느껴지고, 특히 '삼학도(三鶴島)'는 「목포의 눈물」의 노랫말 가사로도 유명하다. • 1913년 개통된 목포역을 포함하여 도시 전체가 옛 모습을 잘 간직하고 있다.
나주	• 영산강과 나주평야로 대변되는 나주는 특산물인 '나주배'로 유명하다. • 영산포는 흑산도 홍어가 삭혀지는 곳으로 많은 홍어 전문점들이 들어서 있다. • 양질의 토양과 좋은 기후조건에서 자란 '나주배'는 당도가 높고 맛이 뛰어난 것으로 알려져 있다. • '나주곰탕'은 독특한 맛으로 유명하며 나주곰탕거리에서 즐길 수 있다.

Brilliant LEGACY (Buyeo - Daejeon - Gongju - Iksan)

Buyeo	• **Buyeo** was called "Sabi", as the capital of Baekje for 123 years and is a UNESCO World Heritage Site of Baekje History. • The five-story stone pagoda of Jeongnimsa Temple Site, the first artificial pond Gungnamji, Nakhwaam and Goransa Temple having a story of *Samcheongungnyeo* (three thousand court ladies), are major tourist attractions. • The Baekje Cultural Complex, which combines Baekje's history and culture, boasts the largest scale in Asia. • The Baekje Cultural Festival and the Buyeo Seodong Lotus Festival offer another attraction.
Daejeon	• **Daejeon** is a Chinese characterized name for '*Hanbat*', which means "a wide field". • It is the center of administration, education, and commerce, and is also the center of transportation located in the central part of South Korea. • In 1993, Deajeon Expo was held under the theme of A New Way to Leap, and Hanbit Tower is a tourist attraction. • Daedong Sky Park where we can enjoy the night view and the eco-friendly Hanbat Arboretum are also major tourist attractions.
Gongju	• **Gongju** was called 'Woongjin', the capital of Baekje for 64 years and is a UNESCO World Heritage site of Baekje History. • The tomb of King Muryeong built in brick style is an important cultural property that gives a glimpse into Baekje's advanced culture. • The National Gongju Museum and Yeonmisan Natural Art Park are also places to visit. • Gongsanseong Fortress, an old Baekje fortress, and Magoksa Temple, famous for its temple stay, are also tourist attractions.
Iksan	• **Iksan** is a place with a meaning of 'add mountains' and is an area that actually has more flatlands than mountains. • It is a key location of the railroad where Honam Line, Jeolla Line and Janghang Line intersect, and jewelry processing and food industries are developed. • The ruins of Mireuksaji Temple Site or Wanggung-re related to King Mu of Baekje are UNESCO World Heritage Sites of Baekje History • Iksan Jewelry Museum and Iksan Prison Set are worth visiting at least once.

위대한금강역사여행 (부여 - 대전 - 공주 - 익산)

부여	• 부여는 123년간 백제의 수도로서 '사비'라 불렸으며, 유네스코 백제역사유적지구 세계유산이기도 하다. • 정림사지 5층석탑, 최초의 인공 연못인 '궁남지', 삼천궁녀 이야기를 간직한 '낙화암'과 '고란사'는 주요 관광지이다. • 백제의 역사와 문화가 집약된 '백제문화단지'는 아시아 최대규모를 자랑한다. • '백제문화제'와 '부여서동연꽃축제'는 또 다른 볼거리를 제공한다.
대전	• 대전은 넓은 들판을 뜻하는 '한밭'의 한자어 이름이다. • 행정, 교육, 상업의 중심지이며 대한민국 중앙부에 위치하여 교통의 중심지이기도 하다. • 1993년에 '새로운 도약의 길'이라는 주제로 대전엑스포가 열렸으며, '한빛탑'은 관광명소이다. • 야경을 감상할 수 있는 대동하늘공원과 친환경의 한밭수목원도 주요 관광지이다.
공주	• 공주는 64년 동안 백제는 수도로서 '웅진'이라 불렀으며, 유네스코 백제역사유적지구 세계유산이다. • 벽돌식으로 조성된 '무령왕릉'은 백제의 선진 문화를 엿볼 수 있는 중요한 문화재이다. • '국립공주박물관'과 '연미산 자연미술공원'도 둘러봐야 할 장소이다. • 옛 백제의 성곽인 '공산성'과 템플스테이로 유명한 '마곡사'도 관광명소이다.
익산	• 익산은 '산이 더해지다'라는 뜻을 지닌 곳으로 실제로 산보다 평지가 많은 지역이다. • 호남·전라·장항선이 교차하는 철도의 요충지이며, 보석가공업과 식품산업이 발달한 곳이다. • 백제 무왕과 관련된 미륵사지나 왕궁리 유적은 유네스코 역사유적지구 세계유산이다. • '익산보석박물관'과 '익산교도소 세트장'은 한 번쯤 가 볼 만하다.

Inland ACTIVITIES (Danyang - Jecheon - Chungju - Yeongwol)

Danyang	• **Danyang** is a mountainous region covering about 80% of its total area, and we can see high mountains everywhere. • Many wise people used to visit Danyang in the Joseon period, and Dodamsambong Peak, one of the eight scenic views of Danyang, is tourist attraction. • There are many limestone areas, and Gosu Cave, Sobaeksan Mountain, and Geumsusan Mountain are famous. • Jando-gil installed on the river along the cliff, Chungjuho cruise ship, and paragliding are fun places for tourism.
Jecheon	• **Jecheon**, which means "the village of the bank", is the place where Uirimji Reservoir and Cheongpung Lake are located. • It is gaining popularity as a 'gourmet city' by developing its own dishes using herbs and healthy vegetables. • Veron Holy Land, the mecca of Catholicism, Yongchu Falls Observatory, and Solbat Park are worth visiting. • The Frozen Festival is held in winter and the International Music Film Festival in summer.
Chungju	• **Chungju**, located in the center of the Korean Peninsula, is a historically and geographically important area. • Namhangang River and Chungju Dam are located as basin topography surrounded by Woraksan Mountain. • Tangeumdae Park, which is related to Ureuk and General Sinrip, and Hwalok Cave, where we can canoe, are tourist attractions. • The area around Chungjuho Lake is a good driving course, and Larva Land is popular as a complex cultural area.
Yeongwol	• **Yeongwol** is the place of exile for King Danjong, who was abolished after the Gyeyujeongnan rebellion, and has historical pain. • It is also the last settlement of Kim Satgat, a wandering poet who left the world and returned to nature. • The Han Peninsula Topographic Observation Park, which resembles the Korean Peninsula, and Seonam Village, where we can experience traditional rafts, are must-see places. • It is also recommended to enjoy simple foods in Gangwon Province that are linked to Gossi Cave, Seondol and Cheongnyeongpo.

중부내륙힐링여행 (단양 - 제천 - 충주 - 영월)

단양	• 단양은 전체 면적의 약 80%가 산지로 어디에서나 높은 산을 볼 수 있다. • 조선시대에 현인들이 즐겨 찾았으며, 단양팔경의 하나인 '도담삼봉'은 관광명소이다. • 석회암 지대가 많으며, 고수동굴, 소백산, 금수산 등이 유명하다. • 절벽을 따라 강 위에 설치된 잔도길, 충주호 유람선, 패러글라이딩도 관광의 또 다른 재미이다.
제천	• '둑의 고을'이라는 뜻을 지닌 제천은 의림지와 청풍호가 있는 곳이다. • 약초와 몸에 좋은 채소를 사용한 요리를 자체 개발하여, '미식도시'로 인기를 얻고 있다. • 천주교의 메카인 '베론성지'와 용추폭포 전망대, 솔밭공원 등은 둘러볼 만하다. • 겨울에는 겨울왕국 페스티벌, 여름에는 국제 음악영화제가 열린다.
충주	• 한반도의 중앙부에 위치한 충주는 역사적·지리적으로 매우 중요한 지역이다. • 월악산 등으로 둘러싸인 분지 지형으로 남한강과 충주댐이 위치하고 있다. • '우륵', '신립장군'과 관련된 탄금대 공원과 카누타기가 가능한 활옥동굴은 관광명소이다. • '충주호' 주변은 드라이브 코스로 좋으며, '라바랜드'는 복합문화공간으로 인기가 높다.
영월	• 영월은 계유정난 이후 폐위된 단종의 유배지로서 역사적 아픔이 있는 곳이다. • 속세를 떠나 자연으로 돌아간 방랑시인 김삿갓의 마지막 정착지이기도 하다. • 한반도를 빼다 닮은 '한반도지형 전망공원'과 전통 떼목체험이 가능한 '선암마을'은 꼭 둘러볼 장소이다. • 고씨동굴, 선돌, 청령포 등과 연계한 강원도의 소박한 먹거리도 추천할 만하다.

가장 멋진 직업, 관광통역안내사

이남철(관광통역안내사, 궁궐지킴이)

1. 서막: 자격증 취득

해외여행을 할 때 관광지나 박물관 등에서 지역의 역사와 문화적 배경 등을 재미있게 설명하던 관광 가이드를 보면서, 관광통역안내사란 직업을 동경하게 되었고, 2012년 1월부터 본격적으로 준비하게 되었다.

우선, 2012년 2월에 통·번역학원에 등록했다. 이후 8개월간 학원 동기끼리 스터디그룹을 만들어 전국의 유명 관광지를 답사하면서 현장 감각을 익히는 한편, 영어와 우리나라 관광지, 역사, 문화 등을 공부했다. 그리고 세 번의 시험(토익시험, 관광 관련 한국어 시험, 원어민 인터뷰)을 거쳐 2012년 12월 관광통역안내사 자격증을 취득했다.

그리고, 2013년 1월부터 4월까지 궁궐지킴이 교육을 수료하고 창덕궁에 배치받아 현장교육과 안내 실습을 하는 한편, 관광통역안내사로서 길을 걷기 위해 여행사 등에 구직 신청을 하기도 했다. 이때 공부했던 궁궐에 대한 지식과 안내 경험은 우리나라를 찾는 관광객의 대부분이 반드시 찾는 궁궐을 안내하는 데 큰 도움이 되었다. 지난 7년간 경복궁, 창덕궁과 덕수궁을 안내한 팀만 300팀 이상, 관광객은 칠팔천 명이나 된 것을 생각하면, 그 중요성은 더 말할 필요가 없을 것 같다.

2. 환승투어 가이드: 2013년 7월 ~ 2015년 5월 말

2013년 6월 중순 I공항 환승투어 가이드 모집 공고를 보고 응시하여, 취업하게 되었다. I공항 환승투어는 환승객 중 3시간에서 10시간 정도 머무는 승객 가운데 관광을 원하는 사람들에게 1시간에서 6시간짜리 관광코스 예닐곱 개 정도를 제공하는 프로그램이다.

2013년 7월 1일부터 근무하기 시작하여, 7월 3일(수) 첫 관광 안내를 했다. 5시간 동안 19명의 환승객들과 함께, 경복궁, 인사동 등을 돌아보는 코스였다. 며칠 전부터 부지런히 자료를 조사하고 여러 가지 준비를 했는데, 막상 손님들을 버스에 태우고 투어를 시작했는데, 머릿속이 하얗게 되어 준비했던 안내 멘트가 하나도 기억나지 않아 허둥댈 수밖에 없었다. 정말 5시간이 어떻게 지나갔는지 모르게 안내하고 환승객들을 보냈다.

함께했던 관광버스 기사가 안쓰러웠던지, 선배 가이드가 했던 방식을 가르쳐 준다. 투어 도중 중요한 장소마다 사진을 보여 주며 설명하더라는 것이었다. 바로 이것이다라는 생각에 부랴부랴 인터넷을 통해 몇 가지 사진과 그림 등을 찾아서 자료를 만들고, 다음 투어부터 사진을 보여 주며 안내하기 시작했다. 훨씬 체계적으로 재미

있게 안내할 수 있어서 그 후 대부분의 투어에서 이용하고 있다.

2015년 6월 개발도상국 행정 자문관 근무를 위해 잠시 관광통역안내사 일을 멈출 때까지 이틀 일하고, 하루 쉬는 방식으로 1회에서 3회 10명에서 40명 정도의 외국인 환승객을 지정된 관광코스로 안내하는 일을 했으니, 약 오백 회 만 오천 명의 환승객에게 관광 안내를 한 셈이다.

3. 드라이빙 가이드: 2016년 3월 ~ 2017년 12월

2016년 3월 중순 통·번역학원 동기로부터 드라이빙 가이드(Driving guide) 제안을 받고, E여행사의 의뢰를 받아 다시 관광통역안내사 일을 이어 가게 되었다. 2016년 3월 14일부터 17일까지 3박 4일 동안, 한류에 매혹된 말레이시아 10대 소녀와 그녀의 어머니를 내 차량에 태우고 직접 운전하며, 남이섬 등을 관광하는 투어였다. 숙소가 이태원 이슬람사원 근처였는데, 한 번도 가 본 적이 없는 곳이었다. 투어 전날, 가족에게 부탁하여, 이태원 길과 남이섬을 답사했는데, 이태원의 좁고 가파른 길을 운전하면서 아찔했던 기억은 지금도 생생하다.

5명에서 40명의 관광객을 태우고 대형버스 기사와 함께 정해진 코스대로 안내에만 전념하던 환승 투어와는 달리, 혼자서 차량을 운전하면서 관광지를 설명하고, 식사 장소 섭외와 주차 장소를 찾아야 하는 등 신경 써야 할 일이 너무 많았다. 그러나, 서울 시내 및 인근 관광지에 한정되었던 환승투어와는 달리, 전국을 관광하는 것은 훨씬 도전적이면서 재미와 보람을 느낄 수 있는 일이었다.

4. 단체관광 가이드: 2017년 12월 이후

2017년 11월 20일 관광을 마치고 서울 소재 호텔로 가는 도중, 두 번의 교통사고를 당할 뻔한 아찔한 상황을 겪고 나니 드라이빙 가이드 일을 계속하는 것은 너무 위험하다는 생각이 들어 여행사와 협의하여 단체 관광객 위주로 안내를 하기로 했다.

2017년 12월 22일부터 말레이시아 관광객 38명을 시작으로 단체 관광객 안내를 하고 있다. 차량운전이나, 주차 그리고 관광지 도착시간 등에 대한 걱정에서 벗어나, 관광객 안내에만 전념할 수 있어서 육체적·정신적으로 부담이 덜할 뿐만 아니라 관광객들에게 더 나은 서비스를 제공할 수 있어 많은 장점이 있다.

5. 맺는말

말쑥한 복장으로, 날마다 새로운 외국인 관광객들을 만나, 전국 유명 관광지를 돌아다니며, 우리나라 역사와 문화를 소개하는 민간외교관, 문화전도사를 머리에 그리며 시작한 관광통역안내사 생활은 즐거움과 보람, 두 가지를 다 얻을 수 있는 멋진 직업이다.

늘 새로운 환경에서 새로운 관광객을 만나 함께 여행하는 일은 늘 마음이 설레고 많은 보람도 느낄 수 있지만 그만큼 예상치 못한 일도 발생하니 항상 긴장의 끈을 놓을 수는 없는 이유이기도 하다.

즉, 갑작스러운 폭설에 임기응변으로 관광객의 양해를 구하여 일정을 취소하고, 폭이 좁은 도로에서 대형관광버스를 유턴시켜야 했던 일, 2주간의 프리미엄 관광가이드 교육(동계스포츠과정)을 수료한 후 3일째 되던 날, 스키체험을 원하는 관광객들을 위해 "스키 관광객 안전관리" 시간에 30분 정도 스키복을 입고 몇 번 스키장에서 넘어진 경험으로 스키 기본자세를 가르치고, 세 시간 동안 스키 타는 관광객들을 마음 졸이며 지켜봐야 했던 일.

수십 년 만의 폭설이 예상되는 가운데, 강행한 설악산 관광 도중 무릎까지 닿는 눈으로 차량을 제대로 통제할 수 없는 위험한 상황에서 운전해야 했던 기억, 5일간의 짧은 일정으로 한국을 방문한 한국인 어머니와 미국인 아버지를 둔 한국인 2세 미국인 여성 3명에게 한국 문화와 땅굴 체험 등을 시키면서, 시간이 나는 대로 짬짬이 한글 기본 자음과 모음을 가르쳐 마침내 자신들의 이름을 한글로 쓸 수 있게 했던 기억.

루마니아 40대 여성 관광객과 단둘이서 9박 10일간 전국 유명 관광지를 관광하던 추억 등, 지난 7년간 수많은 팀의 관광객들과의 갖가지 즐거웠던 추억들이 주마등처럼 떠오른다.

관광통역안내사는 투어 시에는 하루 2만 보 정도를 걸어야 하고, 끊임없이 관광객들의 안전과 편의, 관광지 현지 상황, 교통상황 등에 신경 써야 하는 고된 일이다. 이를 역으로 생각하면, 일부러 운동도 하는데, 많이 걸어서 육체적으로 건강하게 되고, 끊임없이 생각하고 신경 쓰고 임기응변으로 각종 상황에 대처하는 일은 정신건강에 크게 도움이 되는 것이다.

영어 등 외국어와 우리나라 역사, 문화, 건축 등 여러 방면으로 공부하기를 좋아하고 건강하다면, 나이와 상관없이 평생 즐겁게 일할 수 있는 직업임에 틀림이 없다.

여행사 대표의 조언, 관광통역안내사의 길

김호경(관광통역안내사, ㈜YGC TRAVEL 대표)

필자는 대학에서 관광경영학을 전공하고 인바운드여행사에서 3년간 OP(오퍼레이터)로 근무했으며 현재는 ㈜와이지씨(YGC) 코리아트래블을 운영하는 김호경 대표입니다. 그동안의 저의 경험을 바탕으로 처음 관광통역안내사를 시작하는 분들에게 도움이 될 만한 내용을 정리해 보았습니다.

여행사 입장에서 관광통역안내사를 고용하는 형태는 크게 정규직과 프리랜서로 나눌 수 있으며, 관광통역안내사가 직접 여행사를 운영하는 경우도 있습니다.

1. 관광통역안내사 고용형태

여행사에 고용된 경우	정규직	기본급 + 투어 일수에 비례한 인센티브
		기본급(투어 일수에 비례한 인센티브 없음)
	프리랜서	근무한 일수에 맞춰 급여 지급
관광통역안내사가 직접 운영하는 경우	사업자가 있는 경우	손님에게 투어 서비스 제공
	사업자가 없는 경우	불법

◆여행사 직접고용 정규직 : 기본급 + 투어 일수에 비례한 인센티브

여행사에 직접 고용되어 가이드 업무만 하는 고용형태입니다. 기본급이 있으며 추가로 근무한 일수에 비례해 인센티브를 지급합니다(일반적으로 10일~20일을 기본급 일수로 합니다). 이 경우 직접 고용된 여행사에서만 일을 해야 합니다. 하지만 여행사에서 정규직 투어가이드를 고용하는 경우는 많지 않습니다. 그 몇 가지 이유로는,

첫째, 기본 근무일수를 채우지 못할 경우에도 기본급여가 지급되므로 회사 입장에서는 손해가 발생됨.

둘째, 수시로 프리랜서 가이드를 고용하기 어렵지 않아 정규직 가이드의 필요성을 느끼지 못함.

셋째. 여행업 특성상 성수기와 비수기가 존재해 정규직 가이드의 필요성이 줄어듦.

◆여행사 직접 고용 정규직 : 기본급(투어 일수에 비례한 인센티브 없음)

가이드와 여행업 사무업무를 병행합니다. 가이드 일을 하지 않는 날에도 회사에 출근하여 OP 업무와 같은 회사 일을 합니다. OP로 취업하여 가이드 일을 하기도 하며 가이드로 취업하여 OP 일을 하기도 합니다.

◆여행사와 계약에 의한 프리랜서: 근무한 일수에 맞춰 급여 지급

가장 흔하게 볼 수 있는 가이드 고용형태입니다. 여행사는 가이드가 필요할 때 고용할 수 있고 가이드는 여러 여행사에서 일을 받아 자신이 원하는 날짜에 근무할 수 있습니다.

◆관광통역안내사가 여행사 운영: 사업자가 있는 경우

여행사 사업자가 있는 경우 직접 손님을 받아 투어를 진행할 수 있습니다.

◆관광통역안내사가 여행사 등록 없이 안내 업무를 하는 경우

여행사 사업자 등록 없이 직접 손님에게 금전을 받아 투어를 진행하는 것은 현행법상 불법입니다.

2. 인바운드(Inbound) 여행사 분류

1일 투어 전문 여행사

◆1일 투어 전문 여행사

1일 투어 여행사 시장이 가장 활발하고 규모가 크다고 생각합니다. 최근 여행 트렌드가 개별 여행으로 바뀌는 만큼 여행객들은 패키지여행을 하는 것보다는 자유여행을 선호합니다. 다만, 혼자 혹은 둘이서 이동 및 관광지 방문이 비효율적인 남이섬, 에버랜드, 스키장, 서울 시티투어, DMZ와 같은 경우는 1일 투어 여행사를 통해 다른 사람들과 함께 여행하며 비용을 절감합니다. 1일 투어를 이용하는 고객은 합리적인 가격을 원하므로 여행사 간 여행상품의 가격 경쟁이 치열합니다.

◆1일 투어 여행사 가이드 고용

대부분의 경우, 관광통역안내사는 프리랜서로 일을 하게 되며, 1일 투어 여행사는 정규직 투어가이드를 거의 고용하지 않습니다. 그 이유는 보통 정해진 인원(예를 들어 최소 2~10명 이상 출발)의 모객이 되어야 투어를 진행하기 때문입니다. 따라서 투어 전날이 돼서야 투어 진행 여부를 알 수 있는 경우가 많아 여행사에서는 그때그때 필요한 가이드 수만큼만 고용합니다.

◆1일 투어 여행사 가이드의 장단점

첫째, 자신이 원하는 날짜에 근무할 수 있습니다. 물론 너무 날짜와 일을 골라서 한다거나 휴가를 오래 가는 경우 여행사에서 다른 대체 가이드를 찾을 수 있습니다.

둘째, 쇼핑 옵션과 같은 부수입이 있습니다.

셋째, 업무의 난이도가 비교적 낮습니다. 물론 1일 투어도 힘들고 어려운 점이 있습니다만 '남이섬 + 쁘띠프랑스' 일정을 예로 들면: ① 장소미팅 → ② 남이섬 도착 후 설명 및 자유시간 → ③ 쁘띠프랑스 도착 후 설명 및 자유시간 → ④ 서울로 이동. 이처럼 관광지로 이동하기 위한 시간과 자유시간이 일정의 절반 가까이 되는 때도 있습니다. 물론 이동 중에도 한국의 관광지, 역사, 문화에 관해 설명을 해 주기는 합니다만 이동 시간 내내 무언가를 설명하지 않습니다. 업무 난이도가 비교적 낮은 만큼 초보 관광통역안내사가 가장 많이 일자리를 이곳에서 얻습니다. 따라서, 쉽게 채용되고 쉽게 일을 그만둘 수도 있습니다.

패키지 전문 여행사

◆패키지 전문 여행사 + 가이드 고용

패키지여행이란 호텔, 식사, 교통, 가이드 등 모든 서비스가 포함된 여행을 말합니다. 일반적으로 우리가 흔히 생각하는 그룹 여행의 형태를 갖추고 있으며 보통 15명~40명 정도의 인원이 4일~8일 정도의 일정을 소화합니다. 최근 개별 자유여행이 주류가 되면서 쇠퇴의 길을 걷고 있지만 아직도 많은 사람이 이용할 만큼 인기가 있는 것도 사실입니다. 1일 투어보다 신경 써야 하는 부분들이 비교적 많아 초보 가이드에게 선뜻 일을 맡길 수 없다는 점이 경력직 패키지 가이드들의 일비와 수입을 어느 정도 보장해 줍니다. 1일 투어의 불안정한 수입과 고용구조에 피로를 느낀 초보 가이드들이 실력이 늘고 가이드 및 여행사 인맥이 쌓이다 보면 패키지여행사로 옮기기도 합니다.

◆패키지 투어 여행사 가이드의 장단점

첫째, 패키지 투어와 같은 경우 보통 일주일~한 달 전에 가이드 배정이 확정됩니다. 따라서 자신이 언제 근무를 하는지 미리 알 수 있으며 이에 맞춰 개인 일정을 조정할 수 있습니다. 하지만 비수기 같은 경우 일을 받지 못한다면 한두 달을 통째로 쉬는 때도 있습니다. 또 자신이 한두 달 전 미리 일정을 A 여행사와 확정했는데 그것보다 더 좋은 투어 제안이 같은 날짜에 겹쳐 B 여행사에서 들어오더라도 기존 일정을 일방적으로 취소하기 어렵기에 신중하게 일정을 관리하는 경험과 노하우가 필요합니다.

둘째. 여행사 또는 상품마다 다르긴 하지만 1일 투어에 비해 패키지 투어는 비교적 일정 수준의 일비를 보장받을 수 있습니다.

셋째, 여행 기간 손님과 서로 친해지며 외국인 인맥이 생기고 이를 통해 개인적으로 손님을 받을 기회가 생기기도 합니다. 물론 개인 가이드가 사업자 없이 개별적으로 손님을 받는 건 불법이지만 암암리에 손님들과 연락해 금전을 받고 투어를 제공한다고도 합니다. 이런 경우 개인 손님이나 외국 여행사에게 사기를 당하는 경우를 자주 보았습니다. 꼭 주의해 주시기 바랍니다. (사례: 호텔, 차량을 예약한 뒤 투어 당일 손님을 기다리고 있으나 공항에서 나타나지 않고 잠적, 호텔 요금이나 기타 투어 중 발생하는 금액을 당장 현금이 없다는 이유로 계산해 달라고 한 뒤 잠적, 투어 종료 후에도 투어비를 입금하지 않음 등)

VIP 전문 여행사 + 가이드 고용

◆VIP 전문 여행사

일반 고객이 아닌 특별한 직위나 직책을 가진 사람들에게 서비스를 제공하는 업체를 말합니다.

◆VIP 전문 여행사 가이드 장단점

누구를 모시냐에 따라서 상황이 다르지만, VIP를 모시는 경우 1일 투어/패키지 투어에서 하는 방식과는 전혀 다르게 투어가 전개됩니다. 이러한 상황에도 대처할 수 있는 유능하고 경험이 많은 가이드가 배정되므로 여행사에서 주는 일비가 높게 측정됩니다. VIP 투어가 일반 투어와 무엇이 다른지 몇 가지 간단한 예시를 들겠습니다.

첫째, VIP는 공항 출입국 시 VIP만을 위한 출입구 게이트가 따로 있으며 의전 차량이 드나드는 통로가 따로 있습니다. 이 장소와 상황에 맞는 의전 예절과 루트를 익히고 있어야 합니다.

둘째, VIP일수록 그 나라의 종교, 문화를 굉장히 엄격히 따르는 경우가 많습니다. 대표적인 예로 무슬림의 경우 기도 장소와 시간, 할랄 식사 등에 대한 정확한 이해가 있지 않다면 실례를 범할 수 있습니다.

여행 플랫폼 업체

◆여행 플랫폼 업체

비교적 최근에 생긴 비즈니스 형태입니다. 대표적인 여행 플랫폼 업체로는 Klook, Viator, TripAdvisor, Trazy 등이 있습니다. 사실 여행사라고 보기 어렵습니다. 그 이유는 플랫폼 업체는 여러 여행사가 상품을 올릴 수 있는 공간과 제품 광고를 제동해 줄 뿐 실질적인 여행 서비스는 여행사에서 공급하기 때문입니다. 예를 들어 쿠팡을 생각하면 됩니다.

쿠팡에서 A라는 식품을 판매한다고 가정했을 때 그 식품을 직접 만들어 판매하는 게 아닌 상품을 노출해 주는 플랫폼 공간만 빌려주듯이요(물론 쿠팡 자체 생산 제품도 있습니다). 고객들은 플랫폼 업체에서 구매하든 개인 판매자에게 직접 구매하든 크게 신경 쓰지 않습니다.

어쨌든 다른 업체보다 더 나은 서비스와 낮은 가격을 제시하는 상품을 선택합니다. 그렇기에 공격적인 광고와 편한 접근성을 제공하는 플랫폼 업체에 많은 여행사가 높은 수수료를 지급하면서도 상품을 올리는 이유이기도 합니다.

참고 문헌 및 자료

「Feel the Real Korean Heritage」, Cultural Heritage Administration.

「Joseon's Royal Heritage, 500 Years of Splendor」, KOREA FOUNDATION.

「KOREAN JOURNEYS Heartland of Culture and History」, The Korea Foundation.

「KOREA TRAVEL GUIDEBOOK」, Korea Tourism Organization.

「KOREA TRAVEL BOOK」, KOREA TOURISM ORGANIZATION.

「VISUAL ATLAS OF KOREA」, Kyohaksa, 2008.

Cho Eun Kyoung, 「WORLD HERITAGE IN KOREA」, Nulbom, 2015.

Cecilia Hae-Jin Lee, 「South Korea」, Wiley Publishing, Inc.

DANIEL TUDOR, 「KOREA THE IMPOSSIBLE COUNTRY」, TUTTLE Publishing.

「관광동향에 관한 연차보고서」, 문화체육관광부, 2016.

「관광두레」, 문화체육관광부 · 한국관광공사.

「당신에게 드리는 테마여행 10선」, 문화체육관광부 · 한국관광개발연구원.

「매일 새로운 얼굴 오늘, 속초」, 속초시청.

「코리아그랜드세일 활성화 방안」, 문화체육관광부, 2009.

「평창이야기」, 평창군 문화관광과.

「한국 인삼 산업의 세계화 전략」, 한국인삼산업전략협의회, 2003.

구경여, 『관광자원영어』, 새로미, 2014.

김귀원 · 정두환, 『관광영어 통역안내 실무』, 백산출판사, 2004.

박승원, 『워너비(Wanna be) 관광통역안내사 - 이론에서 실무까지』, 시대인, 2021.

백문주, 『관광통역안내사 핵심기출 100』, ㈜시대고시기획, 2020.

류광훈, 「평창 동계올림픽의 개최와 외국인 관광객 유치」, 한국교통연구원, 2018.

루시(백근영), 『관광통역안내사 영어면접 한번에 합격하기』, 크라운출판사, 2020.

방병선, 「소박과 장식의 역사 조선백자」, 한국문화재단, 2017.

용석홍, 「지역관광정책과 관광클러스터 구축에 관한 연구」, 안양대학교복지행정연구소, 2013.

이용성, 「외국인 관광객 10명, 車 1대 수출 맞먹는 '황금알 산업': 21세기 신 성장동력 관광」, 이코노미조선, 2018.

이주현, 김홍범, 「의료관광산업 활성화를 위한 의료관광 선택속성과 만족에 관한 실증 연구」, 경남대학교 언론출판국, 2018.

이공우, 「강원도 안보관광 확충방안에 관한 연구」, 강원대학교 정보과학 · 행정대학원, 2007.

이은정, 「한식세계화 전략 및 사업추진방향」, 한국식품영양과학회, 2011.

최동구, 「비무장지대 안보관광자원의 지속적인 관광화방안: DMZ중북부지역 중심으로」, 경희대학교관광대학원, 2004.

한성욱, 「장인의 정성과 하늘의 조화로 빚어낸 고려청자」, 문화재청, 2012.

홍재원, 박승배, 「한류콘텐츠의 온라인 확산에 관한 연구: 국가 간 문화적 차이를 중심으로」, 한국마케팅관리회.

최성민, 「인센티브요인이 전시회 참가목표성과에 미치는 영향」, 호서대학교벤처전문대학원, 2012.

참고 사이트

강릉시청 홈페이지 : www.gn.go.kr/
광양시청 홈페이지 : www.gwangyang.go.kr/
광주광역시청 홈페이지 : www.gwangju.go.kr/
거제시청 홈페이지 : www.geoje.go.kr/
경주시청 홈페이지 : www.gyeongju.go.kr/
경주양동마을 홈페이지 : http://yangdong.invil.org/
국립국악원 홈페이지 : http://www.gugak.go.kr/
국립고궁박물관 홈페이지 : http://www.gogung.go.kr/
국립공원공단 홈페이지 : http://www.knps.or.kr/
국립민속박물관 홈페이지 : http://www.nfm.go.kr/
국립중앙박물관 홈페이지 : http://www.museum.go.kr/
국립한글박물관 홈페이지 : http://www.hangeul.go.kr/
군산시청 홈페이지 : www.gunsan.go.kr/
고수동굴 홈페이지 : http://www.gosucave.co.kr/
고창군청 홈페이지 : www.gochang.go.kr/
공주시청 홈페이지 : www.gongju.go.kr/
나무위키 홈페이지 : namu wiki/
나주시청 홈페이지 : www.naju.go.kr/
남이섬 홈페이지 : https://www.namisum.com /
남해군청 홈페이지 : www.namhea.go.kr/
단양군청 홈페이지 : www.danyang.go.kr/
담양군청 홈페이지 : www.damyang.go.kr/
대전시청 홈페이지 : www.daejeon.go.kr/
대구관광 홈페이지 : tour.deagu.go.kr/
대한씨름협회 홈페이지 : www.ssireum.sports.or.kr/
대한택견회 : www.koreataekkyon.com
동대문 DDP 홈페이지 : https://www.ddp.or.kr/
문경시청 홈페이지 : www.gbmg.go.kr/
문화재청 국가문화유산포털 : https://www.heritage.go.kr
문화재청 홈페이지 : https://www.cha.go.kr/
문화재청 궁능유적본부 경복궁관리소
홈페이지 : http://www.royalpalace.go.kr/
문화재청 궁능유적본부 덕수궁관리소
홈페이지 : http://deoksugung.go.kr/
문화재청 궁능유적본부 조선왕릉
홈페이지 : http://royaltombs.cha.go.kr/
문화재청 궁능유적본부 종묘관리소
홈페이지 : http://jm.cha.go.kr/
문화재청 궁능유적본부 창경궁관리소
홈페이지 : http://cgg.cha.go.kr/
문화재청 궁능유적본부 창덕궁관리소
홈페이지 : https://www.cdg.go.kr/
목포시청 홈페이지 : www.mokpo.go.kr/
보성군청 홈페이지 : www.boseong.go.kr/
부산광역시청 홈페이지 : www.busan.go.kr/
부안군청 홈페이지 : www.buan.go.kr/
부여군청 홈페이지 : www.buyeo.go.kr/
불국사 홈페이지 : http://www.bulguksa.or.kr/
서울남산타워 홈페이지 : https://www.seoultower.co.kr/
서울시 관광정보 홈페이지 : https://www.visitseoul.net/
서울시설공단 홈페이지 : https://www.sisul.or.kr/
석굴암 홈페이지 : http://seokguram.org
수원시청 홈페이지 : www.suwon.go.kr/
속초시청 홈페이지 : www.sokcho.go.kr/
순천시청 홈페이지 : www.suncheon.go.kr/
안동시청 홈페이지 : www.andong.go.kr/
안동하회마을 홈페이지 : http://hahoe.or.kr/
여수시청 홈페이지 : www.yeosu.go.kr/
영월군청 홈페이지 : www.yw.go.kr/
영주시청 홈페이지 : www.yeongju.go.kr/
울산광역시청 홈페이지 : www.ulsan.go.kr/
익산시청 홈페이지 : www.iksan.go.kr/
인천광역시청 홈페이지 : www.incheon.go.kr/
전주시청 홈페이지 : www.jeonju.go.kr/

전주한옥마을 홈페이지 : http://hanok.jeonju.go.kr/

정선군청 홈페이지 : www.jeongseon.go.kr/

제주도청 홈페이지 : http://www.jeju.go.kr/

제주방문 홈페이지 : https://www.visitjeju.net/

제주 올레 홈페이지 : https://www.jejuolle.org/

제천시청 홈페이지 : www.jecheon.go.kr/

충주시청 홈페이지 : www.chungju.go.kr/

템플스테이 홈페이지 : https://www.templestay.com/

통영시청 홈페이지 : www.tongyeong.go.kr/

파주시 문화관광 홈페이지 : tour.paju.go.kr/

평창군 홈페이지 : www.pc.go.kr/

평창동계올림픽 홈페이지 : olympcs.com/

포항시청 홈페이지 : www.pohang.go.kr/

한국조폐공사 홈페이지 : http://www.comsco.com/

화성시 문화관광 홈페이지 : tour.hscity.go.kr/

지은이

최희찬 (Charlie Choi)

필자는 한 때 항해사(Navigator)로서 바닷길 항해를 통해 세계 이곳저곳을 다녀 보았고, 대학에서 관광학(Tourism)을 전공하였으며, 미국 CSU경영대학원에서 경영학을 공부(MBA)하였다. 또한, 평소 우리나라의 자연과 역사·문화에 대한 관심이 많아 전국 방방곡곡을 찾아다니는 데서 삶의 즐거움을 얻었다. 이러한 경험을 바탕으로 이제는 대한민국을 찾는 외국인에게 우리나라를 소개하고, 관광지를 안내하는 영어 관광통역안내사로 활동을 하고 있다.

이메일 chjkhr@gmail.com

영어감수

마이클 오 (Michael Ohr)

미국에서 태어나 카본데일 서던 일리노이대(Southern Illinois University at Carbondale)에서 회계학을 전공하였으며 시카고에서 회계사로 일했다. 지금은 서울에서 영어 강사 겸 편집자로 활동하고 있다. 아울러, 열렬한 여행자이자 사진작가이기도 하다.

면접시험부터 실무까지

영어 관광통역안내사

초판 1쇄 발행 2022년 2월 10일

지은이 최희찬
펴낸이 이기봉
편집 좋은땅 편집팀
펴낸곳 도서출판 좋은땅
주소 서울특별시 마포구 양화로12길 26 지월드빌딩 (서교동 395-7)
전화 02)374-8616~7
팩스 02)374-8614
이메일 gworldbook@naver.com
홈페이지 www.g-world.co.kr

ISBN 979-11-388-0641-1 (13910)